JN297496

会計の歴史探訪

過去から未来へのメッセージ

渡邉 泉 [著]
Watanabe Izumi

A Grand Tour to
Accounting History

同文舘出版

まえがき

　歴史研究というのは，一般的には，歴史的な事実にもとづく，最も客観的で一切の偏見や思い込みのない正確な過去の出来事の描写だと思われている。ここで述べる会計の歴史もまた，昔の商人たちが記録した古い帳簿や簿記書を分析し，当時の商人たちの営みや取引の実態を可能な限り忠実に再現するのが目的である。それが事実にもとづく分析であるがゆえに，そこから抽出され描写される世界は，誰が行ってもいつも同じような結果が得られるものと思われがちである。もちろん，すべての歴史家は，過去に生じた出来事を歴史的事実として現代にその姿をそのままに甦えらせようと試みる。しかしながら，たとえ現存する歴史的事実を忠実に再現したとしても，10人の歴史家がいれば10通りの歴史が再現されることもありうるのである。たとえそれが歴史的事実にもとづく厳密で正確な分析であったとしても，いつも同じ答えが用意されているわけではない。そこが，歴史研究の難しさであり面白さでもある。

　イギリスの著名な歴史学者エドワード・ハレット・カー（1892-1982）は，『歴史とは何か』（1961）の中で「前回の講演で私は次のように申しました。『歴史を研究する前に歴史家を研究して下さい』。今は，これに付け加えて，次のように申さねばなりません。『歴史家を研究する前に，歴史家の歴史的および社会的環境を研究して下さい』。歴史家は個人であると同時に歴史および社会の産物です」（清水訳［2011］61頁）と。

　カーに遡ること1世紀半，ヘーゲル（1770-1831）もまた，『法の哲学 自然法と国家学』（1821）の序において，すべての個人は，時代の子であり，哲学もまた時代の子であると述べている（高峯訳［1983］11-12頁）。いかに客観的に分析したとしても，分析するのが人である以上その人の考え方が入ることは否定できず，その人が生きた時代がどのような時代であったのかにより，そこで再現される歴史もまたその時代に影響を受け，異なってくるというのである。そ

れ故，真に歴史を研究するためには，分析主体とその生きた時代を知ることが重要になる。なぜなら，われわれは，決して，今生きている時代を飛び超えて異次元の世界に移り住むことができるわけではないからである。夏目漱石の『草枕』ではないが，「人の世」を飛び出してしまうと「人でなし」の世界に行くほかに道はないのである。

またヘーゲルの『歴史哲学講義』(1837，グロックナー版) においても，歴史研究の第1条件として史実を忠実に捉えることがあげられるが，「忠実に」とか「捉える」とか一般的にいうだけでは，事柄ははっきりしない。歴史家がたとえ史実をそのまま受け入れているだけだといったとしても，そこには自ずと自分の思考の枠組が持ち込まれ，好むと好まざるとにかかわらず，世界を理性的に見てしまっているという (長谷川訳 [2013] 27頁)。歴史的事象をありのままに写し出しているつもりでも，そこには，自ずと書き手の解釈が入り込んでくる。歴史学に限らずあらゆる科学は，所詮，時代の呪縛から逃れることができないのであろうか。

この点に関して，しばしば引用されるのがニーチェ (1844-1900) の次の言葉である。「『存在するのは事実だけだ』として現象のところで立ちどまってしまう実証主義に対してわたしは言いたい。違う，まさにこの事実なるものこそ存在しないのであり，存在するのは解釈だけなのだ，と」(三島訳 [1984] 397頁)。もしそうだとすれば，歴史的現実として残されている様々な事象は，書き手によって様々に解釈され，一つの事象に対して様々な歴史的事実が存在し，普遍的な事実などは存在せず，単に様々に解釈された異なった事実があるだけだという事になる。歴史的事実は，事実ではないのであろうか。いわゆる近代のポストモダン的な歴史学批判ということになる (大戸 [2012] を参照)。

「事実にもとづく」という伝家の宝刀もただ腰に差しているだけではその威力を発揮するのが難しくなってきた。本当に切れるかどうかの試し切りが要求される。これはこれで厄介である。歴史分析にあたっては，先ずこのことを頭に入れておくことが肝要である。

それ故にこそ，われわれ歴史家は，自らの手による書き物をただ小説のように面白おかしく書き綴るのではなく，可能な限り史実を忠実に没価値的に_{ベルトフライハイト}

再現していくことに全力を傾けなければならない。しかし，まぎれもない歴史的事実と思われている出来事を分析したとしても，点として現存する一つひとつの史料を紡いで1本の線で結び合わせる時，否が応でも紡ぎ手の予見というか解釈というか，強い思いに影響を受けてしまう。そこでは，一つのはずの歴史的事実が幾通りにも姿を変えてわれわれの眼前に現れてくる。真実は，一つのはずなのに。「ミネルヴァの梟は，迫りくる夕闇とともにはじめて飛びはじめる」（長谷川訳［2013］13頁）ということであろうか。

　歴史的叙述には，たとえこのような限界があるとしても，偏った考え方や一切の先入観を排し，過去に生じた出来事を可能な限り客観的に忠実に再現するのがわれわれ歴史家の仕事であり，目指すところでもある。とりわけ，本書のテーマである会計の歴史は，伝記物を対象とする歴史学とは異なり，その分析対象は，主として商人の帳簿記録や簿記書の取引例示である。書き手の主観や解釈が入り込む余地の比較的少ない客観的な数字（取引価格）が分析の主たる対象である。その意味においては，伝記や日記を分析して書かれる一般的な歴史ものと比較すれば，客観的な取引価格を中心に分析する会計史研究は，史実を忠実に再現しうるより高い可能性が担保された学問領域であると言えるのではなかろうか。

　ただ一つ厄介なのは，会計が金銭を取り扱う学問領域であるという点にある。商人たちのお金に対するあくなき欲望が嘘と虚飾によって事実を歪め，カモフラージュしていることもありうるからである。帳簿に書かれている数字が必ずしもいつも真実を物語っているとは，限らないのである。いわゆる粉飾である。そのようなことにも心を留めながら，本書では，残存する帳簿や簿記書の分析を通して，中世ならびに近代に活躍した商人たちの生き様や当時の会計事情を明らかにし，歴史というフィルターを通して，現代会計が抱える様々な問題点に接近することができればという思いを込めて書き綴った。

　それでは，まず手始めに，複式簿記の誕生と完成の歴史を紐解き，本書の主題である歴史の観点から現代会計が進もうとしている方向を分析し，その危うさに警鐘を打ち鳴らすことにしたい。会計の誕生以来800年にも及ぶ悠久の歴史のなかで，会計そしてその計算構造を支えてきた複式簿記がどのようにして

誕生し，進化してきたか，その不易流行の道程(みちのり)を紐解いていくことにする。その行きつく先には，現代会計が抱える光と影が交錯し，激しく呻吟する姿がくっきりと浮かび上がってくるであろう。さて，読者諸賢には，一体どのように映るのであろうか。

　最後になったが，本書の出版に際し，企画・立案および編集にあたり，多大の尽力をいただいた市川良之編集局長ならびに会計の歴史という極めて市場性の乏しい分野での出版を快くお引き受け下さった同文舘出版代表取締役中島治久社長に心からお礼申し上げる。では，本書の最後でまた会えるのを楽しみに。

　　2014年惜春

初夏の風を頬にとどめて

渡邉　泉

目　　次

まえがき ……………………………………………………………………… i

第1章　複式簿記の誕生

1-1．複式簿記の誕生 ……………………………………………………… 3
1-2．複式簿記誕生の背景 ………………………………………………… 5
1-3．複式簿記の生成要因 ………………………………………………… 10
1-4．現存する最古の勘定記録（1211年）………………………………… 14
1-5．13－14世紀のイタリア商人の帳簿 ………………………………… 20

第2章　複式簿記の完成

2-1．備忘録から損益計算へ ……………………………………………… 33
2-2．損益勘定の生成過程 ………………………………………………… 37
2-3．実地棚卸の証明手段としての継続記録 …………………………… 40
2-4．損益計算制度の展開 ………………………………………………… 43
2-5．期間損益計算の確立 ………………………………………………… 45

第3章　損益計算に対する二つの考え方

3-1．集合損益勘定と決算残高勘定の誕生 ……………………………… 55
3-2．ストック重視の利益思考とフロー重視の利益思考 ……………… 56

3-3. 資産負債観と収益費用観の原点 …………………………………… 60
3-4. 複式簿記の本質と損益計算 …………………………………… 65
3-5. 損益計算と認識基準 …………………………………… 71
3-6. 一般的解釈「現金主義から発生主義へ」の誤り …………… 74

第4章 世界最初の簿記書『スンマ』(1494)

4-1. パチョーリの生涯 …………………………………… 85
4-2. パチョーリとダ・ヴィンチ …………………………………… 88
4-3. 『スンマ』の特徴 …………………………………… 90
4-4. パチョーリの試算表とその後の展開 ………………………… 95
4-5. パチョーリの損益計算制度 …………………………………… 98

第5章 イタリアからオランダ、そしてイギリスへ

5-1. 中世簿記から近代簿記へ …………………………………… 105
5-2. 期間損益計算（年次決算）の制度的確立と決算締切法 …… 108
5-3. 商品勘定の統括と精算表の出現 ……………………………… 116
5-4. 17世紀の時価評価の事例 …………………………………… 121
5-5. 18世紀イギリス簿記書に見る資産評価 …………………… 124

第6章 産業革命期のイギリスの簿記書

6-1. 産業革命前夜の簿記書事情 …………………………………… 131
6-2. 18世紀に生じた新しい会計問題 …………………………… 133
6-3. 18世紀を代表するイギリスの簿記書 ……………………… 135

6-4．	実用簿記書の台頭	*142*
6-5．	ストック重視からフロー重視への転換	*148*

第7章　18−19世紀イギリスにおける新たな潮流
—複式簿記と単式簿記—

7-1．	簿記は複式簿記として誕生	*155*
7-2．	企業簿記としての複式簿記	*156*
7-3．	簡単な簿記への要求	*160*
7-4．	デフォーの説く簿記法	*162*
7-5．	ハットンにおける単式簿記の説明	*165*
7-6．	ドンとケリーの単式簿記とジョーンズ式簿記	*173*

第8章　簿記から会計へ

8-1．	簿記と会計の違い	*183*
8-2．	簿記の第一義的な役割	*186*
8-3．	会計学の誕生	*189*
8-4．	鉄道狂時代と減価償却の登場	*194*
8-5．	財務諸表の出現とその有用性	*197*

第9章　財務諸表の生成

9-1．	貸借対照表の萌芽	*205*
9-2．	今日の貸借対照表の出現前夜	*207*
9-3．	フィンレイ商会の残高帳	*209*

9-4．鉄道会社の残高帳とフィンレイ商会の残高帳の相違 …………… 214
9-5．損益計算書の登場 …………………………………………………… 219

第10章　キャッシュ・フロー計算書の登場

10-1．発生主義会計からキャッシュ・フロー会計へ …………………… 229
10-2．資金計算書の萌芽：ダウライス製鉄会社の比較貸借対照表 …… 233
10-3．比較貸借対照表から資金運用表（運転資本計算書）へ ………… 236
10-4．資金運用表からキャッシュ・フロー計算書へ …………………… 239
10-5．キャッシュ・フロー計算書の登場 ………………………………… 242

第11章　現代会計の落とし穴

11-1．経済事象の写像としての取引 ……………………………………… 251
11-2．公正価値の問題点 …………………………………………………… 254
11-3．現在価値の「現在」の意味 ………………………………………… 257
11-4．資産負債観への転換と公正価値基準 ……………………………… 259
11-5．時価と公正価値 ……………………………………………………… 265

第12章　彷徨する現代会計

12-1．行き過ぎた有用性アプローチ ……………………………………… 271
12-2．虚偽・粉飾への落とし穴 …………………………………………… 275
12-3．取引価格会計としての取得原価と市場価値 ……………………… 278
12-4．割引現在価値の非現実性 …………………………………………… 283
12-5．現代会計への歴史からの警鐘 ……………………………………… 287

参考文献 …………………………………………………………… *295*
あとがき …………………………………………………………… *307*
索　引 ……………………………………………………………… *311*

第 1 章

複式簿記の誕生

(ヤコポ・デ・バルバリの筆によるパチョーリ50歳の時の肖像画：縦99cm×横120cm)

1-1．複式簿記の誕生

信用取引の出現と複式簿記の誕生

　複式簿記は，13世紀の初めに，イタリア北方の諸都市で商取引を記録する技法として産声をあげた。一般に，簿記とは，企業の商取引を記録し，利益を計算し，その結果を利害関係者に報告するプロセスであると言われる。この記録，計算，報告の三つが簿記のキーワードである。

　簿記とは，英語でBookkeepingといわれるように，book（帳簿）にkeep（記録）するing（行為）である。したがって，三つのキーワードの中でも，その中心は，帳簿への記録行為にある。では，何を記録するために簿記は，誕生したのであろうか。

　13世紀初頭のイタリア北方諸都市には，ウルバヌス2世（1042-1099）によってクレルモン教会会議で結成されて以後8回にわたる十字軍の遠征（1095-1270）により，多くの人や物やお金や情報が集まった。その結果，各国の通貨の換算や金銭の貸借，あるいは物資の調達や物の交換のために市が立ち，盛大な取引が行われた。それに伴い，金融業が勃興し，商店や組合企業が生まれ，活発な商取引が展開されるに至った。それまでの物々交換や現金取引に代わって，信用取引が登場する。実は，この信用取引の出現こそが複式簿記を誕生させた最大の要因なのである。

文書証拠として誕生

　いうまでもないことであるが，人間の記憶には限界がある。誰にいくら貸したか，誰からいくら借りているかといったことは，正確に記録しておかなければ忘れてしまい，後になって争いの元になる。もし争いになったときには，自分たちの主張が正しいことを証明してくれる何か証拠になるものが必要になってくる。金銭の貸し借りや商売上の貸借は，本来ならば，公証人の立会いの下で公正証書を交わして，取引金額や支払日，あるいは約定金利等を決めておく

のであるが，膨大な日々の取引すべてに公正証書を交わすにはあまりにも多くの手間とコストがかかり過ぎる。そのため，公正証書に代わる信用のおける記録が必要になってくる。これが簿記を誕生させた直接的な要因であったといえよう。

「『紙に契約を記す』，あるいはより広く『紙に証拠を書く』という習慣は，ヨーロッパの歴史を通じて重要な意義を持っているが……書かれた法（成文法）を重視するか，歴史の中で積み上げられた慣習（慣習法）を重視するかは，地域によって異なっている。中世において成文法を重視する地域は，ローマ法の伝統が直接的に残っているイタリアや南フランスの地中海地域であり，ロワール川以北の北フランスやドイツ，イングランドなどは，慣習法の伝統が強い国である1）」と言われている。このような南ヨーロッパの伝統が，イタリアにおいて，公正証書に代わる証明手段としての帳簿記録，すなわち複式簿記を誕生させたのである。

神に誓うことによって証拠性を担保

帳簿記録が誰からも納得され，公正証書と同じように信頼できる証拠書類として認められるためには，何らかの担保が必要と考えられた。その結果，帳簿記録の正確性を誰にも納得してもらうための一つの工夫がキリストの力を借りることであった。帳簿の初めに十字架を，その後に「神の名において，アーメン」(In Nome di Dio, Amen) と書いて，帳簿の記録が神に誓って嘘ではないと主張したのである。このような神に誓うという風習は，帳簿記録が一般に信頼に足る記録であるという考えが広く受け入れられる16世紀末から，時として17世紀の初め頃まで，400年近くも続くことになる。十

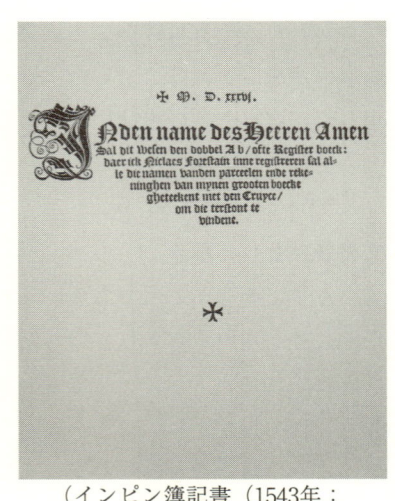

（インピン簿記書（1543年：オランダ語版）の元帳例示）

字架や神に誓う文言が商人の帳簿や簿記書から見られなくなるのは，17世紀に入ってからのことである。17世紀には，簿記にもとづく記録に信頼できる証拠書類としての市民権が付与されたということであろうか。中世の帳簿が今日まで残存しているのは，当時の商人間で諍（いさか）いが生じたとき，これらの諸帳簿が公正証書に代わって証拠書類として裁判所に提出されたからである。

実地棚卸による利益の証明手段

　複式簿記が完成する以前では，利益の分配は，財産の実地棚卸にもとづいて作成した財産目録（ビランチオ）で算出された利益をもとに行われた。しかし，ビランチオで求めた利益の信憑性に他の組合員から疑義がはさまれてくると，何らかの別の方法で，そこで求めた利益の正当性を証明する必要性に迫られた。このような要求に応えるために用いられたのが複式簿記である。それまでの単なる取引のメモとしての備忘録から企業全体の総括損益を計算する手段として，複式簿記に正確な総括損益の計算を可能にさせたのは，組合員相互間での利益分配の現実的な必要性であった。ビランチオで計算された利益の正確性を継続記録で求めた利益によって証明しようとしたのである。いわば，「もの」の世界（現金や土地や建物といった取引の結果としての具体的事象）を「こと」の世界（現金や土地や建物を生み出した原因としての抽象的事象）で立証しようとしたところに，複式簿記の本質がある[2]。時まさに14世紀前半のことである。

　ではなぜ，複式簿記は，13世紀初頭のイタリアで発生したのであろうか。この疑問に応えるためには，当時のイタリアがどのような政治的・経済的状況に置かれていたかを十分に承知しておく必要がある。

1-2. 複式簿記誕生の背景

十字軍の遠征と商業の勃興

　13世紀頃のイタリアは，十字軍の遠征とともに，北東ヨーロッパと地中海諸

(第1回十字軍の派遣を決めた
クレルモン教会会議：1095年）

国の産物との交易，14世紀以降には，東洋の様々な特産物とヨーロッパの産物との交易の地として大いに栄えることになる。トルコ人によるイスラム国家の征服によって聖地エルサレムが占領されたため，キリスト教社会は，イスラム教徒から聖地の奪還という大義のもとに，ウルバヌス2世の呼びかけによってクレルモン教会会議が開催され，第1回十字軍の遠征が決められた。その後，ルイ9世（1214-1270）の死去によるチュニスでの敗退まで都合8回にわたって，十字軍の遠征は続けられた。当初は，多くの賛同を持って開始された聖戦の理念も，教皇の影響力の低下や都市国家の勃興，商業活動の普及と拡大，中産階級の影響力の増大等ルネッサンスの浸透によって宗教的理念が薄まり，結果的には，イタリアの北方諸都市が大いなる繁栄を勝ち取ることになる[3]。

　この180年近くにもわたる遠征で，その移動と武器や食料調達のために巨額の資金が必要とされ，この資金調達のために今日の銀行にあたる多くの両替商がイタリアに集まった。当初イタリア商人は，十字軍に加わったわけではない。イタリア商人が本格的に参与していくのは，13世紀に入ってからである。当時のイタリアは，多くの商人が十字軍に参加した騎士や諸侯に用立てた貸金を回収するために北西ヨーロッパに出向き，その帰りにフランドル地方やイングラ

ンドの毛織物を持ち帰り，北海・バルト海商業圏と地中海商業圏を結ぶ商工業の中心として繁栄をほしいままにしたのである。

銀行の誕生

その結果，金融業を中心にして商業が発達し，多くの資金がイタリアに集積され，信用取引や為替取引が生まれた。とりわけ，フィレンツェやヴェネツィアあるいはジェノヴァやピサには，多くの商人が集まり，銀行業や商業が大いに繁栄するのである[4]。

複式簿記は，債権債務の備忘録として誕生するが，金融業における金銭の貸借には，利子の支払いが伴う。現存の最古の勘定記録であるフィレンツェの1銀行家の勘定記録には次のような文言が残っている。「財布製造工のピエリ・ボルサイオの息子リストーロとシゴリの息子ヤコピーノは，われわれが6月1日以前の12日間のうちに1リブラあたり16デナリの利率で貸し付けた8リブラの代償として，8月1日以前の12日間のうちに，総額8リブラ20ソルディ8デナリを各々がわれわれに支払うべし。もし支払いが遅延すると，その間の利息は，1カ月1リブラにつき4デナリである。証人アルベルト・マルドヴィーニとコンシリオ・カスタニアッチ[5]」。ここに書かれている2カ月間で，1リブラ当たり16デナリというのは，年利率にすると40％にも及ぶ（1リブラ＝20ソルディ＝240デナリ）。加えて，返済日に遅れた時に加算される遅延罰則金利は，年20％であった。今からすればかなりの高利であるが，それだけ当時の貸し倒れのリスクは，高かったということであろう。

また，14世紀初頭のブルージュのロンバルディア人の高利貸しは，都市法で年利率43.3％を超えてはならないと決められていたという[6]。

利子禁止令

このように貸付金に対しては高利を取るのが一般的な商慣習であった。しかしながら，当時のキリスト教社会では，金銭貸借に伴う利子の徴収が禁じられていたのは広く知られたところである。いわゆる利子禁止令である。旧約聖書『申命記』にある戒律「汝の兄弟より利息を取るべからず，即ち金の利息食物

の利息など凡て利息を生ずべき物の利息を取るべからず[7]」という原則が支配していた。それにも関わらず，現実は，一般の商人たちの間では利子を取らない金銭の貸し借りなどありえなかった。そのため，当時において，金銭貸借に伴う利子をどのように解釈するのか，どのように理解すればキリストの教えに反しないのか知恵を絞った。その手がかりとして，先ず始めに，返済遅延に伴う利子をどのように解釈するかについて，スコラ学者やトマス・アクィナス（c1225-1274）等が論じている。

徴利の正当性の理論武装

　アクィナスは，貸したお金が返ってこないと，それによって他の人がそのお金を借りることができる「期待利益の喪失」が生じるため，遅滞期間に限ってその喪失分を元本とは別に余分の請求ができると考えた。13世紀後半には，このような考えが少しずつ広まっていく。すなわち，当初は，ルカの福音書の「汝らそこからなにものも望まずして貸し与えよ」というように，徴利を厳密に禁止していたが，13世紀頃になると，聖書が禁じているのは，単に消費貸借（金銭貸借）のみで投資貸借，すなわち通常の商取引で利益を上げる行為についてはその例外とみなし，やがてはこの考えを消費貸借にまで拡大し，徴利の正当性を論証する合理的根拠を導き出そうとした。

　その出発点になったのは，ローマ教皇グレゴリウス９世（c1143-1241）が発令した投資貸借への徴利を正当化させるための教令（1230年頃）である。それ以降，投資貸借すなわち商取引における利益は，消費貸借すなわち金銭貸借における徴利とは分けて考えられ，やがて徴利も認める理論が徐々に整備されてくる[8]。いうまでもなく，商取引における利益は，ある価値体系と他の価値体系との間にある差異[9]，より具体的には空間差異（地域格差による為替差異）と時間差異（取得時点と現在価値との価格差異）から生じるもので，必ずしもキリスト教の教えに反する不当な行為とは見なされなかったのであろう。

ジェノヴァ市政庁の商品勘定

　徴利禁止の興味ある事例としてしばしば登場するのが1340年のジェノヴァ市

政庁の帳簿である。この帳簿は，1340年から1466年までの合計43冊のものがジェノヴァの古文書館に今も保管されている。この帳簿が重視されるのは，元帳の1頁に借方と貸方が左右対称に記録されていること，単に人名勘定だけでなく物財勘定も多く含まれていること，損益勘定が設けられていること，等があげられる[10]。

何よりも特徴的なのは，ジェノヴァ市の官庁でありながら，胡椒勘定と生糸勘定を設けて，商品の売買を行っていることである。両勘定とも損失を計上している。商品売買以外でも，両替や為替取引で損失を出している。役人のする殿様商売でうまく行くはずがないと思われるかもしれない。しかし，この損失の実態は，商取引による損失ではなく，市政庁の財政難による資金調達のための苦肉の策で，実質的には，この損失は，金利に相当するものなのである。

わかりやすく言えば，100のお金を借り，期限がくれば110を支払うところであるが，利子禁止令があるため利息相当分の10を支払うことができない。しかし，利息を支払わなければ誰もお金を用立ててくれない。そこで考え出したのが，市場で110の商品を仕入れて，それを100で売却する。市価よりも安いのですぐに売却でき，100の資金が容易に調達できたことになる。後日代金110を返済する。表面的には，110で仕入れた商品を100で売却したので10の損失が出たように見える。しかし，実質的には，100を借りて110を支払ったのと同じことで，この10は，いわば金利に相当するという仕掛けである。商人達が利子禁止令の抜け道として知恵を絞った結果のカモフラージュされた商行為であったといえる[11]。

地理上の発見

1299年に建国されたオスマントルコによって中近東が征服され，アジアとの陸路が封鎖されると新たな交易路を海路に求めて，バスコ・ダ・ガマ（c1460-1524）やクリストファー・コロンブス（c1451-1506）などによって相次ぐ新航路や新大陸の地理上の発見がなされたのは，歴史の良く教えるところである。

今日のように陸路や空路が未発達の段階では，大量の人や物の運搬には，海路が最も便利であった。暖かい地中海は，北海やバルト海と並んで，重要なヨ

ーロッパの足として極めて重要な役割を果たしていた。

　当時のイタリア諸都市は，北西ヨーロッパと地中海，ならびにヨーロッパと東洋を繋ぐ地中海への出入口として，重要な役割を果たしていた。とりわけ，ヴェネツィアやフィレンツェ，あるいはジェノヴァといった北方諸都市は，地中海を介して，西洋の文化と東洋の異文化との接点をなし，東洋の珍しい物産が数多く集積され，そこからヨーロッパの各地へと広がっていった。胡椒に代表される香辛料は，冷蔵庫のない時代において，肉食を主食とするヨーロッパ人にとって，腐食防止と臭み止めのために，欠かすことのできない貴重な調味料であった。

イタリアの繁栄

　13世紀後半以降落日を迎えた東ローマ帝国に代わって，世界中から多くの人と物とお金と情報がイタリア北方諸都市に集まり，ヴェネツィアやフィレンツェ，ジェノヴァやピサがまさしく隆盛を極めた。それに伴い，取引を記録するための合理的で信頼できる技法が考案されるに至った。とりわけ，公正証書に代わって金銭貸借を記録するために用いられたのが簿記，すなわち複式簿記であった。13世紀初めに債権債務の備忘録として誕生した複式簿記は，14世紀前半には企業全体の総括損益を帳簿記録によって計算できることが可能になる。財産目録（ビランチオ）によってではなく，帳簿記録（損益勘定）によって損益計算が可能になった時をもって，複式簿記の完成と呼んでいる。実地棚卸で求めた利益を継続的な記録計算で算出した利益によって証明することができた時点が複式簿記の完成時なのである。

1-3．複式簿記の生成要因

　著名な会計史家レイモンド・ドゥ・ルーヴァ（1904-1972）は，複式簿記を誕生させた要因として，① 信用［取引］，② 組合［企業］，③ 代理人［業務］の

三つをあげている[12]。

① 信用取引の出現と記録

簿記は備忘録として発生

　物々交換や現金取引が取引の中心であった時であれば，ある意味では，その場で取引が完結しているため，清算のために必ずしも取引を記録する必要はない。しかし，信用取引が発生すると，人間の記憶には限界があるため，後日の貸借の決済に備えて，トラブルを防止するために，取引の詳細を文書証拠として記録しておく必要が生じてくる。複式簿記による記録である。後日，係争が生じたときは，この帳簿が公正証書の代わりに裁判所に提出された。今日まで多くの古い商人の帳簿が現存しているのは，このように裁判所に証拠書類として保管されていたためであろう。複式簿記発生当初の最大の役割は，商人間での取引上の決済にあたり，諍いが生じたときの証拠書類にあった。この証拠性を担保したのが公正証書の代役を果たした日々の取引の正確な記録，すなわち複式簿記なのである。

　証拠性が担保されるためには，組合員相互間で，そこに書き込まれている記録の正否をいつでも検証することができなければ意味がない。今日の言葉でいえば検証可能性あるいは透明性，すなわちディスクロージャーが担保されているかどうかが重要になる。もちろんこの時代にはまだ株式会社は誕生していないため，株主へのディスクロージャーではなく，組合員相互間での帳簿の閲覧である。

　少し脇道にそれるが，計算にとって欠かすことのできない複式簿記発生当初の帳簿に記帳された数字について見てみることにする。

アラビア数字の使用

　複式簿記が発生した13世紀の初め頃は，帳簿に記帳される金額は，古代ローマ時代から用いられていたローマ数字が使用された。アラビア数字は，すでに13世紀の冒頭に，レオナルド・フィボナッチの『算盤の書』（1202）によって

ヨーロッパに紹介されているが，13世紀にはまだ一般的に用いられるまでには至っていない。簿記書の上でアラビア数字が広く用いられるようになるのは，15世紀後半から16世紀にかけてのことである。当初，公正証書や帳簿などでローマ数字が一般に用いられたのは，アラビア数字と比較してローマ数字の方が改ざんされにくいというのが理由であった。ヨハネス・グーテンベルグ（1397-1468）の活版印刷が発明されるのは，15世紀半であるが，活版印刷にとってもアラビア数字が適しているのはいうまでもない。アラビア数字で記帳された最古の帳簿は，フィレンツェのファロルフィ商会サロン支店の元帳（1299-1300）に見られる[13]。まさしく，イタリアで大きく花開いたルネッサンスの総仕上げの時代である。

② 組合企業の出現と利益分配

13-15世紀のヴェネツィアの社会は，貴族による支配社会で，そのため企業形態は，一般的にはソキエタス（合名会社）と呼ばれ個人か家族を中心に同族で集まった家族組合が支配的であった。なぜなら，貴族社会では何よりも血縁が重視されたからである[14]。それに対し，1250年に樹立した市民社会のフィレンツェでは，ヴェネツィアとは異なり血族による結社を否定し，通常3-5年の期間に区切って同族以外の第三者を含めた一般的にはマグナ・ソキエタス（合資会社）と呼ばれる期間組合が結成された。そこでは，他人と組んだ組合であるため，どこかの時点で組合員の間で利益を分配することが求められた。すでに13世紀の初めに複式簿記は発生していたが，まだ完成をみるに至っていない段階では，損益勘定が勘定内に設定されていないか，設定されていたとしてもそこで実際に企業の総括的な損益が計算できる状況ではなかった。複式簿記がまだ完成されていなかったのである。

ビランチオの作成

当時のフィレンツェの商人たちは，まだ継続的な記録によって分配に必要な企業全体の総括損益を求めることができなかったため，分配のための総括損益

は，複式簿記以外の方法によらざるを得なかった。それが実地棚卸によって作成されたビランチオ（今日の財産目録と利益処分計算書が一緒になったいわば利益処分結合財産目録とでもいえる財務表）である。複式簿記完成以前の総括損益の計算は，このビランチオで行われた。このような損益計算制度を先駆的期間損益計算と呼んでいる[15]。

しかし実地棚卸だけによって企業損益を求めるならば，そこで求められた損益の信憑性が問題になり，ビランチオによる実地棚卸によって求めた利益を他の組合員が納得できる別の方法で証明する必要性に迫られた。証拠記録のない実地棚卸ではなく信頼できる記録にもとづく利益の計算が要求されるに至った。継続的な記録による計算である。これこそが複式簿記を完成させた直接的な要因である。期間組合の出現が複式簿記を完成へと導いた最も重要な要因なのである。時まさに14世紀の前半のことである。

③　代理人業務の出現と報告義務

代理人業務とアカウンタビリティー

14－15世紀を迎えると，組合企業もその規模を拡大させて，各地に支店を設けるようになる。14世紀の前半に活躍したフィレンツェのビッグスリーといわれたバルディー，アッチアイウォーリ，ペルッチは，各地に点在する店舗を本支店会計として管理するのではなく，それぞれを独立した組織体として管理し，各店舗ごとに組合契約を締結したといわれている。ダティーニ商会もまた，マルコで代表されるように，各支店ごとに組合契約を締結し，各店舗から送られてくるビランチオや書簡によって経営状態の管理を行っていた[16]。各支店や店舗の責任者は，当然のことながら，彼らの経営に対する説明責任（アカウンタビリティー）を果たすために，その初期においては必ずしも定期的とは限らなかったが，本店の責任者に当てて経営状態と財務状態を報告する必要に迫られた。報告の義務づけである。会計の分野では，このアカウンタビリティーを特に会計責任と呼んでいる。

イギリス荘園会計における「責任の受託(チャージ)」と「責任の履行(ディスチャージ)」

　イギリスにおける最古の勘定記録は，1130年頃に今日の財務省にあたるエクスチェッカーが国王に支払うべき地代や租税等を記載した一種の租税台帳のような帳簿であると言われている[17]。またしばしば，イギリスにおける荘園会計で用いられたこの「チャージ・ディスチャージ報告書」が時として複式簿記の萌芽的形態であると見なされることもある。しかし，これは，あくまでも荘園領主に対して代理人が自らの「責任の受託」と「責任の履行」を説明した報告書に過ぎず，決して複式簿記による勘定記録ではない。

　このチャージ・ディスチャージ報告書は，「15世紀のスコットランドにおいて政府の会計官が不動産会計で使用し展開され，それをイギリスの荘園［において］steward［財産管理人－渡邉注］が採用した［も］のであり，管財人が広く用いるようになったのはそれから300年も後のことである[18]」と言われている。単に責任の受託とその履行といった二つの側面から記載された報告書という理由から，ここに複式簿記の原初形態を求めるのは，誤りと言わざるを得ない。「我々は中世の簿記に事実以上のものを求めすぎているのかもしれない。会計の継続性，比較可能性の如き現代の条理は，［当時のチャージ・ディスチャージ報告書のなかには－渡邉注］ほとんど存在していなかった[19]」といえるのではなかろうか。この1130年頃のエクスチェッカーが国王に支払うべき地代や租税等を記載した責任の受託（チャージ）とその履行（ディスチャージ）を説明した報告書は，決して複式簿記ではなく，奈良時代の木簡に記録されている現金収支の明細と同様，会計に関わる単なる管理記録に過ぎない。

1-4．現存する最古の勘定記録（1211年）

メディチ・ロレンチアーノ図書館

　会計にかかわる現存の最古の勘定記録は，1211年のフィレンツェの一銀行家がボローニアのサン・ブロッコリーの定期市で記録した2枚4頁の帳簿である。

(フィレンツェのメディチ・ロレンチアーノ図書館への回廊)

　この最古の勘定記録は，現在フィレンツェのメディチ・ロレンチアーノ図書館にCodice, Laurenziano Aedil 67 として分類されて保管されている。この番号を提示すれば見せてもらえるので，観光でフィレンツェを訪れる機会があれば，是非とも図書館に足を運んで，実物を見てきてもらいたい。中世の商人の声が聞こえてくるかもしれない。

羊皮紙に書かれた勘定記録
　この2枚の取引記録は，羊皮紙に書かれたもので，大きさは，縦43cm，横28cm である。ほぼA3のサイズである。15世紀に執筆された新ローマ法典のカバーとして使われていたものを言語学者のピエトロ・サンティニが見つけ，公開した。羊皮紙のためとても丈夫で，ブック・カバーには最適であったものと思われる。記録は，取引先別に分類されている。文字は，当時の公用文で一般に見られたラテン語ではなく，一般の人でも理解できる中世イタリア語で記帳されているのが特徴の一つである。
　中世のインクは，通常，蝋燭の煤や葡萄の若枝を燃やした煤にゴム糊と水を加えて作られた。流れをよくし書きやすくするため，ビネガーやワインが加えられた。色は，青色というよりもいくらか茶色がかっていた。また時として，イカの墨が用いられることもあった。

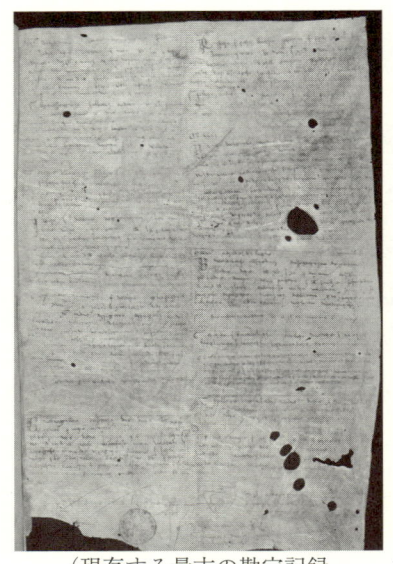

(現存する最古の勘定記録　　　　　　（現存する最古の勘定記録
の第1葉表頁：1211年）　　　　　　の第1葉裏頁：1211年）

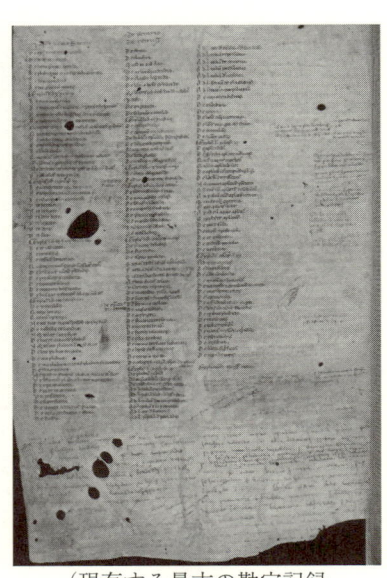

（最古の勘定記録の第2葉表頁） 　　（最古の勘定記録の第2葉裏頁）

この 2 枚の勘定記録は，一冊の帳簿の一部と見られるが，それ以外の他の記録は残っていなくて，これに対応する仕訳帳や日記帳も残念ながら発見されていない。文書は，年号，借主の名前，金額，貸付条件が日常的な定型文章で書かれている。中には，1211年6月20日という日付の入った取引もみられる。

帳簿の正確さを神に誓う

記帳の最初には年号1211年がローマ数字（mccxi）で記され，その後に，十字架とともに「神の名において，アーメン」（In Nome di Dio, Amen = In the Name of God, Amen）という表現がみられる。先にも述べたように，トラブルが生じた時には，この帳簿が証拠書類として裁判所に提出されることを想定して記帳していたものと思われる。このことから，帳簿記録にとって最も重要であったのは，取引事実にもとづく正確性と証憑にもとづく検証可能性に裏打ちされた信頼性であったことが窺える。帳簿の信頼が広く認知されるに至った16世紀の後半頃から，漸次，十字架や神に誓う文言が帳簿から消えていく。神に誓わなくても帳簿の記録が十分に信頼されるものであることが認知されたからであろう。16世紀を迎え，ルネッサンスが終焉を迎える頃には，人は，漸次神から解放されたという事であろうか。

貸借が左右対称ではなく上下連続

この帳簿は，元帳の勘定記録である。今日の勘定形式によれば，取引は，借方と貸方が左右に分類されて記帳される。通常，借方が左に，貸方が右の左右対称式で記録されるが，この帳簿では，借方と貸方が上下連続式で記帳されている。複式簿記の発生当初では，借方と貸方が上下連続式のものも多く見出せる。

複式簿記の本質をどう理解するかによって，その発生の時期も異なってくる。人類の歴史もまた然りであるように。もし，複式簿記の発生要件を勘定記帳の左右対称性に求めるならば，複式簿記の誕生は，1211年ではなく，もう少し遅くなる。

余談ながら，1211年の勘定記録における貨幣の種類は，フィレンツェ貨幣だ

けではなく，ボローニア，ピサ，ヴェロナ貨幣による記録も残されている。貨幣の換算や度量衡に関する問題は，当時の商人たちにとって，極めて重要で，実務を行う上での切実な課題でもあった。当時の数学書では，この度量衡と為替の換算比率に関する叙述が多く見られるのは，そのためであろう。

最古の帳簿の記帳内容

　現存する最古の勘定記録は，わずか4頁の勘定記録に過ぎないが，そこには，貸付債権をすでに時価で評価替えしている事例が見出せる。すなわち，貸付先が倒産等によって貸倒れになるであろうリスクを十分に認識して，貸倒損失を計上していたのである。このことは，次の記帳文言（2枚目の紙葉）から容易に推測できる。

　「神の名においてアーメン，サン・ブロッコリー。サンタ・トゥリニタ出身のオルランディーノ・ガリガイオは，われわれがサン・ブロッコリーの定期市で彼に貸し付けたボローニア［貨幣］に対して，5月半ばに26フィオリーノ（リブラ）を返済しなければならない。もし支払いが遅れた時は，1フィオリーノ（リブラ）につき月4デナリの利息を支払う。もし彼が支払えなくなったときは，ボローニアの製靴商アンジオリーノが支払いを約束した。証人：アヴァネージェ・ベジャカルツア商会。項目：彼は，ガレッティーの息子ミケーレから43ソルディを受け取る。われわれは，それらをスキリンクァ・マイネッティの勘定から転記する[20]」と書かれている。また，返済不能になったときの用心のため，貸付先より保証人を取っている。貸倒損失の計上は，まさしく，貸付債権を時価で評価替えしていたことを示している。時価による評価替えの実務は，複式簿記の発生当初から行われていた。

最古の勘定記録の貸付金利

　また1枚目の表頁では，次のような記帳が見出せる。「財布製造工のピエリ・ボルサイオの息子リストーロとシゴリの息子ヤコピーノは，われわれが6月1日以前の12日間のうちに1リブラあたり16デナリの利率で貸し付けた8リブラの代償として，8月1日以前の12日間のうちに総額8リブラ20ソルディ8デナ

リを各々がわれわれに支払うべし．もし支払いが遅延すると，その間の利息は，1カ月1リブラにつき4デナリである．証人アルベルト・マルドヴィーニとコンシリオ・カスタニアッチ[21]」．

この2カ月間で1リブラ当たり16デナリという金利は，すでに本書の7頁で述べたように，年利率に換算すると40％にものぼる高利になる．もし返済日に遅れたときは，さらに年20％の金利が加算された．今日からすれば，相当の高利であるが，当時は，貸倒れのリスクが非常に高かったため，このような高利になっていたのであろうか．どうやらこれが当時の金融業における平均的な金利であったようである．

以上が13世紀の頃の実際の商人の帳簿に記帳された内容である．今日の元帳のように，左端に日付欄，右端に金額欄といった形式は，まだ確立されていない．確立には，さらに多くの年月を要することになる．フィレンツェでは，キリストの受胎告知日の3月25日が新年度の最初になるため，例えば1211年1月17日（mccxi i xvij ）は，今日では，1212年1月17日になる．すなわち，当時の1211年1月1日から3月24日までは，現在では，1212年になる．

取引金額が文章から分離して右端に記載されるようになるのは，1270年以降のフィレンツェの商人の帳簿で一般にみられるところである．また，フィレンツェでは，当初，通貨は銀貨であり，初めて金貨フィオリーノ・ドーロが用いられるのは，1253年になってからである．小額銀貨のピッチョロと併用されていた[22]．

利益分配の最古の会計史料

利益分配記録の最古の現存史料として，12世紀ジェノヴァの公証人ジョヴァンニ・スクリーヴァが，ヴォルタとバイアラルドの2人の商人との間で交わしたコンメンダ[23]契約にもとづいて記録された3枚の計算書（1155-1164）があげられる．しかし，これは，単なる利益分配について記録されたもので，複式簿記による勘定記録とはいえない．

複式簿記は，取引を二面的に捉え，フローとストック，あるいは原因と結果といった二つの側面から企業の総括損益を計算する技法である．単なる現金の

収支記録や利益の分配記録は，複式簿記による記録とはいえない。

1-5. 13－14世紀のイタリア商人の帳簿

　13世紀初めに誕生した複式簿記が14世紀前半に完成するまでの百数十年の間にも，多くの商人の帳簿が残存している。ただ，同じ時代でもヴェネツィアの商人の帳簿とフィレンツェの商人の帳簿では，当時の両都市国家の政治体制の違いを反映して，損益計算制度にも大きな相違を生み出していた。この点については，次章の2－4と2－5で詳しく述べることにして，ここでは本質的な相違を簡潔に述べ，残存している中世イタリア商人の帳簿の具体的な記帳内容にもとづいて，当時の簿記の特徴を述べることにする。

ヴェネツィアとフィレンツェの違い

（フィレンツェの花の大聖堂）

　ヴェネツィアとフィレンツェは，両者とも中世のイタリアを代表する都市国家，商業都市であったのは，良く知られたところである。しかし，同じ繁栄を誇った商業都市でありながら，両者の権力掌握の経緯が対照的であったため，その政治体制，あるいは両市の商業活動の中心を担っていたアルテ（同職組合）の構成との関わりに大きな相違が生じた。その相違によって，複式簿記の損益計算制度にも大きな違いが生じていたのである。その点については，すぐ後で詳しく述べることにする。

（ヴェネツィアのサン・マルコ寺院）

　フィレンツェではこのアルテが重要な役割を果たしたのに対してヴェネツィアではそれほど重要な役割を果たすことはなかったと言われている。なぜなら，当時のヴェネツィアは，貴族を中心にした一元的な権力を持つ大評議会によって統治された社会のため，血縁による世襲社会であった。そのため，組合もフィレンツェのように他人と組んで結成されるマグナ・ソキエタス（一種の期間組合）ではなく，血縁を重視したソキエタス（家族組合）が結成されていたからである。14世紀の前半のヴェネツィアでは，特定の約20－30の有力な貴族出身の家族によって寡頭政治が形成されていた[24]。

複式簿記の完成は14世紀の前半

　このように血族によって結びついた貴族社会では，事業を行うにあたっても血縁を重視し，組合は，同族の家族によって形成された。いわゆる家族組合である。このような状況下では，今日のように，1年ごとに企業全体でいくらの利益を獲得したかといった厳密な損益計算は，必要とされなかった。営業期間を区切って決算を行い，集合損益勘定や決算残高勘定を設けて企業全体の総括的な損益を計算するシステムが形成されていなかったのである。その意味で，14世紀前半頃までのヴェネツィア式簿記は，企業全体の総括利益を継続記録，すなわち複式簿記を使って計算するまでには至っていなかった。決して企業全

体の厳密な総括損益計算が必要とされたわけではなかった。記帳システムとしての複式簿記が完成するのは，14世紀の前半のことである。

ヴェネツィア商人の記録

では，それまで，ヴェネツィアの商人たちの間では，損益の計算が行われていなかったのであろうか。当時のヴェネツィアの商人たちは，取扱商品ないしは航海や旅行ごとに勘定を設け，それらの荷口別に設けられた商品がすべて売

（今も中世のたたずまいを残すヴェネツィアの古文書館）

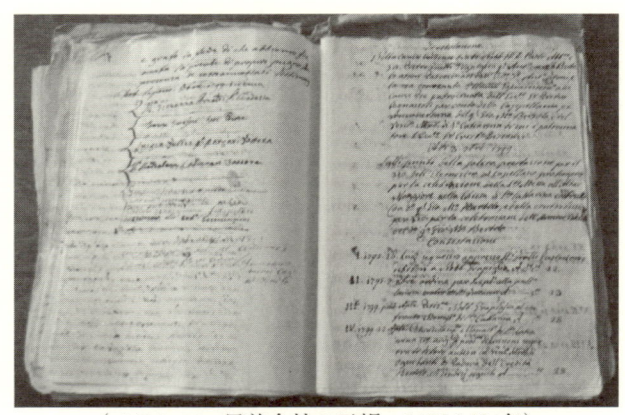

（ソランツォ兄弟会社の元帳：1406-1434年）

却済みになった時点，ないしは航海や旅行が終了した時点で，それぞれの勘定を締め切って荷口別の損益を計算する方法をとっていた。いわゆる口別損益計算と呼ばれる損益計算制度である。

　例えば，胡椒と毛織物とワインの3種類の商品を取り扱っている商人がいたとする。彼は，元帳に胡椒勘定，毛織物勘定とワイン勘定の3種類の勘定を元帳に開設する。今日のように仕入勘定を用いることはなかった。仕入勘定が用いられるのは，19世紀に入ってからのことである。

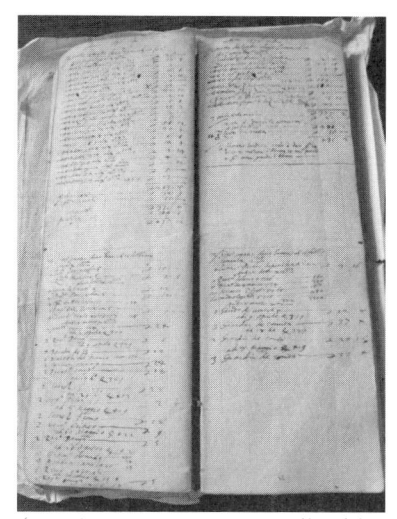

（アンドレア・バルバリゴの仕訳帳：1430-1440年）

　胡椒が売り切れるのに17カ月かかり，毛織物は21カ月，ワインは7カ月かかったとする。今日のように営業期間を一定の期間（通常1年ないしは半年）に区切って，企業全体の総括損益を計算することがなかったため，最初にワイン勘定を7カ月目に締め切って，ワインでいくらの利益を上げたのかを計算した。

ヴェネツィア式簿記の特徴（口別損益計算）

　しかし，その時点では，胡椒と毛織物はまだ売り切れていないため，それぞれの勘定を締め切って両者の売却損益を計算することはしなかった。その結果，ワインでいくらの利益を上げることができたかは計算できたが，その時までに，彼が全体としていくら儲かったのかを知ることは，できなかった。すなわち，口別損益計算のもとでは，取扱商品の荷口別損益の損益は計算できたが，企業全体の総括損益を計算することはできなかったのである。私は，継続記録にもとづき，集合損益勘定によって企業全体の総括的な損益計算が可能になった時を持って，複式簿記の完成とみなしている。それが14世紀の前半である。したがって，この口別損益計算の段階では，企業全体の総括損益を期間に区切って

計算する複式簿記は、まだ完成していたとはいえない。

　ヴェネツィアの貴族商人たちは、いわゆる個人ないしは家族を中心に経営を行っていた。彼らは、血族を中心に組合を結成し、主として、海上交易に乗りだした。彼らは、個人ないしは一般にソキエタス（合名会社）といわれる同族組合を結成した。フィレンツェを中心に一般的に見られた他人と組んで事業を行うマグナ・ソキエタス（合資会社）といわれる期間組合とは異なり、血縁によって構成されたヴェネツィアの血族による同職組合ではそれほど厳密に企業の総括損益を計算する必要性は、なかったのである。しかもそこで求められる損益は、販売費・一般管理費等が含まれない荷口別商品の売上総利益に過ぎなかった。

ヴェネツィアの商人の損益勘定は寄せ集めの勘定

　この時代の特にヴェネツィアの商人たちの損益勘定には、資産・負債・資本勘定に転記される以外の私に属するすべての勘定が転記され、単に元帳諸勘定を締め切るための「寄せ集め」の集合勘定として設けられていたに過ぎなかったといわれている[25]。そのため、損益勘定で企業の総括損益を計算することはできなかった。少なくとも当時のヴェネツィアでは、そのような必要性もなく、企業全体の総括的な損益を計算するという考えは、遅くとも14世紀前半頃まで希薄であったと言えよう。決算残高勘定についても同様のことが言え、時代的には少し後の史料になるが、ニコロ・バルバリゴとアルヴィーゼ・バルバリゴの1483年2月末日の残高勘定には、資産負債に関する項目だけではなく、費用収益に関する項目もすべてが転記されている[26]。

フィレンツェの商人の損益計算

　フィレンツェは、同時代のヴェネツィアとは対照的に、13世紀の末以降、貴族（豪族）による政治支配を否定して、一般の市民が同職組合（アルテ）の代表者となり、フィレンツェの政治・経済の事実上の支配者になった[27]。共和政がひかれたのである。同じ時代でありながらヴェネツィアの血縁中心の貴族社会とは異なり、フィレンツェでは、一般の市民が、通常3－5年の期間に区

切って，同族以外の第三者を含めた期間組合（マグナ・ソキエタス）を結成し事業に乗り出していった。そこでは，組合員相互間での利益分配の必要性に迫られて，必ずしも定期的ではなかったが，期間に区切り，企業の総括的な損益を計算するに至った。なぜなら，他人と組んでの組合であったため，組合員の誰かが急に資金が必要となり，それまでの利益を一旦清算して分配する必要に迫られるケースが生じることがあるからである。今日のように１年ごとという定期的な決算ではないが，ある時点で期間に区切って利益を計算し，分配することが要求されたのである。

すでに13世紀の初めに複式簿記は発生していたが，完成をみるに至っていない段階では，未だ集合損益勘定は形成されず，複式簿記による継続的な記録によって企業の総括的損益を求めることのできる状態ではなかった。この段階では，実地棚卸によって求めた資産を時価で評価し，２時点間の正味財産の比較によって計算する以外に，企業の総括的な損益を算出する術はなかった。実地棚卸にもとづいて時価で評価したビランチオと呼ばれる財務表を作成して企業の総括的な利益を求めたのである。

ビランチオによる有高計算

継続的な記録（複式簿記）によって企業の総括的な損益を計算することができなかった状況下では，当然のことながら，複式簿記に代わる方法で利益を計算しようとした。それが実地棚卸による損益計算である。この実地棚卸によって財産を時価評価して作成された財産目録がビランチオと呼ばれた。ビランチオは，財産目録と利益処分計算書が一緒になった財務表であり，決して今日の貸借対照表ではない。複式簿記による継続記録によって利益を求めるのではなく，実地棚卸によって作成されたビランチオで利益を計算する損益計算制度を先駆的期間損益計算と呼んでいる。

ビランチオによる利益の証明

有高計算だけに依存した損益計算では，そこで求められた損益の信頼性，信憑性が問われるのは，当然のことである。ビランチオで求めた利益の正しさを

検証するために用いられたのが取引事実にもとづく記録，すなわち複式簿記なのである。経理担当者は，実地棚卸を基礎にして作成されたビランチオで求めた利益を何らかの方法によってその利益の正しさを証明する必要性に迫られた。正確で信頼に値する継続的ない取引記録が要求された。複式簿記による企業の総括損益の計算である。記録にもとづく損益計算が可能になった時に初めて，複式簿記が完成したといえる。期間組合の出現こそ，複式簿記を完成へと導いた直接的な要因である。ビランチオで求めた利益の正しさを証明するために，複式簿記は，完成したのである。証明のための道具こそ，複式簿記である。複式簿記の生命線は，正確性，証拠性，検証可能性に支えられた信頼性にある。これが担保されて初めて，継続記録による損益計算が複式簿記に昇華される。時まさに14世紀の前半のことである。

ビランチオは貸借対照表ではなく単に残高の一覧表

　イタリア語のビランチオ（Bilanzio）は，英語ではバランス（Balance）を意味している。バランスは，平均，均衡，残高といった意味があり，今日，バランス・シートといえば，資産・負債・純資産のバランスである貸借対照表を意味する。しかし，本来，バランスは，すべての勘定残高を指し，単に資産・負債・純資産の残高一覧表（＝貸借対照表）だけではなく，収益・費用の残高一覧表（＝損益計算書），あるいは資産・負債・資本・費用・収益のすべての残高の一覧表（＝試算表）や決算の運算のために作成する一覧表（＝精算表）をも指していたとしても決して矛盾するものではない。すなわち，バランス・シートというのは，一体，単に貸借対照表だけではなく，試算表や精算表，あるいは損益計算書も含むすべての元帳勘定の残高の一覧表を意味していた。ただし，13－15世紀のイタリアで作成されたビランチオは，利益処分と財産目録が結合した実地棚卸によって作成された財産の一覧表であり，決して収益・費用の勘定残高一覧表を意味したり，試算表や精算表を指すものではない。

フィレンツェ式簿記の特徴（先駆的期間損益計算）

　14世紀を迎えるまでは，期間損益計算（年次決算）が行われていたわけでは

ないし，非定期的にしろ，期間に区切って企業全体の総括損益を損益勘定で計算するという方法もまだ採られていない。

しかし，14世紀の前半になると，個人ないしは同族組合が中心であったヴェネツィアとは異なり，他人と組んで組合を結成したフィレンツェでは，組合員相互間での利益分配の必要性から，まだ定期的ではなかったが，必要に応じて期間を区切り，継続的な記録にもとづいて企業全体の総括的な損益を計算した。1年ごとの定間的な総括損益計算は，16世紀前半まで待たねばならない。あくまでも，非定期的な期間損益計算である。この非定期的な総括損益計算が先駆的期間損益計算である。

フィレンツェ商人の記録

当時のフィレンツェの商人たちは，同じ時代であったにも関わらず，ヴェネツィアの商人とは異なった損益計算制度を採用していた。ヴェネツィア商人たちが取扱商品ないしは航海や旅行ごとに勘定を設け，それらの荷口別に設けられた商品がすべて売却済みになった時点，ないし航海や旅行が終了した時点で，それぞれの勘定を締め切って取扱商品の荷口別の損益を計算する方法をとっていた。それに対して，フィレンツェの商人たちは，必ずしも定期的ではなかったが，組合員相互間での利益分配のため，期間に区切った損益計算を行ってい

（フィレンツェの古文書館）

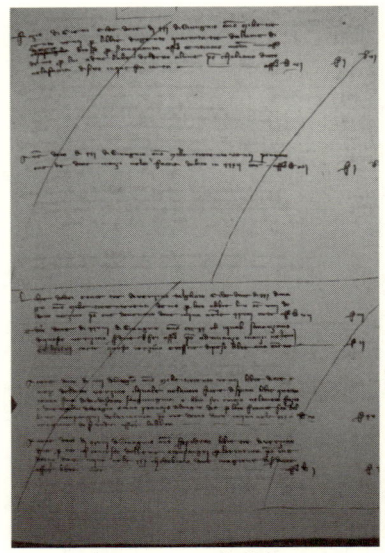

（デル・ベーネ商会の
商品勘定：1321年）　　　　　　（ダティーニ商会ピサ支店の
　　　　　　　　　　　　　　　　残高勘定：1394年）

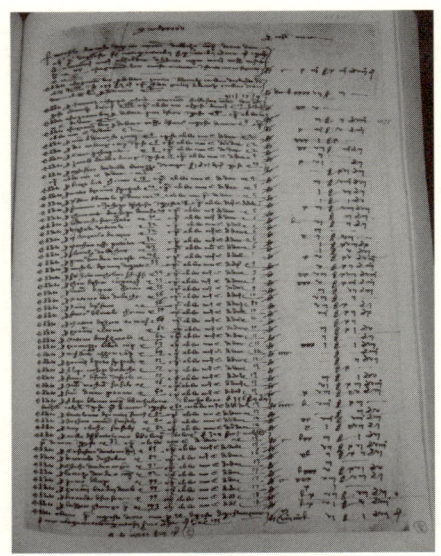

た。いわゆる先駆的損益計算と呼ばれる計算システムである。

　14世紀のフィレンツェの代表的な商人として，毛織物製造業者のデル・ベーネ商会の帳簿（1318-1324）があげられる。デル・ベーネ家が活躍した14世紀の中葉は，フィレンツェが権力の集中への試みと領地の拡大という極めて大きな転換期を迎える時代である[28]。

【注】
　1）清水［1982］150頁。
　2）木村［1982］第1部「こととしての時間」を参照。
　3）ギブニー編［1998］730-737頁。ただし，終了の時期については，諸説があり，第6回ないしは第7回遠征の1254年終了説（太田［2011］1-3頁）や1291年のアッコ陥落を第9回遠征とみなし，これをもって終末と見なす説もある。
　4）清水［1982］38-40頁。
　5）Alvaro［1974］, Part 1, pp.326-327.

6) 河原［2006］49頁。
7) 岩井［1992］24頁。
8) 大黒［2006］38-50頁。
9) 岩井［1992］58頁。
10) 泉谷［1980］277頁。
11) 泉谷［1980］289-290頁。
12) de Roover［1956］, pp.115-117.
13) 泉谷［1997］58-61頁。
14) 斎藤［2002］301-336頁。
15) 先駆的期間損益計算については，渡邉［2008］108-109頁を参照。
16) 渡邉［2008］288-289頁。
17) Chatfield［1973］, p.21. 津田・加藤訳［1978］25頁。
18) Chatfield［1973］, p.25. 津田・加藤訳［1978］31頁。
19) Chatfield［1973］, p.28. 津田・加藤訳［1978］34頁。
20) Alvaro［1974］, Part 1, p.329.
21) Alvaro［1974］, Part 1, pp.326-327.
22) 泉谷［1980］79-81頁。
23) 当座的な企業形態で，出資を行わず無限責任の機能資本家（企業家）と出資額だけの責任を負う無機能資本家（出資者）の両者から構成された企業形態をいう。両社の利益分配は，前者が4分の1，後者が4分の3を受け取った。機能資本家も出資を行う場合は，ソキエタス・マリスと呼ばれる。
24) 斎藤［2002］301-312頁。
25) このように，損益勘定を「寄せ集め勘定」として取り扱う考え方は，パチョーリの『スンマ』においても見られるところである（Yamey［1978］, p.109.）。
26) 渡邉［1993］31-32頁。
27) 中世後期のフィレンツェの政治，経済状況については，斎藤［2002］313-336頁および森田［1999］17-27頁に詳しい。
28) 清水［1990］72-75頁。

第2章

複式簿記の完成

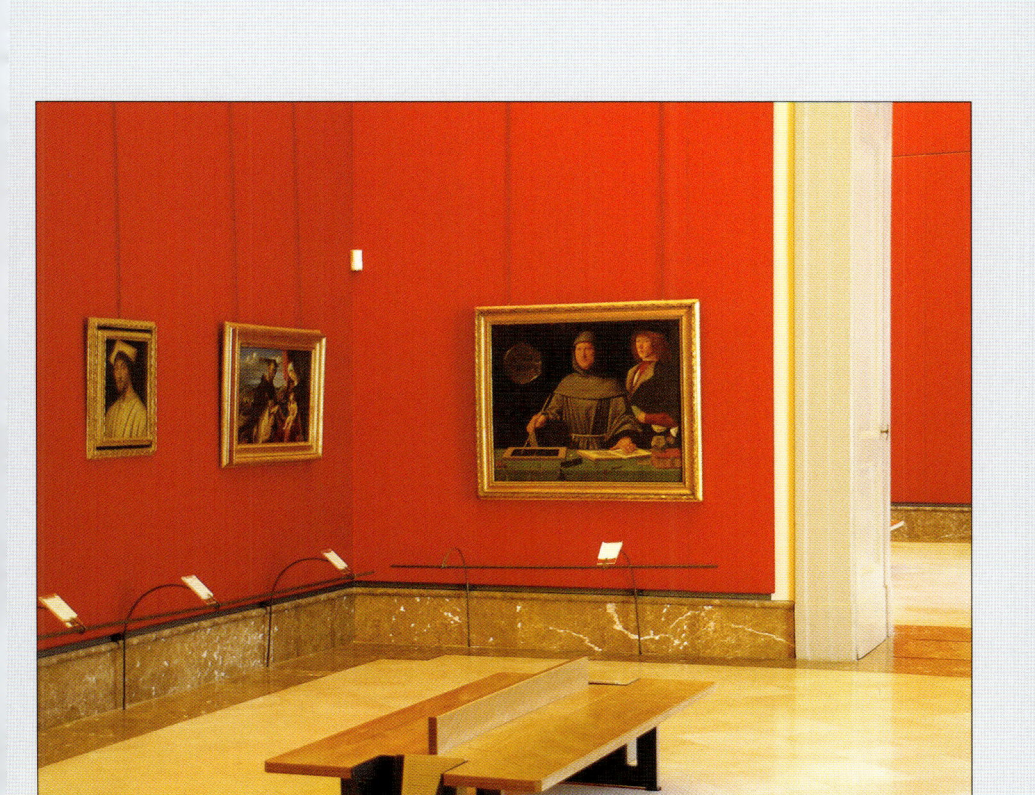

（カポディモンテ美術館に展示されているパチョーリの肖像画）

2-1. 備忘録から損益計算へ

債権・債務の備忘録として発生

すでに述べたように，複式簿記は，13世紀の初めに債権債務の備忘録，ないしはトラブルが生じた時の文書証拠として，公正証書の代わりを果たす役割を担って登場した。物々交換や現金決済であれば，その時点でお互いが納得し，原則的には取引が完結していることになる。もちろん，当初から詐欺行為を行う目的で交換が行われる場合もあるが，そのようなケースを除けば，お互いが納得した上での取引であるので，必ずしもそれを記録しておく必要はない。

しかし，信用取引が発生すると，人間の記憶には限界があるため，後日の決済日に，貸した，いや借りてない，もう返したのでは，いやまだもらってない，といったトラブルや金額や利息についての行き違いから生じるもめ事が生じることがある。このような事態を回避するために，文書による証拠として取引を記録しておく必要が生じた。キリスト教社会では，その真偽を神に誓うのが最大の証明であり，信頼に応えることにもなった。

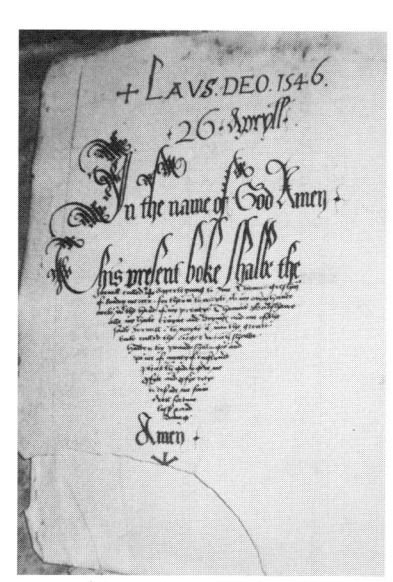

（トーマス・グレシャムの帳簿：1546年）

十字架元帳として登場

そのため，16世紀後半頃までの帳簿には十字架が書かれており，簿記書の取引例示においても十字架が記され，神への誓いの言葉が書かれているのが一般的であった。十字架を書くことによって，この帳簿に嘘がないことを神に誓い，

トラブルが生じた時に証拠書類として帳簿が裁判所に提出されたのである。800年もの前の帳簿が今も古文書館に残存しているのは，そのような経緯があったからである。

　十字架が元帳から姿を消すのは，16世紀後半から17世紀にかけてである。簿記が誕生して400年近くも経ってからのことである。わが国にも平戸のオランダ商館の第1冊目の仕訳帳（1600/8/2 - 1624/1/24）と第2冊目のA号仕訳帳（1624/1/12 - 1626/2/28），3冊目のB号仕訳帳（1626/3/1 - 1628/4/1），4冊目のC号仕訳帳（1628/4/1 - 1633/3/1）が残存している。西川孝治郎（1896-1990）は，当時の帳簿には1冊目に十字架を記す慣習であったが，平戸オランダ商館の帳簿には十字架が記されていないのは，当時の徳川幕府によるキリシタンの取締りから逃れるために，十字架を伏せたのではないかと推測し，これを「隠し十字架仕訳帳」と名付けた[1]。しかしながら，平戸オランダ商館の帳簿が17世紀に入ってからのものであることを勘案すれば，十字架が書き込まれていない方がむしろ自然で，西川の推論は，物語としては大変面白いが，この推論には時代的にいくらか無理があるのかもしれない。

　13世紀頃の古い帳簿が今でも残っているのは，何らかのトラブルに巻き込まれた結果，これらの帳簿が証拠として裁判所に提出されたからである。うがった見方をすれば，われわれが今日分析している帳簿は，当時においては，何らかの係争に巻き込まれた企業の帳簿である。このことは，ある意味では普通でない企業の取引記録を分析して，往時の取引を一般化しているのかもしれない。何のトラブルにも合わずに正常に営業を行っていた取引記録は，ある一定期間が経過すれば通常廃棄されるため，多くの帳簿は，現在ではすでに残っていないのが普通である。

所得税法の制定

　13-15世紀頃のイタリア，とりわけヴェネツィアの企業形態は，個人ないしはせいぜい親子・兄弟で構成される同族組合が中心であった。このような血縁による企業形態では，厳密な損益計算が要求されることはなかった。なぜなら，個人ないしは家族で企業経営に従事する商人たちは，他人と事業を行っている

ときほど厳密な損益計算を行う必要はなく，もし所得税法が施行される前であればなおさら，好んで複雑な帳簿記帳を積極的に行う理由などなかったと思われるからである。

それでは個人事業者が記帳をするようになった誘因は，何であったのであろうか。一言でいえば，それは，利益に対する課税，すなわち所得税法の登場である。イギリスにおける所得税法は，ナポレオン戦争（1796-1815）の戦費調達のために，1799年に制定されたのが最初である[2]。当時の税率は，10％で，何度かの制定と廃止を繰り返し，定着するのは1842年になってからである。イギリス会社法（厳密には登記法）が制定される2年前のことである。わが国では，明治20（1887）年に導入された。もっとも，導入当初は，高額所得者（300円以上）に対して課せられたもので，一種の名誉税のようなものであったといわれている。

複式簿記を発生させたイタリアでは，意外と遅く，1864年のことで，南北戦争（1861-1865）の戦費調達のために導入（1861）されたアメリカよりもさらに遅かった。なお，ドイツの一般商法を模範にしてわが国で商法が初めて公布されたのは，明治32（1899）年のことであった。

ヴェネツィアとフィレンツェの組合形態

13－15世紀頃のイタリア，とりわけ14世紀以降のヴェネツィアには，貴族（nobili），市民権所有者（cittadini），庶民（popolo）という三つの身分階層に分かれ，貴族は，一元的な権力を持つ世襲で構成される大評議会の構成員として，広く政治，経済を支配していた[3]。そのため，経済活動にあたっても血族によって結成された同族による家族組合（family partnership）ないし莫大な財産を有する個人ないしは親子・兄弟で構成される同族組合が中心であった。このような貴族社会のもとでの個人ないしは同族による企業形態では，厳密な損益計算が要求されることはなかった。繰り返し述べているように，所得税法の施行以前では，個人ないしは家族による同族経営ならば，他人と組合を結成して事業を行っているときほど厳密な損益計算を行う必要性はなかったからだといえよう。

それに対し，同時代の同じイタリアにおいても，13世紀末以降のフィレンツェでは，その権力構造をヴェネツィアとは異にしていた。すなわち，フィレンツェでは，豪族（magnate, grande）と平民（popolo, popolano）という二つの身分は存在したが，豪族は，平民によって権力構造の中枢から排除されていた[4]。そのため，同族結社の存続が禁止され[5]，組合の結成にあたっては，通常3－5年の期間に区切って，同族以外の第三者を含めた，一般的にはマグナ・ソキエタス（合資会社）と呼ばれる期間組合（terminal partnership）が中心であった。
　他人を含んだ組合では，当然のことながら，組合員相互間での利益分配が重要になってくる。複式簿記は，すでに13世紀の初めに発生していたが，まだ完成をみるに至っていない段階では，集合損益勘定が元帳内に設定されていないか，設定されていたとしてもそこで実際に損益を計算できる状態ではなかった。そのため，勘定間の閉ざされた体系的組織もまだ形成されていない。貸借平均の理が未だ貫徹されていなかったのである。このような状況下では，必然的に，継続的な記録以外の方法で利益を求めざるをえなかった。

複式簿記の完成（文書証拠から損益計算へ）
　複式簿記の発生当初から完成に至る約100年の間は，継続的な記録にもとづく集合損益勘定によって企業の総括的な損益を計算することはできなかった。そのため，種々の財産を実地棚卸によって時価評価し，2時点間の正味財産を比較して企業全体の総括的な損益を計算した。フィレンツェの期間組合で作成されたビランチオがそれである。このビランチオは，財産目録と利益処分計算書が結合されたいわば利益処分結合財産目録とでもいえる財務表である。
　しかし，実地棚卸だけによって企業損益を求めるならば，そこで求められた損益の信憑性が問題になり，ビランチオで算出された利益を何らか方法によって証明する必要性に迫られた。すなわち，継続的な記録によって証明することが要求されたのである。期間組合の出現こそが継続記録にもとづく企業全体の総括的損益計算を生みだし，複式簿記を完成させた直接的な要因といえる。時まさに14世紀前半のことである。

2-2. 損益勘定の生成過程

損益勘定は寄せ集めの勘定

　複式簿記が発生した13世紀初頭では，損益計算機能は，未成熟の段階で，複式簿記の勘定記録によって企業損益を計算することは困難であった。当時の帳簿では，損益勘定自体が元帳に設けられないのがむしろ普通であった。また，たとえ設けられたとしても，単に元帳の諸勘定を締め切るための「寄せ集めの勘定」（ホッチポッチ）として機能していたに過ぎなかった[6]。したがって，14世紀の前半までは，期末に企業の期間損益を計算する目的で，すべての費用と収益を一緒に集めるために設けられる集合損益勘定として機能していたわけではない。そこには，資産・負債・資本に関する勘定までもが転記され，あたかも今日の試算表を想起させるような，単に他の勘定を締め切るための勘定に過ぎなかった[7]。

　なぜなら，帳簿がいっぱいになり，支払利息や受取家賃に関する勘定を新しい帳簿に繰り越すとき，複式簿記なので，それらの勘定の相手勘定が必要になる。この相手勘定として用いられたのが損益勘定である。締切に際しては，単に費用や収益だけではなく現金や建物に関する勘定もすべて損益勘定に振り替えられた。そのため，締切時点の損益勘定には，資産や負債に関する勘定までもが転記されていることがあったのである。

損益計算はビランチオで

　このような状態の損益勘定では，企業全体の総括損益を計算することができなかったため，損益計算は，複式簿記以外の方法に拠らざるをえなかった。それは，財産の実地棚卸にもとづき，期首と期末の正味財産の増減比較計算によって求めるという方法である。この実地在高にもとづく損益計算のもとになったのが，ビランチオである。すなわち，今日の財産目録と利益処分計算書が合体された，いわば利益処分結合財産目録とでもいえる一種の財産の一覧表である。この財産の実地棚卸を基軸とした損益計算制度は，すでに述べたように，

フィレンツェの期間組合を中心に発展してくる。例えばデル・ベーネ商会の場合は，損益の算定および利益の分配は，損益勘定によってではなく，主として実地棚卸によって作成されたビランチオにもとづいて行われている。損益勘定で計算された利益とビランチオで計算された利益の間に大きな差異が生じたとき，損益勘定が利益の分配過程を通じて，資本金勘定と結合することはなく，利益配当や損失負担の決定には，ビランチオの結果が重視された。なぜなら，結局のところ，紙に描いた餅は食べられないからである。このようなビランチオ重視の考えは，「14世紀［前半までの］トスカーナにみられた一般的な傾向で，損益勘定残高の数値にさほどの信頼性がおかれなかったことは，デル・ベーネのみならず，ペルッチやコボーニの会計帳簿からも窺うことができる[8]」といわれている。

ビランチオの実例

　ビランチオの実例として，14世紀前半に作成されたアルベルティ商会の会計帳簿（1304-1332）やダティーニ商会アビーニョン支店の第1期会計帳簿（1367-1368）をあげることができる[9]。図表2-1は，1367年のダティーニ商会アビーニョン支店の第1期のビランチオを集約したものである。

　このビランチオは，実地棚卸によって作成されるが，債権・債務を実地棚卸によって求めるわけにはいかない。継続的な記録が前提になるからである。純粋に実地棚卸だけによって作成されるビランチオは，存在しない。このビランチオは，複式簿記の発生以前から存在していても矛盾はないが，債権債務は，

[図表2-1]　ダティーニ商会アビーニョン支店の第1期のビランチオ

商品・備品	3,141	23	4	負債・資本	7,838	18	9
債　　権	6,518	23	4	稼得利益	1,822	3	11
合　　計	9,660	22	8	合　　計	9,660	22	8
				フランチェスカ：利益の1/2	911	2	
				トーロ：利益の1/2	911	2	

（泉谷［1997］291頁より筆者が編集して作成。）

帳簿記録を利用して作成されることになるため，何らかの意味で簿記による記録とは無関係に，したがって，現実的には複式簿記の発生と無関係に登場することはできなかった。

　ビランチオは13世紀の前半に主としてフィレンツェで出現し，14世紀の半ば以降は，その実質的な役割である利益分配機能を損益勘定に譲り渡し，自らの損益計算機能に終焉を告げることになる。以後，ビランチオは，そのストックの側面からの損益計算を決算残高勘定に譲り渡し，損益計算という歴史的な役割を終え，財産目録として生き残ることになる。

損益勘定発展の5段階

　複式簿記生成期においては，損益勘定が元帳にいつも設けられていたわけではなく，またたとえ設定されていたとしても，他の全ての諸勘定の締切と同時にいつも損益勘定が締め切られていたわけではない。厳密に見ていくと，損益勘定は，次のような5つの発展段階を経て完成していくことになる。

① 　第1段階：アルベルティ商会の第1回組合の秘密帳（1302-1329）等のように損益勘定が当初から設定されていなかった記帳例[10]，

② 　第2段階：ペルッチ商会の帳簿（1292-1293, 1308-1336, 1335-1343）やフィニイ兄弟商会の帳簿（1296-1305）等のように，損益勘定は設けられているが単に各費用・収益が転記されているだけで，損益勘定の借方・貸方の総計が計算されていなかった記帳例[11]，

③ 　第3段階：デル・ベーネ商会の帳簿（1318-1324）やアルベルティ商会の第2回組合における秘密帳（1333-1343）等のように，損益勘定を締め切って企業の総括損益を計算しようとしたが，ビランチオ上の利益と大幅に食い違い，最終的には損益勘定を締め切らずに放置した記帳例[12]，

④ 　第4段階：コボーニ商会の帳簿（1336-1340）等のように，損益勘定を締め切って，そこで計算された損益をビランチオ上の損益と照合したが，その差額を調整するまでにはいたっていなかった記帳例[13]，

⑤ 　第5段階：コルビッチ商会の帳簿（1332-1337）やダティーニ商会バルセロナ支店の帳簿（1366-1411）等のように，一方ではビランチオにもとづい

て企業損益を求め,他方では損益勘定を締め切って損益を求め,両者の損益を照合し,損益勘定の利益をビランチオの利益に修正して,最終的な損益を算出した記帳例[14],等のように様々な形態が存在した。厳密には,第5段階に至って初めて,複式簿記が完成したといえる。

2-3. 実地棚卸の証明手段としての継続記録

複式簿記の完成

　このように損益勘定の発展過程を見てくると,企業の利益計算は,複式簿記の発生当初から損益勘定が担っていた訳ではないことがわかる。論理的には,複式簿記の完成後に初めて,損益勘定での利益計算が可能になる。なぜなら,複式簿記は,「勘定間の閉ざされた体系的組織」の完成が貫徹されて初めて複式簿記といえるからであり,このことはトートロジーのように聞こえるかも知れないが,損益勘定で企業損益が算出されて初めて複式簿記が完成したということができるからである。

　13世紀初頭,イタリア北方諸都市において,債権・債務の備忘録およびそれらの決済に伴って諍いが生じたときの文書証拠としての役割を担って歴史の舞台に登場した複式簿記は,やがて14世紀の半ばに至り,フィレンツェを中心とした期間組合の出現による組合員相互間での利益分配の現実的必要性という時代の要求に応え,自らの主要な機能を,管理(財産保全)計算から価値(損益)計算へと昇華させていったのである。

　前述の第3段階までにおける損益勘定では,そこで企業損益を算定することができないため,現実の利益分配のためには,損益勘定ではなく他の手段によらざるを得なかった。そのために考えだされたのが,ビランチオである。また,第4段階では,損益勘定で利益を求めたもののまだビランチオの利益との間に隔たりがあったため,組合員達は,最終的には,単に紙の上で算出された損益勘定上の利益よりも現実に目で確認できるビランチオ上の利益を優先させたの

である。

フロー計算でストック計算を検証

　第5段階になると，損益勘定の役割は，ビランチオで実地棚卸によって結果の側面から具体的に計算した企業損益を，原因の側面から抽象的に計算された損益勘定で検証することにあった。ビランチオで算出した自己の取り分として受け取った分配額が，果たして適正な額であるのか否かを検証するために，損益勘定の利益と相互に突き合わせるという実務が採られるに至った。会計担当者のアカウンタビリティーの遂行のために，ビランチオと損益勘定との照合が行われたのである。損益勘定は，まさしくビランチオの証明手段として機能していたといえる。

　このビランチオが実地棚卸により帳簿記録とは別に作成されたという事実を別にすれば，資産・負債・資本による財産の増減比較計算によって企業の損益計算が可能であるという点において，残高勘定とその役割は，同じである。ストックの側面からの計算という点では，残高勘定もビランチオと同じ範疇に属するものといえる。したがって，損益勘定がビランチオの証明手段として機能していたのであれば，残高勘定と損益勘定との基本的な関係もまたビランチオと損益勘定との関係と同様で「あった」ないしは現在でも「ある」と考えることができる。言い換えると，フローの側面からの損益計算は，ストックの側面からの損益計算の証明手段として認識されているということができる。したがって，貸借対照表だけによる損益計算では，そこで算出された損益の正否を検証することができないのである。

ステフィンの簿記書

　このことは，17世紀冒頭にライデンで上梓されたシーマン・ステフィン（1548-1620）の『数学的回想録』（1605）における「状態表」と「損益表」の説明を見れば明らかである。

　彼は，帳簿の締切手続の説明に先立ち，第9章「状態表の作成あるいは残高表について」のなかで，次のように述べている。「商人のなかには，損益がそ

（ブルージュにあるステフィンの銅像）

の年に生じたかどうか，毎年吟味することを習慣としている者もいる。彼らは，これを残高表あるいは状態表の作成と名づけている。人はまた，それを資本の計算とも呼んでいる[15]」と述べ，こうして求められた期末の正味財産と期首の正味財産とを比較して企業の総括的な期間損益を算出している。この状態表で求められた損益が正しいか否かを検証するために，同じく第9章の中で「状態表の証明」という項目を設け，次のように述べている。すなわち，「しかし今，上記のことが正確であるか否かを調べるために，次のようなことがその証明に役立つであろう。すなわち，資本を増減させるあらゆる項目（費用と収益──渡邉注）の残高を加える。これらの項目は，元のものに属していなかったために，状態表の作成にあたってそこに記入されなかった項目の残高である。そしてこれは，1600年1月0日以降これらの帳簿にもたらされた損益である。もし帳簿を締め切るならば，（次の10章でなされるように）その金額は，損益勘定に表示され，それによってまた，987リブラ・5スー・5ドニエの利益が見出されるに違いない[16]」と。

　すなわち，18世紀頃までの損益計算の基本思考は，ストックの側面からの損益計算が中心であり，フローの側面からの損益計算は，ストックによって算出された企業損益のあくまでも証明手段にすぎず，その意味では副次的な損益計算方法であったということができる。

　しかしながら，ストックの側面からとフローの側面からとどちらの側面からの損益計算が信頼されたかといえば，証明する側の損益，すなわちフローの側面からの損益であったのはいうまでもない。フローの側面からの損益計算こそが複式簿記の根幹なのである。

2-4. 損益計算制度の展開

従来までの定説

　ヴェネツィアの個人ないしは家族組合で一般的に行われた損益計算制度は，口別損益計算と呼ばれ，この口別損益計算制度から期間損益計算制度に展開して行ったとするのが，従来までの一般的な解釈，すなわち定説であった[17]。口別損益計算という概念は，ドイツの経営経済学者オイゲン・シュマーレンバッハ（1873-1955）によって，いわゆる動態論下における期間損益計算の意義ないしは特質を強調するために，全体損益計算との関連で対比的に用いられたものである[18]。従来，口別損益計算は，ともすればその「口別」が強調されるあまり，商品勘定が取扱商品の荷口別ないしは航海（旅行）別に設定されることをもって，たとえ1年ごとに企業の総括損益を計算しているにもかかわらず，口別損益計算の範疇に分類されることがあった。17-18世紀にイギリスで出版された簿記書の記帳例示では，商品勘定は，イタリア式簿記法と同様，伝統的に荷口別に設けられていたが，1年ごとに定期的に企業の期間損益が帳簿記録によって求められている。もし，期間損益計算成立のメルクマールをいわゆる口別商品勘定から一般商品勘定の形成に求めるとするならば，期間損益計算は，18世紀のイギリスにおいても未だ成立していないことになる。後で詳しく見るように，期間損益計算制度は，16世紀の半ばには，すでに成立している。また，18世紀に出版された簿記書では未だ荷口別の商品勘定が用いられている。このことだけをもってしても，従来までの先行研究の矛盾は，明白である。

中世ヴェネツィアにおける損益方法の特徴（口別損益計算）

　中世末葉ないし近世初頭におけるヴェネツィアの商人たちは，今日のように，企業全体の損益を計算するために，帳簿を定期的に締め切って1年ごとに企業の総括損益を計算することはなかった。というよりも，ヴェネツィアの貴族社会における血族を中心に親子・家族で結成された家族組合のもとでは，厳密な

損益計算は求められず，期間に区切った総括損益計算の必要性は，どこにもなかった。

代わりに，取扱商品の荷口別ないしは航海（旅行）別に設けられた勘定ごとに，それらがすべて売却済みになった時点で，荷口別の損益を計算した。口別損益計算のもとでの損益計算は，集合損益勘定ではなく取扱い商品ごとに設けられたいわゆる口別商品勘定で算出され，企業全体の総括損益として損益勘定で求められるものではない。これが口別損益計算と呼ばれる損益計算制度の最大の特徴である。しかし，商品勘定が取扱商品の荷口別に設定されることだけをもって口別損益計算の本質とすることはできない。なぜなら，取扱商品の荷口別に勘定を設けながらも，営業期間を一定の期間に区分して，定期的に期間損益を計算することも可能であるからである。事実，18世紀のイギリスの簿記書でも商品勘定は荷口別に設けられているが，1年ごとに帳簿を締め切って，1年間の総括損益を計算していたのは，すでに述べたとおりである。

以上のような特質をもった口別損益計算制度に該当する会計帳簿としては，例えば，ヴェネツィアの個人商人であるソランツォ兄弟商会（Soranzo Fraternity）の帳簿（1406-1436, 1410-1416）やアンドレア・バルバリゴ（Andrea Barbarigo）の帳簿（1430-1440, 1440-1449），およびその息子ニコロ（Nicolo）の帳簿（1456-1482）等をあげることができる。

中世フィレンツェにおける損益方法の特徴（先駆的期間損益計算）

13-15世紀のフィレンツェにおける企業形態は，通常2-5年の契約で結ばれた同族以外の第三者をも含めた期間組合が支配的であった。この期間組合では，各組合員への利益分配のために，必要に応じて期間に区切った損益を計算する方法をとっていた。必ずしも定期的ではないが，期間に区切った総括損益を求めるシステムが先駆的期間損益計算である。

ただし，この非定期的な損益計算制度は，時代によって大きく二つに分かれる。複式簿記の発生から完成までの期間ではまだ損益勘定が形成されていなかったため，それに代わる手段として，企業損益は，実地棚卸にもとづくビランチオによってストックの側面から財産法的に算出された。そこではまだ損益勘

定と資本金勘定の有機的な結びつきを見出すことはできない。複式簿記の完成以降では，企業全体の総括損益は，継続的な記録にもとづく損益勘定によってフローの側面から損益法的に計算された（図表2-3を参照）。このような特徴を有する損益計算形態が先駆的期間損益計算（＝非定期的損益計算）である。同じく期間損益計算であるが，非定期的であるという点で，後述の期間損計算（＝定期的損益計算）とは明確に区分されなければならない。先駆的期間損益計算の代表的な例として，フィレンツェのデル・ベーネ商会の帳簿（1318-1324）やペルッチ商会の帳簿（1335-1343），あるいはまたコボーニ商会の黄帳（1336-1340）やダティーニ商会バルセロナ支店の帳簿（1393-1411）等があげられる[19]。

2-5. 期間損益計算の確立

期間損益計算制度の登場

　期間損益計算制度の特質は，いうまでもなく，その定期的な期間性にある。とりわけ，企業の営業期間を人為的に区切って，1年ごとの企業損益を定期的に計算するところに求められる。期間に区切った損益計算という点ならびに期間の総括損益の計算という点で口別損益計算と異なり，その期間が定期的（通常1年）であるという点で先駆的期間損益計算とも異なる。

　期間損益計算制度は，地域に関係なく，16世紀後半以降，広く一般に行われた方法である。商品勘定は，18世紀末から19世紀初め頃までは，これまで通り，取扱商品の荷口別ないしは航海（旅行）別に設定されたが，1年ごとに企業全体の総括損益を損益法にもとづいて算出している。決算のための帳簿の締切は，企業全体の総括損益を定期的（通常1年）に計算する目的で行われた。もちろん，口別損益計算や先駆的期間損益計算と同様，旧帳がいっぱいになり新帳へ繰り越すときや商人が死亡したときも，当然のことながら，帳簿は締め切られた。この締切は，決算ではなく結算と呼ぶのが相応しい。同じ帳簿の締切を伴うが，両者は，明確に区別される必要がある。

年次決算を説いた最初の簿記書として，アントウェルペンで出版されたヤン・インピン・クリストフェル（c1485-1540）の簿記書『新しい手引』（1543）をあげることができる。

インピン簿記書

　本書は，彼の死後妻の手によって，1543年にオランダ語で出版された。同年仏語版が，4年後の1547年には英語版がロンドンで出版されている。

　オランダ語版の取引例示は，1536年12月28日から1537年8月31日までのもので，フランス語版では，1542年12月28日から1543年8月31日にわたるものである。英語版には，この記帳例示が欠落している。オランダ語版では，取引例示は，財産目録から開始され，損益勘定は，1537年8月31日付で締め切られ，貸方残高すなわち利益154フランダース・14ソル・1デニールが資本金勘定の貸方に振り替えられる。その後で，資本金勘定の貸方残高すなわち期末の正味財産額1,219フランダース・6ソル・1デニールが，9月2日付で残高勘定の貸方に振り替えられ，1,504フランダース・13ソル・5デニールズで貸借が自動的に均衡している[20]。

　売残商品勘定を元帳に設けて，期間に区切って期末棚卸商品の評価を行い，売買損益を計算したのは，インピンが最初である。すなわち，8月31日付で，各々の口別商品勘定で売残商品が控除され，売残商品勘定の借方に記帳される。その後で，売残商品勘定の合計額9フランダース・1ソル・8デニールズが9月2日付で残高勘定に振り替えられている[21]。

　以上の点から判断すれば，インピンが企業全体の総括損益を決定するために，期間を区切って，帳簿記録にもとづく損

（インピン簿記書オランダ語版のタイトルページ）

益法的な損益計算の方法を例示しているのは明らかである。ただし，取引例示は，1536年12月28日から1537年8月31日にわたるもので1年間のものではない。しかし，取引例示の最初に掲げられた財産目録が開始財産目録であるため，インピンが1年ごとの定期的な期間損益計算（年次決算）を念頭においていたのは明白である。

期間損益計算の確立と資本勘定

　これに対して，オランダの数学者シーマン・ステフィン（1548-1620）の『数学的回想録』（1605）の取引例示には，インピンとは異なり，そこに期間損益計算（年次損益計算）の確立の足跡を明確に窺うことができる。

　取引例示は1600年1月0日[22]から1600年12月31日までの1年間のものがとり上げられ，算出された987フランダース・5ソル・5デニールズが，他の諸資産，諸負債とともに，12月31日付で資本金勘定に振り替えられ，資本金勘定の貸借が自動的に均衡している。ステフィンの資本金勘定は，決算に際して残

（ステフィン『数学的回想録』の
タイトルページ）

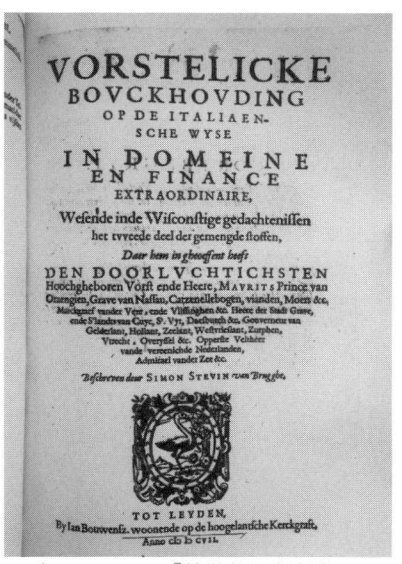

（ステフィン『数学的回想録』の
簿記論の第1ページ）

高勘定の役割をも果たしている。そのため，残高勘定は，設けられていない。

　この資本金勘定には，単に期首と期末の資本が記帳されるのではなく，決算に際して，借方に前期末の期首資本（514ℓ.6s.0d）と当期の期末資産（3,191ℓ.17s.1d）が，貸方には前期末の期末負債（2,667ℓ.9s.8d）と当期の期末負債（51ℓ.8s.0d）が転記され，したがって貸借の差額として貸方に当期の純利益（987ℓ.5s.5d）が表示されている[23]。

[図表2-2]　ステフィンの資本勘定の要約

1/ 0	前期期首資本	514.	6.	0	1/ 0	前期期末資本	2,667.	9.	8
12/31	期　末　資　産	3,191.	17.	1	12/31	期　末　負　債	51.	8.	0
					12/31	損　益　勘　定	987.	5.	5
		3,706.	3.	1			3,706.	3.	1

（Stevin［1608］, Schrltbovck in Bovckhovding, pp. 2-3. 岸［1975］130-131頁。）

　1年間で得た利益が表示されている点を考えると，この資本勘定は，残高勘定というよりもむしろ今日の貸借対照表に近い勘定であるといえる。貸借対照表の萌芽として位置づけられるイギリス東インド会社の資本勘定と同様の形態である。その意味では，開示こそされていないが，形式だけを考えると，ステフィンの資本勘定は，イギリス東インド会社の資本勘定と同様，まさしく貸借対照表の最も初期の形態ということができるかも知れない。

　ただし，ステフィンは，第9章「状態表の作成あるいは残高表について」において，元帳諸勘定を正確に締め切り，期間損益を計算するために，別の紙葉に12月末日のデリック・ローゼの「資本の状態表」を作成している。そこで算出された期末の資本額から期首の資本額を差し引いて，1年間で稼得される利益が決定されている[24]。この資本の状態表には，負債が借方に資産が貸方に記され，差額としての正味資本が借方に記帳されている。

証明のためのフロー計算

　こうして企業の期間損益が算出される。この資本の状態表を通して計算され

た利益の正確性を証明するために，ステフィンは，収益と費用を一覧表にした「損益表」を別に作成している[25]。資産負債の増減比較計算によって求めた利益を収益費用の変動差額計算によって証明しようとしたのである。ステフィンは，第10章「帳簿の締切と新帳の開始について」において，決算とは別に帳簿を繰り越すのは，営業をやめるといったように商人が活動を終えるとき，あるいは商人が死亡したときに行うとしている。しかし，あくまでもこれは，帳簿の繰り越しの時期の説明であり，決して決算の説明ではない。単なる帳簿の締切と利益の確定といった決算とを混同してはならない。取引例示から判断して，

[図表2-3] 複式簿記形成過程における損益計算形態の相違

時　代	13世紀初め〜14世紀前半	14世紀前半〜16世紀半ば	16世紀半ば以降
地　域	ヴェネツィア（以下の各欄の破線の上段）		アントウェルペン
	フィレンツェ（以下の各欄の破線の下段）		
商業形態	個人・家族組合		定住商人（組合）
	期間組合		
簿記の出現	複式簿記の発生	複式簿記の完成	年次決算の出現
記帳目的	債権債務の備忘録（文書証拠）	総括損益計算	年次損益計算
	利益分配計算		
損益計算のシステム	口別損益計算（各荷口別商品勘定の売却済ごとに計算）		期間損益計算（1年毎に計算）
	先駆的期間損益計算（非定期的に計算）		
損益の種類	荷口別損益	集合損益勘定による非定期的総括損益	定期的総括損益
	ビランチオによる非定期的総括損益		
損益が計算される場	口別商品勘定	集合損益勘定	
	ビランチオ		

ステフィンが年次決算による期間損益計算制度を明確に説き，提唱しているのは，何よりも明らかである。

口別損益計算，先駆的期間損益計算および期間損益計算の特徴を対比的に示すと図表2-3，2-4のようになる。

[図表2-4]　三つの損益計算制度の関連図

	13世紀初め （複式簿記の発生） 口別損益計算	14世紀前半 （複式簿記の完成） 非定期的期間損益計算	16世紀前半 （期間損益計算の確立） 定期的期間損益計算
ヴェネツィア	口別損益計算 （荷口別損益勘定）	総括損益計算 （損益勘定）	期間損益計算 （集合損益勘定）
フィレンツェ	先駆的期間損益計算 （当初ビランチオ，後に損益勘定）		

（渡邉［2005］22頁。）

【注】

1) 西川［1968］2頁。
2) Sabine［1966］, p.24.
3) 斎藤［2002］303-304頁。
4) 斎藤［2002］313頁。
5) 斎藤［2002］316頁。
6) Yamey［1978］, p.109.
7) 渡邉［1993］25頁。
8) 泉谷［1980］241頁。
9) 泉谷［1997］267-297頁。
10) Alvaro［1974］, Part 1, p.427, p.431. このアルベルティ商会は，ペルッチ商会やバルディー商会およびメディチ銀行のいわゆる当時のフィレンツェのビッグ・スリーと並び称されるほどの大企業であった（de Roover［1956］, pp.123-124）。
11) 泉谷［1980］171, 201頁。
12) Alvaro［1974］, Part 1, pp.431-432.
13) 泉谷［1980］118頁。
14) de Roover［1956］, pp.142-143.
15) Stevin［1608］, pp.34-36. 岸［1975］138頁。なお，ステフィンの二つの計算

表の役割については,渡邉［1993］42-46頁を参照。
16) Stevin［1608］, p.35. 岸［1975］139頁。
17) 従来までの定説の矛盾は,すでに渡邉［1983］第1章で指摘し,そこで新たな損益計算制度の発展シェーマを展開した。
18) Schmalenbach［1939］, S.60.
19) Alvaro［1974］, pp.614-640. 泉谷［1980］第9,10章を参照。この間の事情については,渡邉［1983］12-16頁を参照。
20) Ympyn［1543］, Inuentaris.
21) Ympyn［1543］, Register boeck, fol.21.
22) ステフィンは,決算日が12月31日で,実際の取引開始日が翌年の1月1日であるため,決算から取引開始までの間に行われる開始記帳は,1月0日と考えたのである。いかにも数学者らしい発想である。
23) Stevin［1608］, Schvltbovck, pp.2-3. 岸［1975］130-131頁。なお,当時は,20進法と12進法が用いられ,1ℓ＝20s＝240d で計算されている。
24) Stevin［1608］, 9 Hootstick, pp.35-36. 岸［1975］138-139頁。
25) Stevin［1608］, 9 Hootstick, p.35. 岸［1975］138頁。渡邉［1993］43-44頁を参照。

第3章

損益計算に対する二つの考え方

（ヴェネツィア古文書館に保管されているアンドレア・バルバリゴとソランツォ兄弟商会の帳簿）

3-1. 集合損益勘定と決算残高勘定の誕生

簿記は生まれた時から取得原価と時価の混合評価

　複式簿記が完成し，損益勘定で損益計算が可能になると，ビランチオの中から損益計算機能や利益分配機能が後退し，残高計算機能だけが残される。その結果，資産・負債・資本の残高計算は，残高勘定が継承する。ビランチオは，14世紀後半以降，企業における損益計算という主要な役割を，漸次，損益勘定ないしは残高勘定に譲り渡すことになる。実地棚卸による損益計算に代わって帳簿棚卸による損益計算が企業損益確定の中心に位置してくる。その時に，複式簿記が完成するのである。

　このことは，時価評価（現在時点における市場価値）によるストックの側面からの損益計算から原価評価（取引時点における市場価値）によるフローの側面からの損益計算へと移行したことを示している。ビランチオ上の各資産は，その作成時点における時価で評価されるのに対して，複式簿記によって記録される資産は，記録時点の取引価格で評価され，この価格を一般に取得原価と呼んでいる。しかし良く考えてみると，この取得原価は，取引時点の市場価値（時価）であり，それが決算時点になると取得原価と呼ばれるだけに過ぎない。本質的には，市場価値，したがって時価と取得原価に違いはない。単に，時間の落差によって生じる価格差に過ぎないのである。取引価格で記帳する最大のメリットは，その事実性と検証可能性に担保された誰からも信頼できる客観的な評価額であるという点にある。この点については，第5章5-4で詳しく述べる。

3-2. ストック重視の利益思考とフロー重視の利益思考

会計学と経済学（金融論）は違う

　複式簿記は，原因の側面からの抽象的な記録計算による事実にもとづく証拠性を第一義的な機能として生成し，自らその進化の足跡を刻んできた。結果の側面（ストック計算）から計算された利益を原因の側面（フロー計算）から証明するということは，両者の利益が一致する，ないしは一致させることが前提になる。損益計算書や貸借対照表がまだ形成されていない状況下では，損益勘定と残高勘定の利益が一致することが前提である。両者の関係が連 携（アーティキュレーション）していなければ，複式簿記の生成根拠が否定されることになる。

　ただし，会計の中に損益計算書の利益と貸借対照表の利益が一致しなくても良いとする考え（非 連 携思考（ノン・アーティキュレーション））を持ち込むことは，会計学ではなく経済学（金融論）の問題として捉えていくときには，それほど大きな矛盾はない。したがって単にディスクロージャーの問題として，有用性の観点のみから考えるならば，損益計算書の利益と異なる貸借対照表の利益が一般に開示されること自体に問題がないのかもしれない。会計学と経済学（金融論）とは，分けて考える必要がある。

複式簿記発生時はストック重視

　当時のフィレンツェの商人たちは，13世紀初頭の複式簿記の発生から14世紀前半の完成に至るまでの約120－130年を超える間，企業の総括損益を複式簿記以外の方法で計算していた。複式簿記の完成以前では，帳簿で利益を計算することができなかったため，資産負債の実地棚卸によってその有高を確認し，それらを時価で測定し，2時点間の正味財産の比較によって企業利益を計算していた。当時のビランチオの項目は，その大多数が債権・債務であり，残りが現金と棚卸商品である。今日でいう固定資産は，ほとんど見出せない。したがって，債権・債務は，実地棚卸によって確定することができないため，必然的に

帳簿記録にもとづいて測定表示された。ただし，フィニイ兄弟商会（1296-1305）やデル・ベーネ商会の帳簿（1318-1324）では，商品の評価額が時価であったか帳簿価格であったかについては，必ずしも明確ではない[1]。厳密な意味で，実地棚卸にもとづいてビランチオを作成したのは，複式簿記発生以前のことである。具体的な事例として，ジェノヴァの公証人ジョバンニ・スクリーヴァの3枚の計算書類（1156-1158）をあげることができる[2]。

　この実地棚卸を前提にしたビランチオによる損益計算こそがストックの側面からの損益計算の原点である。14世紀の半ばに複式簿記が完成するまでは，したがって損益勘定と資本金勘定が結合し「勘定間の閉ざされた体系的組織」が完成するまでは，帳簿記録によって企業損益を算出することが出来なかった。そのため，組合員相互間で利益分配を行うためには，損益勘定に代わる「なにか」が必要とされたのである。これがビランチオであった。

　まさしく，ストックの側面から財産法的に，今日流に言うならば，資産負債観（資産負債アプローチ）によって損益計算が行われていた。しかもそこでの測定基準は，継続的な記録がないので，好むと好まざるに関せず，時価によらざるをえなかった。

ストック計算の信頼度

　実地棚卸にもとづく損益計算のみでは，そこで計算された総括的な企業損益に対する信頼性が問われるに至った。なぜなら，実地棚卸によって求められた資産の個数や評価額の正確性を証明する客観的な証拠・証憑が存在しないからである。透明性が担保されていないという事であろうか。その結果，経理担当者は，この実地棚卸によって算出されたビランチオ上の総括的な企業利益を日々の取引事実にもとづく継続的な記録計算によって検証する必要に迫られた。このようにして進化してきたのが集合損益勘定にもとづく損益計算に他ならない。当時の商人たちは，実地棚卸計算だけではなく継続的記録計算による損益計算の重要性を認識し始めたのである。ここに複式簿記の本質がある。証明手段としての原初記録こそが複式簿記による企業成果の測定の基盤である。いつでも，どこでも，誰によってもそこで求められている損益計算の正しさを証明してく

れるのは，一切の恣意性を排除した数値で測定された損益でなければならない。この客観的な損益計算を担保してくれる価額は，まさしく取引した時点の実際の価格すなわち取得原価なのである。ここに，複式簿記の原点がある。

フロー計算によって複式簿記が完成

このビランチオの証明手段としての複式簿記は，資本（金）勘定を頂点とした勘定間の閉ざされた組織的体系が形成されたときに初めて完成する。損益勘定で算出された企業の総括的な損益が資本（金）勘定に転記され，資本（金）勘定の残高が残高勘定に転記される。その結果，残高勘定の貸借が自動的にバランスして締め切られ，元帳上の全ての勘定が終結して初めて，複式簿記が完成したことになる。換言すれば，損益勘定と残高勘定（厳密には2時点の変動差額計算と増減比較計算）の両者から企業の総括的な期間損益を計算する損益計算制度が形成されたときに初めて，複式簿記が完成を見る。複式簿記の完成と同時に，これまでのストックによる損益計算からフローによる損益計算の重要性が認識されてくる。複式簿記の完成と同時に，フロー計算とストック計算の両者が共存することになる。取得原価評価によるフロー計算と時価評価によるストック計算のいわば混合測定会計が複式簿記の生成当初から行われていたということができる。

とはいえ，実際の利益分配の現場では，帳簿上で求めた利益，いわば絵に描いた餅を分配するわけにはいかないため，実地棚卸で求めた現実にある資産にもとづいて求めた利益を重視する考え方から完全に脱却するには，今しばらくの時が必要であった。

ストックの単独重視からフローとの混合計算へ

このどちらかというとストック重視の損益計算思考に大きな転換を余儀なくさせたのは，次の二つの要因が影響したものと思われる。すなわち，一つは，18世紀の後半から19世紀にかけて，アメリカとの海外貿易が盛んになり，委託販売・受託販売あるいは代理商による特殊売買と呼ばれる取引が拡大してきたことに起因している[3]。代理商のもとでの利益発生の中心は，手数料収入であ

る。このような状況下では，正味財産の比較による財産法的損益計算は，あまり意味を持たなくなる。ここに至って，商人達の実践感覚は，従来までのストック中心の損益計算思考からフロー中心の損益計算思考へとその焦点を徐々に移行していったものと思われる。

巨大な株式会社の出現による思考転換

　今一つの要因は，またこれが最大の要因であるが，運河会社や鉄道会社あるいは製鉄会社や石炭会社等の多くの巨大企業の出現によって，巨額の資本が必要となってきた。どれだけ多くの株主達からどれだけ多くの投資を引き出すことができるかが極めて重要になる。そのためには，何よりも先ず，自社に投資することがいかに有利であるか，自社に投資することがいかに安全であるかを広く知らしめる必要に迫られた。投資家たちが投資の判断を下す重要な材料は，企業がストックとしての財産をどれだけ所有しているかだけではなく，1年間でどれだけの利益をあげ，どれだけの配当ができるか，すなわち単にストックだけではなくフローの側面からの利益がいくらあるかにある。

　端的にいえば，預金金利よりも有利な高配当を受け取ることができるか，とりわけ高配当に耐えうるだけの収益力があるかどうかが投資のための重要な判断材料になった。この将来株主の企業収益力に対する関心が，従来のストック中心の損益計算思考をフロー中心の損益計算思考に重点移動させた重要な要因の一つであろう。いわば，将来キャッシュ・フロー計算により強い関心が移っていく契機になった。こうして，イギリスにおける株式会社の利益計算システムは，複式簿記の生成以降，長く支配してきたストック中心の損益思考を漸次フロー中心の損益思考へと大きく転換させるに至った。

3-3. 資産負債観と収益費用観の原点

現在の利益計算に対する二つの会計観

　アメリカの財務会計基準審議会（FASB）は，1976年の討議資料において，従来までの損益計算書を中心にしたフローの側面から企業利益を計算する伝統的な会計観を「収益費用観」と位置づけ，これに対して，貸借対照表を中心にしたストックの側面から企業利益を計算する考え方を「資産負債観」と規定した[4]。FASBは，企業利益の測定にあたり，ある特定期間の日々の営業活動の成果を重視するか，ある特定時点企業の正味財産の増減を重視するかによってこの二つの考え方があることを提示した[5]。

　伝統的な会計は，利益計算の基準を取得原価と発生主義の二つをベースにして損益を計算してきた。配当可能な実現利益の計算である。利益は，一方では，ストックの側面から資産・負債・純資産の増減比較計算によって計算される。ある意味では，結果の側面からの具体的な損益計算である。このストック中心の考え方が資産負債観である。貸借対照表を損益計算の中心に置く考え方である。実現利益（費用収益の対応計算）よりも企業価値（純資産の増減計算）を重視した考え方である。その時に重要になるのが，それぞれの資産や負債をいくらで評価するかという測定の問題でもある。

　複式簿記は，その発生以来，評価基準を取得原価に置いてきた。取得原価とは，財やサービスの授受にあたり，原則として，財貨を購入したりサービスを提供したときの取引価格（したがって取引した時点の市場価値）によって評価額とする考え方である。この点を考慮すると，会計は，生まれた時から，取得原価と時価の併存会計，すなわち混合測定会計だったということができる。

収益費用観の本質

　利益計算のもう一つの方法は，フローの側面から収益費用の変動差額計算によって利益を計算する方法である。ある意味では，原因の側面からの抽象的な

損益計算である。このようなフローを重視した考え方を今日では収益費用観と呼んでいる。したがって，収益費用観というのは，損益計算書を損益計算の中心に置く考え方である。配当可能な実現利益を重視した利益観である。会計上の利益にとって最も重要なのは，実現概念である。筆者は，実現した利益でなければ，真に会計上の利益とは言えないと思っている。今日のように，売買目的の有価証券の評価益を実現利益として計上するなら，そのような絵に描いた紙の上だけの利益が一体どうやって分配できるというのであろうか。未実現利益をも利益とみなす今日の公正価値会計は，複式簿記がその発生以来踏襲してきた実現損益計算とその考え方を異にするものである。発生という経済的事実にもとづいて収益と費用の変動差額計算によって損益を計上するのが収益費用観の原点であり，この費用収益観の測定の基本は，取得原価（取引価格）なのである。

会計は，損益計算にあたり，複式簿記という計算技法を柱に据えてきた。ストックとフローの二つの側面から同時に計算していくのが複式簿記である。どちらか一方からのみの損益計算では，そこで算出された損益の正確性や信頼性が薄くなる。会計の生命線は，この事実にもとづく正確性と検証可能性に支えられた信頼性にある。この信頼性を支えてきたのが，取得原価主義であり発生主義であった。

資産負債観登場の背景

近年，会計学における株主への情報提供機能を重視する会計思考，すなわち意思決定有用性アプローチが大きく取り上げられるにつれて，伝統的な発生主義で求められた当期純利益情報の有用性が公正価値で測定された包括利益情報と比較して相対的に低下してきたと思われている。とりわけ，GDP（国内総生産）に占める金融資本の割合が産業資本と比較して大きくなるにつれて，この傾向は，ますます強くなってきた。

なぜなら，多くの金融（派生）商品が経済の重要な部分を構成するに至った金融資本主義といわれる現代社会においては，ヘッジファンドに代表される投　機家（スペキュレーター）が要求する企業情報は，従来の伝統的な当期純利益情報では満足できず，

極めて不確定で信頼がおけるとはいえないような将来予測を織り込んだある瞬間・瞬間における企業価値情報になってきたからである。

資産負債観と公正価値の関係

　配当可能性を重視し，発生主義にもとづく実現収益を企業損益と考えるならば，企業利益は，当然のことながら，複式簿記によって計算される当期純利益になる。継続的な記録計算を前提にした複式簿記の測定基準は，それが持つ証拠性ないしは検証可能性から，必然的に取得原価が基準になる[6]。それに対して，ある特定時点における瞬間の企業価値こそが企業利益であると考える立場に立てば，そこでの利益は，資産の評価損益も含めた包括利益（当期純利益＋その他の包括利益）になり，それを計算する物差しは，時価（公正価値）の方が好ましいということになる。なお，ここでいう公正価値というのは，市場がある資産については市場価値を，市場のない資産については割引現在価値（予測される将来キャッシュ・フローから予測される将来金利で現在の価値に割り引いて計算される価額）を指している。

　しかし，収益費用観と取得原価，資産負債観と時価との結びつきが，必ずしも，絶対的なものではないことは，すでに1976年12月のFASB概念フレームワークの討議資料において明確に述べられている[7]。FASBは，「各会計アプローチ（収益費用観と資産負債観－渡邉注）とある特定の測定基準（取得原価や公正価値－渡邉注）とを明確に結び付ける自動的な連結環は存在しない。いずれの会計アプローチも，財務諸表の構成要素のいくつかの異なった属性の測定と両立する[8]」と述べている。

資産負債観と収益費用観の関係

　なぜなら，資産負債観のもとでも，資産・負債の評価は，原則的には帳簿記録にもとに評価替えを行っているに過ぎず，いわんや債権・債務は，継続的な記録を前提にしなければ算出できないからである。同様に，収益費用観のもとでも，資産・負債の金額は，単純に帳簿記録をそのまま貸借対照表価額とするのではなく，期末に時価で評価替えを行うからである[9]。この点は，重要であ

る。まさしく，会計の本質的機能に対する会計観そのものが会計の目的によって異なってくることを示している。言い換えると，会計の本質は，企業の目的とするところが損益計算かそれとも企業価値（株主価値）計算かによって異なってくるということである。会計学にとって重要なのは，価格計算であって，決して価値計算ではない。いくら価値があっても売却してその対価を得ることができなければ，会計の世界では意味を持たないのである。

しかし，いま少し厳密に見ていくと，企業価値を判断する最も重要な指標が企業利益であるというのは，企業人であれば誰もが良く承知しているところである。そのため，そこでの利益が発生主義にもとづく配当可能利益であるのか未実現の評価損益まで含めた包括利益であるのかを別にすれば，両会計観とも企業利益の測定を目的にしているという点では，何ら異なるところはない。利益測定を重視するという同一目的を有している点では同じであり，単にそこで志向される利益の中身ないしは質に相違が見られるだけに過ぎないのではなかろうか。この発生主義にもとづいて算出された実現利益の中身ないしは質を見直していこうとする考えは，1759年に組合としてスタートし，1787年に株式会社に改組されたイギリスのダウリィス製鉄会社の会計実務にすでに見出せるところである。この点については第10章で詳しく見ることにする。

会計観の変容

資産負債観のもとでの投資家の意思決定に有用な情報とは，一般的には，公正価値によって測定された資産・負債の現時点における企業価値情報である。しかし，通常の商品市場とは異なり，株式市場では，ハイリスク・ハイリターンが前提であるため，株式市場に参加する株主は，健全な投資家としてよりもむしろ投機家として，まるで賭博のように目まぐるしく変動するマネーゲームに終始するようになる。

現代会計における会計システムが発生主義を基準にした取得原価会計から資産負債の公正価値を重視した時価会計へと転換するに伴い，分配可能な当期純利益計算から企業の現在価値を示す包括利益計算にその重点をシフトさせてきたといえる。このことは同時に，現代会計が投資家のための会計から投機家の

ための会計に変容してきたことを物語っている[10]。しかし，企業価値測定と公正価値会計が必ずしも企業の正しい状況を提示していることにならないのではという指摘を受けるとき[11]，公正価値による資産評価を中心にして企業利益を測定する現代の資産負債観にもとづく会計観は，その目的適合性の立場からも再吟味する必要が生じてきている。発生史的には，取得原価による測定が会計の本質であることを忘れてはならない。

収益費用観の登場とその理論的根拠

　もともと複式簿記は，棚卸計算によって求めたビランチオの利益を継続記録によって求めた集合損益勘定の利益によって証明する過程の中で生成してきた計算システムなのである。複式簿記を完成させた要因は，結果の側面からストックによる棚卸計算を中心に具体的に求めた企業の総括的な損益を原因の側面から抽象的に計算された損益によって検証することにあった。日々発生する取引の継続記録にもとづく損益計算こそが信頼に足る損益計算制度であると明確に認識していたものと判断できる。

　ビランチオによって求められた利益が自己の取り分として適正な額であるのか否かを検証するために用いられたのが，日々の取引を継続的に記録した帳簿記録，すなわち複式簿記である。損益勘定によって企業の総括利益を算出し，ビランチオの利益と相互に突き合わせるという実務がフィレンツェの期間組合を中心に採られるに至ったのは，14世紀前半のことである。いわばアカウンタビリティーの遂行のために，損益勘定が作成されたということができる[12]。損益勘定は，まさしくビランチオの証明手段として機能している。このビランチオが実地棚卸によって，帳簿記録とはある意味では無関係に作成されたという事実を別にすれば，資産・負債・資本による財産の増減比較計算によって企業損益の計算が可能であるという点において，残高勘定にもとづく損益計算とその計算構造を同じくしている。厳密には，残高勘定は，損益計算機能を果たしているわけではないが，ストックの側面からの計算という点では，ビランチオと同種の範疇に属するものといえる。

　したがって，残高勘定と損益勘定との基本的な関係は，ビランチオと損益勘

定との関係と同様で「あった」ないしは現在でも「ある」と考えることができる。フローの側面からの損益計算は，ストックの側面からの損益計算の証明手段として認識されていたのである。フローの側面からの損益計算は，まさしく収益費用観の根幹を形成する最も基本的かつ重要な会計観である。したがって，収益費用観の存在根拠もまた，資産負債の増減比較計算によって求められる総括損益の証明手段としての機能を第一義としているといえる。

3-4. 複式簿記の本質と損益計算

複式簿記が複式と言われる根拠

　複式簿記が複式と言われる最大の理由は，単に取引を借方と貸方の二つに分解して記録するところにあるのではなく，その根幹である損益計算をフローとストックの二つの側面から計算するところにある。今日では，この二つの側面からの損益計算に加えて，キャッシュ・フロー計算書が基本財務諸表に加えられた。しかし，私は，このキャッシュ・フロー計算は，フローの側面からとストックの側面からの損益計算以外の三つ目の損益計算ではなく，あくまでもフローの側面からの損益計算を補完するものであると位置づけている。

　なぜなら，もしキャッシュ・フロー計算書を損益計算書や貸借対照表と並立する第三のキャッシュ・フロー計算書として位置づけるならば，複式簿記の複式たる根拠が崩壊するからである。キャッシュ・フロー計算書の出発点である比較貸借対照表は，いわば利益の質ないしは中身を問い直し，利益の行き先を知るために作成されたものである。キャッシュ・フロー計算は，あくまでもフローの側面から計算された発生主義にもとづく実現利益の中身を確認するためのものであり，損益計算の延長戦上に位置づけられるものなのである。この点については，第10章で詳しく述べる。

「誰にとって有用か」が重要

　例えば，資産負債の増減比較計算を基軸に，ストックの側面からのみ企業利益を計算するのであれば，必ずしも原因と結果の二つの側面から計算する必要はなく，単に収支計算だけでも可能になる。したがって，会計の計算構造を支える複式簿記の必要性は，それほど強く要求されるものではない。このことは同時に，会計によって提供される利益情報が継続的な帳簿記録を前提にする必要がないことを意味している。

　今日言われている収益費用観と資産負債観に関しても同じことが当てはまる。どちらか一方からだけの損益計算であるなら，それはもはや，会計ないしは複式簿記に依拠する必要はない。会計の役割が投資家にとっての投資意思決定の有用性にあるのか，経営者にとっての経営戦略的意思決定の有用性にあるのか，あるいは他の特定主体のための意思決定有用性にあるのか，はたまた投機家のための有用性にあるのかを問わず，ある特定目的のための有用性を第一とするならば，それらの意思決定を行うための有用な情報価値は，必ずしも会計にもとづいて作成される必要はない。会計的手法に代わるより有効な手段によってより有用な情報が提供されるならば，会計の意思決定に有用な情報提供機能は，終焉することになる。

複式であるから信頼性が担保

　しかし，重要なことは，提供される情報の中身とその信頼性にある。すでに述べたように，複式簿記は，実地棚卸によって算出された企業の総括的な損益を証明する手段として集合損益勘定を生みだし，資本（金）勘定を頂点とする勘定間の閉ざされた体系的組織を形成することによって完成した。企業の総括的な期間損益が企業情報の最も重要な情報価値として位置づけられる限り，会計の損益計算構造を支える複式簿記の機能は，決して否定されるものではない。このことは，複式簿記の生い立ちがビランチオの証明手段ないしは検証手段として生成したことと大きく関連していることなのである。

　われわれは，何にもまして，計算構造上の存在意義が資本（金）勘定を頂点とした勘定間の閉ざされた体系的組織の形成に求められた14世紀前半から今日

の包括利益思考が支配的な利益測定観になるまでの650年を超える長きに渡り，複式簿記の取引事実にもとづく客観性や誰でもがいつでも確認できる検証可能性に支えられた信頼性によって会計が変わることなく継承されてきたという歴史の重みを忘れてはならない。

決算残高勘定の役割

いうまでもなく，一般の投資家を主たる対象にした伝達機能を担う今日のような財務諸表の出現は，一般的には，19世紀に入ってからのことである[13]。したがって，それまでのストックの側面からの損益計算は，（決算）残高勘定が担い，フローの側面からのそれは，（集合）損益勘定が担うことになる。損益勘定では利益が計算されるのに対して，残高勘定は，単に期末における資本総額が記されているに過ぎず，決して当期の純利益が表示されているわけではない。当期の利益を求めるためには，前期末の資本総額との差額計算をしなければならない。すなわち，われわれは，形式的には，ある1時点のみの決算残高勘定から，損益を求めることはできない。

複式簿記の測定基準は生まれながらに取得原価

損益勘定の残高として算出された企業の総括損益は，まさしく継続的な帳簿記録を前提にして初めて計算される。この帳簿記録の測定基準になっているのが取引価格である。取引価格は，取引時点では市場価値であり，決算時点では取得原価と呼ばれる。取得原価にもとづく帳簿記録による証拠性こそがまさしく複式簿記の本質なのである。複式簿記が生まれながらにして取得原価をその存立基盤として生成したことを忘れてはならない。

時代の変遷および企業をとりまく経済環境の変化に伴って，会計的認識や測定の範囲が拡大し，あるいは補完される関係によって結果的には拡大と同様の結果が計算構造の枠組みの中に取り込まれるに至ってきた。損益計算の進化の過程で，取引量の拡大が取引の質的変化をもたらし，それとは逆に，取引を支える経済基盤の転換や企業形態の質的変化が計算構造たる会計手法そのものにも大きな変容を余儀なくさせてきた。その結果，生成当初の複式簿記の役割に

大きな変化が生じてきたのもまた，当然の帰結ということができる．

ストック計算の測定基準は時価だけなのか

　繰り返し述べているように，元来，ストックの側面からの損益計算の測定基準は，必ずしも時価である必要はない．事実，複式簿記が完成した14世紀前半以降の資産評価の測定基準は，取得原価であった．決算時点で作成された決算残高勘定の資産評価は，取得原価で行われた．元帳諸勘定を締め切った後で，今期末と前期末との正味財産を比較し，利益を算出するのであるが，ここで求められた正味財産の比較による資産の評価額も取得原価である．したがって，純粋の財産法だけでなく資産負債観のもとにおいても，資産負債の評価基準を時価に限定する必然性はない．

　しかし，デリバティブなどの新しい金融派生商品の出現によって，今日では，この資産負債観は，企業損益の測定手段ではなく企業価値（株主価値）の測定手法の一つに変容してきた．ある瞬間における企業価値を知るためには，刻々にその価値を変動させていく時価がその測定基準としてより有用になる．この有用性への対応がなければ，現実の要求に応えることはできない．このような要請を受け，すでに述べたように，1976年12月にFASBは，財務会計の新しい概念フレームワークの討議資料を提示した．その結果，取得原価に代わって公正価値，すなわち市場価値ないしは現在割引価値による評価が資産評価の測定手段として市民権を得るに至った．それに伴い，あたかも，公正価値評価こそが真に企業価値を測定できる有用な手段であるといった風潮が支配的になってきたのである．

経済学（価値）と会計学（価格）の違い

　平たく言えば，投資意思決定にとって有用な情報は，過去にいくらで購入したかではなく，今現在いくらするのかなのだという．過去に購入した取得原価ではなく，今現在の時価すなわち公正価値が有用なのだという．繰り返しになるが，国際会計基準の導入によって，会計にとって重要な情報は，伝統的な会計上の実現利益（当期純利益）情報ではなく，ある瞬間の未実現利益をも含め

た企業価値（包括利益）情報の方がより好ましいと考えられるに至った。

　しかし，価値という概念は，経済学上の考え方であり，会計学にとって重要なのは，価値ではなく価格なのである。いくらそのものに価値があったとしても，売れなければ，売ってその代金を回収しなければ絵に描いた餅に過ぎず，従業員の給料を支払うこともできなければ，期限が来る手形を落とすこともできない。会計にとって重要な情報は，絵に描いた餅，すなわち未実現利益を含んだ包括利益情報ではなく，現実に食べることのできる実現利益，すなわち当期純利益情報であることを忘れてはならない。今こそもう1度，会計における「実現」概念の意義を再考すべき時ではなかろうか。

資産負債観のもとでの測定基準

　複式簿記がその生成以来伝統的に踏襲してきたフローによる原因の側面からの抽象的損益計算が近年ストックによる結果の側面からの具体的損益計算に転換してきた。すなわち，損益計算書を中心にした収益費用観から貸借対照表を中心にした資産負債観に変容してきたといえる。しかも，ことはそれだけに止まらず，論理的には，資産負債観にもとづく利益計算思考の測定基準は，必ずしも時価にもとづく必要がないにも関わらず，企業価値（株主価値）評価に対する投資家（ないしは現実的には投機家）への意思決定有用性アプローチの観点から，時価評価を基準にした資産負債観が会計の基本的認識ないしは測定基準として支配的になってきた。

時価情報は真に有用なのであろうか

　しかし，投資家のための有用性という観点から考えたとしても，時価情報にもとづく開示システムが果たして真に有効に作用しているか否かについては，多くの問題が残される。時価にもとづく利益情報が果たして取得原価にもとづく利益情報よりも，一般の個人投資家や機関投資家にとってより有用であるという点については，評価の分かれるところである。なぜなら，すでに言い尽くされていることではあるが，例えば有価証券に関して言えば，日々刻々と変動する株式相場において，貸借対照表作成日における時価評価額が3カ月後の株

主総会において現在価値として開示されるとき，そこで示された数字の意味が果たしてどれだけの価値を有するのであろうか。ほとんど無いに等しい。ある特定の瞬間において投資意思決定を行う投機家にとっては，3カ月も前の過去の時価情報などまったく意味を持たない。意思決定を行う瞬間の時価情報，ないしは企業価値（株主価値）情報だけが重要になる[14]。

長期的には企業価値ではなく純利益情報が有用

　利益情報の有用性と企業価値情報の有用性の問題は，次元を分けて考察しなければならない。なぜなら，投資意思決定のために有用なある瞬間における市場の株価情報は，会計の計算構造とは無関係の世界で飛び交うからである。戦争の勃発や自然災害の発生予測によって株価が大きく値動きし，その結果，企業価値が大きく変動する現実の経済構造の仕組みの中で，複式簿記にもとづいて算定される企業利益情報は，投機家に対して投資意思決定にいかなる影響を与えるのであろうか。

　長期的な観点から見れば，企業価値を支配する最も重要な情報が企業利益であることには違いがなく，複式簿記の重要性が薄まるというものではない。さらに，利益測定に債権債務の測定を排除して算定することができないことを勘案すれば，われわれは，投資意思決定に有用な情報として継続的な記録計算，すなわち複式簿記を抜きに考えることはできないのである。

会計は投機家のためのものなのか

　ステークホルダーにとって意思決定に有用な情報の中心は，やはり企業の利益情報である。重要なことは，この利益の中身を伝統的な発生主義にもとづく配当可能実現利益におくのか公正価値評価を基軸に据えた包括利益に求めるのかの相違を明確に認識することにある。しかも，今日の財務報告の目的たる意思決定有用性アプローチにしても，果たして誰の意思決定に有用であるかは，必ずしも明確ではない。換言すれば，提供される財務情報の有用性の客体がアメリカとわが国では異なっている。アメリカ会計の根本は，投資家（より厳密には投機家）のための会計を念頭に置いているのに対して，少なくとも会計ビ

ッグバン以前において，わが国のそれは，経営者のための会計であった。もちろん，根底に横たわる思考は，今日に至るまで，それほど大きな転換は，見られない。

会計の社会的責任が問われる時代

　これまで，利益平準化を是としてきたわが国の会計思考の背景には，経営者中心のための会計観が大きく支配していたといえよう。しかしながら，ここ数年の間に，持合株等の急速な解消が生じ，経営者のための会計という構図は，著しい転換を余儀なくさせられている。近い将来において，わが国においても，意思決定有用性アプローチというアメリカ型大儀のもとで，報告客体が一般の投資家というよりもむしろ短期的な投機的利潤のみを追い求めるいわば投機的株主のための会計に無批判的にシフトしていく可能性があることは，容易に想像できる。もちろん，このような傾向が果たしてわが国の進むべき方向として適切であるのか否かについては，とりわけ企業の社会的責任が問われる昨今の状況下では，会計倫理やコーポレイトガバナンスと関連させながら，別途慎重に検討されなければならない極めて重要な課題である。このことを忘れては，会計学を研究する意味がない。

3-5. 損益計算と認識基準

従来までの認識基準の解釈

　少し今までの話の展開から道にそれるかも知れないが，重要な問題なので，あえてここで詳しく説明しておくことにしたい。会計は，経済事象を認識し，測定し，伝達するプロセスである。ここでいう認識とは，日々発生する多くの様々な経済事象の中で，会計上の取引として記録するために選別することをさしている。

　この会計上の認識に関する基準は，従来わが国では，「現金主義から発生主

義へ」の展開として理解され[15]，多くの会計の基本書や入門書でその正否が検証されることなく受け入れられ，今日まで継承されてきた。しかし，これは，明らかに歴史的事実と反する解釈なのである。

では，損益計算の基本である費用・収益の認識基準の史的展開を［現金主義→発生主義］として捉えてきた通説のどこに誤りがあり，なぜこのような事実と異なった解釈が今日に至ってもなお無批判的に認知されているのかを明らかにしなければならない。従来までの伝統的な解釈である費用・収益の認識基準のパラダイム転換を提示し，会計ないしはその計算構造を支えてきた複式簿記の本来的な役割が何であるのかを再検討しておく必要がある。

会計の役割と認識（識別）基準

一般に，会計とは，「情報の利用者が判断や意思決定を行うにあたって，事情に精通したうえでそれができるように，経済的情報を識別し，測定し，伝達するプロセスである[16]」と規定されている。ここでいう識別とは，一般に認識と同義語と解釈されている。

アメリカ財務会計基準審議会（FASB）は，「認識とは，ある項目を資産，負債，収益，費用またはこれらに類するものとして，企業の財務諸表に正式に記録するかまたは記載するプロセスである[17]」と規定している。国際会計基準（IFRS）では，「認識とは，構成要素の定義を満たし，パラグラフ83で説明する認識のための基準を充足する項目を貸借対照表および損益計算書に記載するプロセスをいう[18]」としている。わが国の企業会計基準委員会（ASBJ）でもほぼ同様に，「財務諸表における認識とは，構成要素を財務諸表の本体に計上することをいう[19]」と定義している。

会計的認識の本質

これらを整理すると，会計上の認識というのは，全ての経済的事象のなかで会計上の取引として財務諸表の項目に該当し，ある経済事象が会計上の記帳対象となる取引であるか否かを判断し，識別する行為を指している。

具体的には，現代会計は，期間損益計算を前提にしているため，より狭義に

解釈すると，資産，負債，純資本，費用，収益の計上にあたり，当期の帰属分と次期以降のないしは前期の帰属分に区分するための基準を指すことになる。認識基準は，測定基準（取引を帳簿に記録する際，具体的にその金額をいくらで記帳するのかを決める基準）と並んで，会計の損益計算にとって最も基本的で重要な基準なのである。

口別損益計算のもとでの認識基準

このように，より狭義に，認識基準を期間帰属の識別基準とすれば，いわゆる口別損益計算（全体損益計算＝非期間損益計算）のもとでは，原則として，認識に関する問題が生じる余地はない。なぜなら，いわゆるヴェンチャー企業等で見られる全体損益計算のもとでの損益計算は，期間に区切らないため，当然のことながら，期間帰属を決定するための判断基準は，必要ないからである。

その結果，総［現金］支出と総費用，総［現金］収入と総収益は，絶えず等しくなる。言うまでもないことだが，現金主義による計算も発生主義による損益計算も，期間という枠を取り払えば，最終的には等しくなる。いわゆる一致の原則である。費用・収益を認識する基準が問題になるのは，総括的な期間損益計算が前提にされた時である。費用・収益を期間に分ける必要が生じた時に初めて，どの期間の費用・収益にするのかという識別（認識）のための基準が必要になってくる。期間に区切らない口別損益計算のもとでは，費用・収益に関して，識別（認識）の問題が生じる余地はない。

認識するのはいつの時点か

現金で支払った光熱費や現金で受取った家賃が当期の費用や収益であるのか，あるいは次期以降の費用や収益に属するのかを識別する行為が認識基準である。現金主義であれば，支払った時点ですべてが費用になり，受け取った時点ですべてが収益になる。それゆえ，当期と次期以降に分ける必要はない。

定期的であるか非定期的であるかを問わず，企業全体の総括的な期間損益を算出するためには，当該期間のすべての収益とすべての費用を対応させなければならない。そのためには，現実に生じた収益や費用が当期のものであるのか

次期以降のものであるのか，ないしは前期のものであったのかを確定するための基準が必要になってくる。この識別のための基準が発生主義であり，非定期的な期間損益計算の出現と共に登場する。

しかし，次節で見るように，非定期的な期間損益計算は，口別損益計算から派生したものではなく，すでに複式簿記の発生と同時に出現している。この点は，特に大切なので，しっかりと記憶に留めておいてもらいたい。通説の誤りは，この損益計算制度の発展図式（前章49頁の図表2-3）がまだ理解されていなかったために生じてきたのである。

3-6. 一般的解釈「現金主義から発生主義へ」の誤り

なぜ通説のような誤りが継承されたのか

費用・収益の認識基準は，従来までの通説によると，歴史的には，現金主義から発生主義への展開として理解されてきた。このような主張は，20世紀の半ばに至り，多くの権威ある会計学者によって展開され[20]，今日に至ってもまだ検証されることなく，幾人かの研究者によって継承されている。

当時においては，欧米の原史料を直接入手することが困難であり，限られた，しかも2次史料による分析に依拠せざるを得なかった。点在する原史料の空白を理論的推測により穴埋めすることも余儀なくされた。その結果，史実と異なる仮説があたかも現実の歴史的事実であるかのように，今日まで継承されてきたのである。どの分野にでも，よくあることである。

それと同時に，ある特定の権威者がある学説を樹立したとき，多くの継承者は，その権威者が偉大あり本物であればある程，初めから間違いなどあろうはずがなく，絶対的に正しいと思い込み，そのまま鵜呑みにしてしまう傾向が強くある。いかなる名医も誤診のリスクから解き放たれることがないことを，本人はもとより，後学の徒も肝に銘じなければならない。

通説による説明

　従来までの通説によると，損益計算の歴史的展開過程は，口別損益計算から期間損益計算への発展と単線上に描かれていた。そもそもこれが間違いの始まりなのである。(総括) 期間損益計算のもとでの認識基準が発生主義であるなら，それに先立つ口別 (全体) 損益計算のもとでは，よりプリミティブな認識基準である現金収支による現金主義によって損益計算が行われていたであろうと推論したところに誤りの出発があった。この点については，［図表3-1］と50頁の［図表2-4］とを比較すれば，良くわかる。

[図表 3-1]　通説にもとづく損益計算制度の展開図

複式簿記の発生 13世紀初め（イタリア）	期間損益計算の成立 17世紀初め（オランダ）
口別損益計算＝全体損益計算 （荷口別商品ごとの計算）	期間損益計算＝総括的損益計算

信用取引の出現

　　現金主義で収益・費用を認識　　発生主義で収益・費用を認識

　期間損益計算には，今日のように1年ごとに企業全体の総括的な期間損益を計算する期間損益計算だけではなく，任意の期間で非定期的に企業全体の総括損益を計算する先駆的期間損益計算と概念づけられる二つの損益計算制度が存在していたことを忘れてはならない。

黒澤説による解釈

　「古い會計慣習においては，費用および收益の期間的決定は現金主義 (cash basis) によって行われた。現金主義は費用の發生の基準を現金支出におき，收益の發生の基準を現金の收入におくところの會計處理の原則である。……現金主義は，信用取引がほとんど行われず，長期の固定資産が保有されていない場合には，會計上大した破綻を示さないですむが，取引の條件や資産および資本構成が複雑になった近代企業では，期間的損益計算の尺度として次第に役に立たないものとなったのである。そこで現金主義を拡大したオブリゲーション・

システムと呼ばれる會計処理の原則があらわれた。……オブリゲーション・システムは，キャッシュ・ベイシス（現金主義）からアクリューアル・ベイシス（発生主義）への橋渡しの働きをなした會計基準である。よってこれを半発生主義と名づけておく[21]」と黒澤は説く。

山下説による解釈

　また山下は，「費用収益確認原則としての発生原則は，歴史的には，現金原則（cash basis principle）から発展したものであるから，その現金原則から発生原則への発展のうちに，この発生原則の意味を探り求めることができる。……現金原則の妥当する典型は，これを全体損益計算にみる。……中世の口別損益計算は，当座的な冒険取引の完了ごとに行われるので，それは一種の全体損益計算の形態にほかならないからである。そこに共通する性質は，全取引活動の完了をまって損益を計算するところに見られる。……そこでは，取引活動の中途において費用収益を確認する必要がなく……現金収支計算が即損益計算となる。……そこに，現金原則の適用される最も明瞭な形をみる。……『発生』とは費用収益の『対価』の発生を意味しており，……アメリカにおいて発生主義がオブリゲーション・プリンシプル（obligation principle）といわれ……発生原則に当る用語として用いられているゆえんである[22]」と述べている。

　さらに付け加えて，現金主義から発生主義への展開要因として，今日の市場経済の下では，費用収益と現金収支との間にズレが生じてきたため，現金主義に代わる認識基準が必要になったと述べ，そのズレが拡大してきた原因として，①固定資産の比重の拡大（減価償却の出現），②信用制度の発達の二つをあげている[23]。

両者の矛盾

　もし，固定資産の比重の拡大による減価償却の登場によって認識基準のズレが拡大したのであれば，そのズレの拡大の論議は，19世紀以降の話になり，発生主義の生成時点の論議とは，無関係である。また，複式簿記を発生させた要因が信用取引であったことから考えれば，複式簿記は，その発生当初から費用

と支出，収益と収入の間にズレが存在していたことになる。すなわち，複式簿記は，生まれながらにして，発生主義によって費用・収益を認識していた。

　13世紀の初めから，当時のイタリアの商人の帳簿には，掛売上や掛仕入れが計上されていた。まだ経過していない期間の家賃の前払分の計上もすでに13世紀末のファロルフィ商会の帳簿（1299-1300）に見出せるところである[24]。

会計は生まれながらにして発生主義

　この前払家賃の計上という事実だけをもってしても，会計が生まれながらにして発生主義で記録されていたことは，明白である。「現金主義から発生主義へ」という認識基準発展の歴史認識は，歴史研究が十分に進んでいなかった段階での理論であった。今となってはたとえ誤りであったとしても，その時代においては，それなりの歴史的な役割を果たした理論であり，その理論があったからこそ，その理論を検証する過程で，従来の定説の矛盾点が浮き彫りになり，新たに正しい理論が構築されてくる。歴史研究の面白さである。

　認識（識別）基準というのは，現実に発生した費用・収益を当期の費用・収益と次期以降（ないしは前期）のそれに分ける基準を指す。そのため，必然的に，期間に区切った損益計算を前提にした基準になる。全体損益計算であるいわゆる口別損益計算のもとでは，認識の問題が生じる余地はない。

割賦基準における回収基準をどう理解するか

　ただ一つ注意を要するのは，今日の簿記教科書で説明されている割賦販売に伴う回収基準をどう考えるかである。割賦取引における回収基準は，現金収入があった時点で初めて収益として計上するため，現金主義によって収益を認識していることになる。しかし，割賦基準といった会計処理法が登場するのは，早くても18世紀になってからである。現金主義から発生主義が生まれたのでは無く，歴史的には逆に，発生主義から現金主義による会計処理法が派生してきた。多くの制度の進化のプロセスは，一般的にいって，単純なものから複雑なものへと展開するのではなく，複雑なものが単純なものを生み出してくる。第7章で述べるように，複式簿記から単式簿記が生じたのも同じ理屈である。こ

れが歴史である。

　現金回収時点で売上を計上しようとする考え方は，低所得者層への高額商品の販売促進のために分割払いよる販売方法として考え出された。そのため，回収に伴うリスクも高く，この回収不能リスクを回避するための方法として登場したのが現金回収基準である。販売促進の方策として割賦販売という新たな販売形態を登場させたため，それに対応する処理法として，売上代金の回収リスクを回避するという観点から，後になって，考案された収益計上の処理基準が現金回収基準なのである[25]。いわば，本来の認識基準を補完するために考案された，あくまでも例外的な基準である。現金主義は，決して，発生主義に先立って歴史上に登場した処理基準ではない。

現金収支計算は貨幣の登場と共に出現
　本来，現金の収支記録にもとづく差額計算は，複式簿記による損益計算とは別の座標の計算である。それは，貨幣の登場と共に生じ，したがって，複式簿記の発生以前から存在していた計算手段である。その意味では，現金収支にもとづく残高計算は，発生主義にもとづく損益計算に先行している。あくまでも現金収支残高の有高計算である。わが国でも，奈良時代（710-784）の木簡から食料や薬品の請求書や出納記録が出土している。だからといってわが国で，複式簿記がすでに8世紀に誕生したことにはならない。これは，単なる現金の収支記録に過ぎず，決して，複式簿記による記録ではない。

　発生主義にもとづく費用・収益の認識基準は，複式簿記の発生と同時に，具体的には先駆的期間損益計算（非定期的期間損益計算）の生成と共に出現した。先駆的期間損益計算のもとでは，定期的ではないが期間に区切って損益を計算するため，期間費用・収益と非期間費用・収益を区別する必要が生じる。そのため，複式簿記は，その生成当初から，現金主義ではなく発生主義によって費用・収益を認識していたことになる。ただし，口別損益計算は，期間に区切った損益計算ではなく全体損益計算であったので，費用収益の期間配分計算は必要なく，したがって，それらを認識（識別）する必要もまたなかった。これが歴史的事実である。

現金主義は発生主義の補完的役割

　発生主義は，複式簿記の発生とともに出現した費用・収益の認識基準である。発生主義にもとづく損益計算の不十分なところを補完するために，後になって登場してきた会計処理の基準が現金主義である。キャッシュ・フローを重視し，現金を基軸に置いて，企業損益の中身をチェックするという考え方は，歴史的には，割賦回収基準として登場してくる。発生主義会計にもとづく貸倒れのリスクを回避すると観点から見ると，今日のキャッシュ・フロー計算書は，この延長線上にあると理解できる。

　会計上の認識が「現金主義から発生主義」に発展したという従来までの解釈は，史実に照らしてみたとき，明らかに事実に反する解釈なのである。

キャッシュ・フロー計算は回収基準の延長線上

　会計は，その計算構造を支える複式簿記の発生以来，発生主義にもとづいて費用・収益を認識し，両者の対応計算にもとづいて総括的な期間損益を計算してきた。現金主義は，後世，発生主義による損益計算の欠陥を補完するために登場してくる。割賦販売における現金回収基準は，収益を現金主義で計上する例外的な処理法である。現金を基準に会計上の利益を再吟味しようとするキャッシュ・フロー計算は，この延長線上にある考え方ということができよう。決して発生主義の出現以前に現金主義による費用・収益の認識基準が存在していたわけではない。

SFAC 第 5 号の説明

　現金主義によると，現金支出＝費用，現金収入＝収益であるため，元来，期間識別のための基準（認識基準）は，不要になる。「財務会計諸概念に関するステートメント」（SFAC）第 5 号では，次のように述べられている。「キャッシュ・フロー計算書は，すべての現金収支がその発生時に認識されるため，認識問題とはほとんど無関係である。キャッシュ・フローの報告には，…見積りも配分も伴わなければ，また，いかなる判断も伴わない[26]」のであると。

　今日の期間損益計算を前提にした損益計算制度のもとでの認識基準とは，収

益・費用に関して言えば，当期の収益・費用と次期以降ないしは前期のそれとに識別するための基準である。したがって，現金収支をもって収益・費用とするのであれば，本来的には，識別（認識）に関する問題が生じる余地はない。また，口別損益計算のもとでも，掛売上や掛仕入は，すでに初めから存在し，債権・債務もまた，資産・負債として残高勘定に計上されていた。複式簿記を発生させた要因の一つに信用取引があり，現存するファロルフィ商会の帳簿（1299-1300）に前払家賃の計上が見られることから判断すれば，複式簿記は，生まれた時から，収益・費用を発生主義によって認識していたのは，火を見るより明らかである。いささか専門的になりすぎたかもしれない。ここで一息入れて，次の章は，コーヒーでも飲みながら読んでもらいたい。

【注】
1) 泉谷 [1997] 85-91頁，および第5章。
2) Alvaro [1974], Part 1, pp.112-125.
3) 渡邉 [1993] 第6章を参照されたい。
4) FASB [1976], par.25-44, pp.35-41. 津守監訳 [1997] 53-57頁。1976年にFASBの討議資料が公表されて以来今日に至るまで，わが国において，この二つの会計観に対して，多くの先行研究が公表されている。例えば，藤井 [1997]，山田 [1999]，松本 [2002]，徳賀 [2002]，石川 [2004]，草野 [2005] 等を参照。
5) FASB [1976], par.46, pp.41-42. 津守監訳 [1997] 56頁。この点については，藤井 [1997] 45-46頁を参照。
6) 収益費用観と取得原価の関係について，FASBは，1976年の概念フレームワークにおいて次のように述べている。すなわち，「収益費用観は収益と歴史的費消原価との対応に限定されるものではないのであって，現在取替原価を販売収益と対応させることは可能である」（FASB [1976], par.47, p.41. 津守監訳 [1997] 58頁）。
7) FASB [1976], par.47, pp.41-42. 津守監訳 [1997] 58-59頁。
8) FASB [1976], par.47, pp.41-42. 津守監訳 [1997] 58-59頁。
9) FASB [1976], par.48, pp.45-46. 津守監訳 [1997] 59-60頁。
10) 高寺 [2002] 111-112頁。
11) 高寺 [2005] 182頁。

12) 会計は，英語でaccountingと呼ばれるが，会計の本質は，獲得した企業利益の発生原因とその結果のプロセスを説明することである。したがって，このアカウンタビリティーの遂行が会計の本来的な役割といえよう。
13) この点については，本書の姉妹版である，渡邉［2005］138頁を参照。
14) 斉藤は，この企業価値を株価総額と捉え，純資産（オンバランスの価値）にのれん価値（オフバランスの価値）を加えたものとしている（斉藤編著［2007］7頁）。
15) 現金主義，発生主義といわれる両者は，本来，資産・負債・純資産・費用・収益の認識基準（ベイシス）であり，認識主義（イズム）ではない。したがって，厳密には，現金主義，発生主義というよりも現金基準，発生基準という方が好ましいが，ここでは一般的な用法に従い，現金主義，発生主義とした。
16) AAA［1966］, p.2. 飯野訳［1969］2頁。
17) FASB［1984］, par.6. 平松・広瀬訳［1994］212頁。
18) IASB［2006］, par.82, F27. 企業会計基準委員会訳［2006］「財務諸表における認識と測定」, 23頁。
19) 斎藤編著［2007］104頁。
20) 黒澤［1951］, 山下［1955］。
21) 黒澤［1951］76-77頁。
22) 山下［1955］98-103頁。ただし，1963年版『新版 会計学一般理論』（千倉書房）では，オブリゲーション・ベイシスに関する説明は，削除されている（46-52頁）。このオブリゲーション・ベイシス（半発生主義）という考え方は，費用・収益の認識基準として歴史的に実在したものではなく，頭の中で考えた方法であろう。恐らく，黒澤と山下は，複式簿記の発生当初の認識基準を現金主義から発生主義への展開として説明したにもかかわらず，掛売・掛買の記録が複式簿記発生当初からすでに行われていたことを認識していたため，両者の橋渡しが必要となり，このオブリゲーション・ベイシスと考え方を持ってきて，説明しようとしたものと思われる。
23) 山下［1955］100頁，山下［1963］47頁。
24) Alvaro［1974］, pp.405-406, 泉谷［1980］193頁。
25) 割賦販売は，早くはフランスで1760年頃にフランスのデュフェイェル商会が家具の販売のために考案し，また，1920年代のアメリカにおいて，自動車を中心とする耐久消費財の販売のために広く普及したといわれている（社会科学大辞典編集委員会［1971］337頁）。
26) FASB［1984］, par54. 平松・広瀬訳［1994］236頁。

第 4 章

世界最初の簿記書『スンマ』(1494)

(『スンマ』第2版のタイトル頁:大阪経済大学図書館所蔵)

4-1. パチョーリの生涯

複式簿記の父

　高等学校の簿記のどの教科書をみてもルカ・パチョーリ（1445-1517）という名前は，必ずと言っていいほど登場する。世界最初の複式簿記に関する著作を書いたパチョーリは，しばしば複式簿記の父と呼ばれている。世界最初の簿記書という栄誉を授かったこの著書は，1494年にヴェネツィアで出版された数学書で，正式名は，『算術，幾何，比および比例総覧』である。長い書名なので略して『スンマ』と呼んでいる。

パチョーリ生誕の地

　パチョーリは，フィレンツェの南東，アレッツォの北東に位置する古い城壁に囲まれた美しい町，ボルゴ・サンセポルクロで生を受けた。少年時代にルネッサンス時代の著名な画家ピエロ・デラ・フランチェスカ（1412-1492）のもとで数学を学び，1464年，19歳になった頃，ヴェネツィアに出て，商人アントニオ・デ・ロンピアージの3人の息子の住み込み家庭教師として約6年間を過ごした。

　このヴェネツィア滞在中に簿記の知識を習得したのではないかといわれている。1470年にローマに出て，数学に関する最初の論稿を発表した。1472年にはフランチェスコ派の修道僧になり，1475年にペルージア大学の数学の教師になったのを皮切りに，フィレンツェ，ローマ，ナポリ，ウルビノ等の各地の大学で教鞭をとった。1482年には，博士の学位を取得している。サンセポルクロは，フランチェスカで有名な町であるが，今も通りや州立の二つの学校にパチョーリの名前が残されている。

　1489年にローマ大学で，1490年にはナポリ大学で数学の教鞭をとっている。1499年，フランス軍のミラノ攻略により，レオナルド・ダ・ヴィンチ（1452-1519）と共に避難し，フィレンツェに落ち着く。その後，ボローニア大学，ピ

［図表4-1］　イタリアの地図

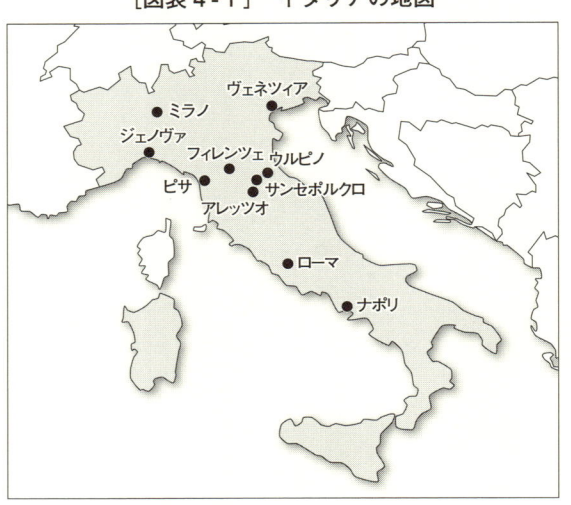

(サンセポルクロのラウディー宮殿)

第4章　世界最初の簿記書『スンマ』(1494)　87

サ大学，後にローマ大学で数学の主任教授を務めた。1516年に一時立ち入りを禁止されていた故郷サンセポルクロ修道院の総長代理となるが，翌年の1517年に72歳の生涯を閉じた。

サンセポルクロは，フィレンツェの南東約130kmに位置する，今なお中世の香りをとどめた美しく静かなたたずまいの小さな町である。パチョーリよりもルネッサンスを代表する画家の1人であるフランチェスカで有名な町である。サンセポルクロ市街地の中心にあるラウディー宮殿の入り口の壁には，大理石の記念碑が埋め込まれ，次のような文章が刻まれている。

（ラウディー宮殿の正面入口の記念碑）

[図表4-2]　ラウディー宮殿の正面入口の記念碑の献辞

ルカ・パチョーリに捧ぐ

彼は，レオナルド・ダ・ヴィンチならびに
レオン・バチスタ・アルベルティーの友であり助言者であった。
また，代数に科学の息吹と体系を与えた初めての人物でもあった。

幾何学の応用を説いた偉大な創設者であり，
複式簿記を考案した。
彼は，未来を見据える考えの基盤であり
不変の形式となる数学に関する著作を著した。

サンセポルクロの住民は，労働組合の勧めによって，
370年もの間この偉大な市民を気づかぬままに
放置していたことを恥ずかしく思い
ここに建立する。
1878年

4-2. パチョーリとダ・ヴィンチ

パチョーリの肖像画

『スンマ』で名声を博したパチョーリは，ミラノ侯ロドヴィーコの宮廷に招かれ，そこでダ・ヴィンチと交友を持ったのは，良く知られているところである。1497年に第2の著書『デヴィナ』の原稿をミラノ公に献上し，1509年に出版した。パチョーリ第2の著書『デヴィナ』は，ダ・ヴィンチが図形の挿絵を描いたことで有名である。

パチョーリの肖像画は，現在，ナポリのカポディモンテ美術館に所蔵され，展示されている。この絵（第1章の扉のカラー挿絵）のタイトルは，「ルカ・パチョーリ修道士とある青年の肖像画」である。縦99cm×横120cmで，『スンマ』出版の翌年1495年にヤコポ・デ・バルバリ（c1445-1516）によって描かれたといわれている。パチョーリ50歳の時である。絵の中に描かれている多面体の球体は，ダ・ヴィンチが画いた『デヴィナ』の挿絵からとってきたのであろう。

（ダ・ヴィンチ－左から3人目－とパチョーリ－左から2人目－の肖像画，出所：小島［1964］229頁。）

第4章　世界最初の簿記書『スンマ』(1494)

(ナポリにあるカポディモンテ美術館)

『スンマ』(1494) の正式名

　かの『スンマ』は，コロンブスのアメリカ新大陸発見2年後の1494年に，ウルビーノ滞在中，ウルビーノ公グイドバルド・ダ・モンテフェルトロ (1472-1508) の援助によって，ヴェネツィアの出版社パンガニーノ・デ・パガニーニで上梓された数学書である。正式のタイトルは，『算術，幾何，比および比例総覧』である。『スンマ』は，タイトルからも判るように本来数学書で，第1部は「算術と代数」，第2部は，「幾何学」について論述されている。

　複式簿記に関する章は，第1部第9編論説11「計算および記録について」の197葉（フォリオ）裏頁から210葉表頁までの合計14葉，わずか26頁の合計36章から構成されている。第2版は，彼の死後1523年に出版され，1504年に『スンマ』の簿記論の部分のみが『商

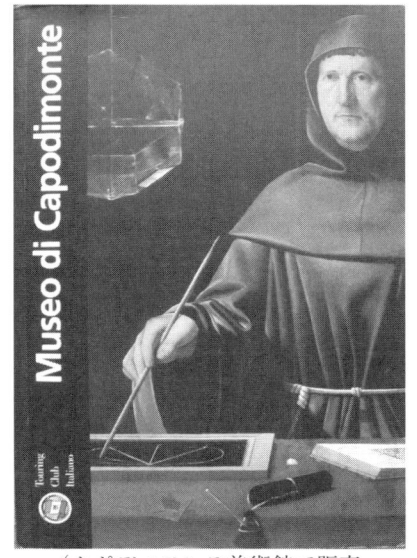

(カポディモンテ美術館で販売されている図録の表紙)

人の完全な手引き』として出版されたといわれている。しかし，実物は，確認されていない。

4-3.『スンマ』の特徴

世界最初の簿記書『スンマ』

　もちろん，初めから完全なものではなかったが，遅くとも14世紀半ばまでには，複式簿記の第一義的な役割は，生成当初の文書証拠（あるいは公正証書）から，少しずつ，損益計算へと移っていき，やがて複式簿記は，ついに完成の域に達するのである。私は，集合損益勘定の形成によって勘定間の閉ざされた組織的体系が完結した時点で，複式簿記が完成したとみなしている。14世紀の前半のことである。この点については，後で述べる。

　1494年にパチョーリによって出版された世界最初の簿記書『スンマ』が複式簿記生成史研究のいわばバイブルとでもいえる著作である。

　なお，パチョーリよりも半世紀近くも早い1458年に，すでにベネット・コトルリ（c1413-1469）の手によって簿記に関する著作『商業と完全な商人』がナポリで脱稿されていた。しかし，実際に出版されたのは，彼の死後，『スンマ』よりも80年も遅い1573年になってからのことである。そのため，世界最初の簿記書の著者という栄誉は，パチョーリに取られたことになる。歴史とは皮肉なもので，このように偶然によって支配されることがしばしば起こる。

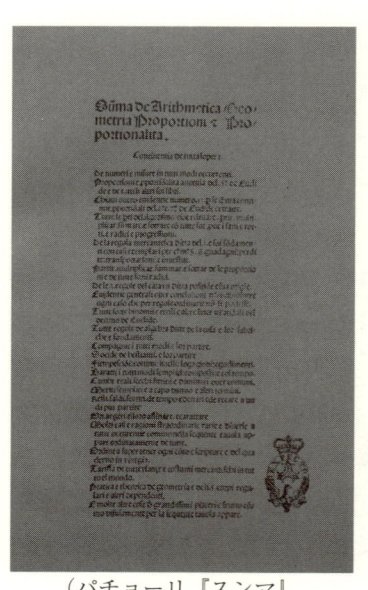

（パチョーリ『スンマ』初版本タイトル頁）

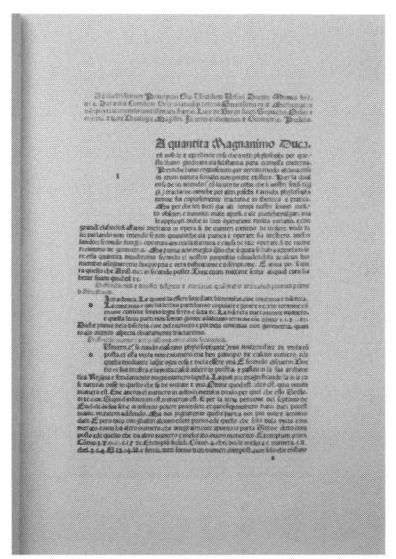

第4章　世界最初の簿記書『スンマ』(1494)　　91

（『スンマ』初版本文1頁）

（『スンマ』第2版本文1頁：
大阪経済大学図書館所蔵）

活版印刷の発明とプランタン＝モレトゥスの印刷工業

　ヨハネス・グーテンベルグ（1397-1468）の活版印刷が発明されるのは，コトルリの脱稿直前の1455年頃であり，出版するに際しては，まだ木版によらざるをえなかった。恐らく，引き受け手がなく世に問うのが遅れたのではなかろうか。もしそうであれば，歴史の悪戯であろうか。「世界最初の簿記に関する論述書」という栄誉は，残念ながら『スンマ』に奪われてしまった。今頃は，ナポリの空の下で，さぞかし口惜しがっ

（プランタン＝モレトゥス美術館
中庭のプランタンの胸像）

ていることと思われる。

　16世紀のヨーロッパで最高水準の印刷技術をもっていたのは，現在世界遺産に指定されている創業者から23代まで約300年近くも続いたアントウェルペンのプランタン＝モレトゥスの印刷工場である。現在は，博物館として往時の姿を伝えている。創業者のクリストフ・プランタン（1520-1589）は，1550年に個人で印刷業を始めるが，最盛期には16台の印刷機を抱え，当時世界最大の印刷工場であった。1563年から1567年の4年間にわたる帳簿は，複式簿記で記帳され，今日の工業簿記で見られるのと同じ勘定組織が用いられていた[1]。

（プランタン＝モレトゥス博物館に
展示されている当時の活版印刷機）

『スンマ』の現存数と教訓

　R・ジーン・ブラウン，ケネス・S・ジョンストンの共訳書『パチョーリ簿記論』（1963）によると，『スンマ』は，現在，1494年の第1版が99冊，1523年の第2版が36冊残存しているといわれている[2]。一体，どのようにして調べたのであろうか。この『スンマ』は，現代イタリア語を始め，英語，オランダ語，ドイツ語，ロシア語，日本語等世界各国語に翻訳されている[3]。

　興味深いのは，第1章で，パチョーリがいくつかの商人の心得を記している点である。「法学博士を作るよりよき商人を作るほうが難しい」とか「商人は

雄鶏にたとえられる」とか「目覚め，眠らざる者を法は助く」，あるいは「正しく戦う者を除いて，誰も王冠に値せず」等である。何よりも傾聴に値するのは，「施しによりて，富は減ぜず」という一文である。商人は，自己の利益を求めるだけでなく，それを社会に還元するよう説いている。

パチョーリと近江商人

　このようなパチョーリの考え方は，近江商人の説いた「三方よし」の考えにも通じるものがある。この「三方」というのは，①売り手，②買い手，③世間，の三者を指しており，商売というのは，自分だけが儲かればよいのではなく，取引先も，近隣の住人達までもがあの会社があって良かったと思えるような経営をしなくてはならないという，いわばそれぞれの商家の家訓とでもいうか経営理念なのである。このような発想の出発点は，近江の国神崎郡石馬寺の麻布商であった中村治兵衛宗岸（1684-1757）が後継ぎの養子のために，宝暦4(1754)年に書いた一文であるといわれている。すなわち，「他國へ行商スルモ總テ我事ノミト思ハズ、其國一切ノ人ヲ大切ニシテ私利ヲ貪ルコト勿レ、神佛ノコトハ常ニ忘レザル様致スベシ」（末永［1997］7頁）。私利私欲を強く戒め，常日頃から節約に努め，利益が出た時は，その一部を社会に還元するという近江商人の心構えというか精神を説いたものである。

　経営に携わる人は，古今東西を問わず，社会への貢献というか還元を意識しているのであろう。是非とも手本にしてもらいたい。

『スンマ』の内容

　『スンマ』は，合計36章から構成されている。第1章：緒論－商人にとって必要な事項，第2章：財産目録，第3章：財産目録の模範例，第4章：有益な訓戒と助言，第5章：記録整理，3種類の主要簿，第6章：日記帳（覚書帳），第7章：商業帳簿の認証方法，第8章：日記帳（覚書帳）の記入方法，第9章：9通りの商品の仕入方法，第10章：仕訳帳，第11章：借方と貸方，第12章：仕訳帳における借方と貸方，第13章：元帳，第14章：仕訳帳から元帳への転記方法，第15章：現金勘定と資本勘定の記入方法，第16章：商品勘定の元帳への記

入方法，第17章：官庁との勘定記録の方法，第18章：ヴェネツィア税関との取引のつけ方，第19章：為替手形による支払の記帳方法，第20章：交換と組合について，第21章：組合取引の処理法，第22章：経常費，営業費，給料等諸費用の記帳方法，第23章：店舗（支店）の勘定のつけ方，第24章：仕訳帳，元帳における振替銀行の勘定と為替手形，第25章：収入と支出に関する勘定，第26章：旅行に関する記帳方法，第27章：利益と損失の勘定について，第28章：元帳勘定の繰越方法，第29章：毎年元帳を締切らないままに元帳の年度を変更する方法，第30章：債務者のための計算書の作成方法，第31章：誤謬記入の訂正，第32章：元帳の締切，第33章：帳簿の締切中に生じる取引の記帳方法，第34章：旧元帳勘定の締切および借方，貸方の総計，第35章：手紙，証券等の保管方法，第36章：商業帳簿の記入に関する規則と方法，である[4]。

ヴェネツィア式とフィレンツェ式の統合

　複式簿記は，14世紀前半に完成する。それは，企業全体の総括損益が集合損益勘定によって求められ，勘定間の閉ざされた体系的組織が形成されたことを指している。この段階ではまだ定期的ではなかったが，期間に区切って企業全体の総括損益を計算するシステムがすでに出来上がっていた。それまで，口別損益計算によって損益計算を行っていたヴェネツィアの商人たちも，14世紀の後半以降は，フィレンツェの商人たちが行っていた先駆的期間損益計算からの影響を受け，その方式を何らかの形で取り入れたものと思われる。もちろん，非定期的な損益計算とはいえ，そこでは当然のことながら，会計期間を1年という自然の間隔に区切って，企業全体の総括損益を確定しようとする企業があったであろうことは，想像に難くない。もっとも広く商人達の間で年次決算が確立するまでには，まだしばらくの時間が必要であるが，15世紀末になって出版された『スンマ』では，ヴェネツィア式簿記とフィレンツェ式簿記の両者の説明が混同されていたとしても，それは，しごく，当然のことである。

『スンマ』には種本があったのでは

　『スンマ』の複製本とまで言われている幻の簿記書ヒュー・オールドカース

ルの『有益な論文』(1543) を詳細に分析した結果，両者に共通したマニュスクリプトがあるのではないかという見方がある。この共通するマニュスクリプトを著したのは，15世紀の前半に活躍したトロイロ・デ・キャンセラリースではないだろうかとファビオ・ベスタという著名なイタリアの会計史家が推測している[5]。『スンマ』の簿記に関する論述は，おそらく，数学者であったパチョーリが自らの考えで著したと解釈するよりは，種本になるものがあったと推測する方が無理のない解釈なのかもしれない。

あるいはまた，当時のヴェネツィアの多くの商業学校で一般に用いられていた簿記の教材から寄せ集め，それらを切り合わせ，家庭教師時代の知識をもとに，簿記論に関する論述を書いたものではないかとの推測も成り立つ。説明の中に，いくつかの寄木細工的な説明が散見されるのも，このような推測を生み出させる要因になっている。いずれにせよ，数学者のパチョーリがその数学書の中で簿記に関する論述を著すほどに，当時の商人や識者たちの間では，簿記の知識の重要性が十分に認識されていたということであろうか。今となっては，その真偽のほどをパチョーリから直接聞くことはできない。

4-4．パチョーリの試算表とその後の展開

試算表の原初事例

複式簿記の発生は，13世紀の初めであるが，その時点では集合損益勘定はまだ形成されておらず，試算表の誕生は，複式簿記が完成した14世紀前半以降のことになる。試算表は，元帳諸勘定を締め切って，企業の総括損益を計算するにあたり，その損益計算の出発点である元帳の記帳が正しいか否かを検証するために作成されたものである。継続記録にしたがって，企業全体の総括損益を未だ計算していなかった14世紀前半以前では，試算表を作成して元帳記帳の正否を検証する必要性はなかった。試算表の登場は，論理的には14世紀前半以降のことである。

試算表ではないが，形式的にはそれと類似したものに，ファロルフィ商会のG.ファロル勘定（1299-1300）やニコロ・バルバリゴ商会の残高勘定（1456-1483）があげられる。両者には資産，負債，資本，費用，収益に関するすべての勘定が転記されているため，一見試算表を連想させる。しかし，機能的には，元帳諸勘定の締切に際し，締切のための相手勘定として転記されたものに過ぎず，各元帳勘定の記帳の正否を検証するために設けられた勘定，ないしは残高の一覧表ではない。

パチョーリの「スンマ・スンマリューム」

実際の商人によってつけられた帳簿ではないが，試算表の使用ついて明確に確認できる事例は，パチョーリの『スンマ』の第14章と第36章の説明である。第36章では，元帳のすべての勘定を1枚の紙に移して「借方金額の総計と貸方金額の総計とが等しいかどうかを調べてみて，［両者が］等しいときは，元帳が秩序正しく記帳されているのである。言葉を換えていえば，貸方総計と借方総計……とは等しくならなければならないのである。もし両者が等しくないときは，元帳に誤りがあるであろう[6]」と述べている。まさしく合計試算表の説明である。パチョーリは，この合計試算表を「スンマ・スンマリューム」（合計の総計）と呼んでいる。

マンヅォーニの誤解

パチョーリの後継者と自他ともに認めていたドメニコ・マンヅォーニは，1534年に『複式簿記』という本を著した。そこで彼は，パチョーリの説く合計試算表（合計の総計）を次にように解釈した。パチョーリの「合計の総計」は，元帳のすべての勘定で残高を出し，最終的に締め切った後の等しくなった借方の合計金額と貸方の合計金額を「合計の総計」に振り替える。したがって，各勘定の借方と貸方の等しくなった金額をそのまま「合計の総計」の借方と貸方に転記していく。初めから等しい金額を貸借に転記していくのであるからその合計額の総計が等しくなるのは当然である。マンヅォーニは，この一覧表をパチョーリの「合計の総計」と解釈した[7]。

彼がこのような大きな誤りを犯したのは，パチョーリの『スンマ』には，「スンマ・スンマリューム」（合計試算表）の例示がなかったからである。それにしても，マンヅォーニの説く一覧表では，全く何の役にも立たない。これがその後の簿記書で長く試算表の説明や例示を途絶えさせた理由だと思われる。

ペラガロの解釈

おそらく，このマンヅォーニの誤解をそのまま受けて著したのがエドワード・ペラガロの論考「試算表の起源」であろう。彼は，1956年に発表した論文[8]のなかで，パチョーリの説く「合計の総計」は，決して合計試算表ではなく，まさしくその言葉が示す通り，各元帳勘定で貸借の差額を算出した後の合計の総合計を集計した一覧表であると主張した[9]。おそらく，マンヅォーニの誤解を受けての論説であったものと思われる。

試算表の役割は，元帳の締切に先立って，元帳諸勘定の記帳の正否を検証するために作成されるものである。しかし，このようなマンヅォーニの総計一覧表では，元帳記帳の正否のチェック機能を果たすことはできない。初めから借方と貸方が等しいものをいくら集めても等しくなるのは当たり前である。パチョーリ以降，1635年のリチャード・ダフォーンの『商人の鏡』まで多くの簿記書で試算表の説明が欠落しているのは，マンヅォーニのような合計の総計一覧表では，作成する意味がないからであろう。なぜペラガロは，このような意味のない計算表をパチョーリが作成したと考えたのであろうか。1980年にロンドン・ビジネス・スクールで開催された第3回世界会計史学会でせっかく挨拶を

（マンヅォーニの「スンマ・スンマリューム」）

(1980年のLBSの国際会議の会場：講演はヤーメイ教授，最前列右端がプレヴィッツ教授)

交わしたのに，この肝心なことを聞き逃してしまった。今にして思えば心残りである。

　13-15世紀の実際の商人の帳簿で試算表が見出せないのは，試算表が検証のための単なる道具に過ぎないため，誤りのないことが検証されれば役割を終え，おそらくその時点で破棄されたからだろうと推測されるからである。

4-5. パチョーリの損益計算制度

『スンマ』はヴェネツィア式簿記

　パチョーリの『スンマ』で述べられている損益計算制度は，一般にヴェネツィア式簿記と言われている。パチョーリ自身も『スンマ』の第1章の冒頭で，真実の商人にとって必要な事項，ならびにヴェネツィアやその他の地方で使われている仕訳帳と元帳の記録方法について述べるとして，以下35章にわたって解説している。さらに文中の説明で，「わたくし達は，ヴェニスで採用されている方法を記述することにする。この方法はあらゆる方法のうち，確かに推賞

すべきものである[10]」とも述べ、『スンマ』で論じられている簿記法がヴェネツィア式簿記であることを示している。

当時のヴェネツィアは、同じ時代でもフィレンツェとは異なり、貴族によって政治を支配する血族を中心にした社会であった。そのため、企業の形態も、血縁によって結成された家族組合が中心で、そこでの簿記による記録システムは、取扱商品ごとに勘定を設け、しかも全ての商品が売却済みになるのを待って、各荷口別ないしは航海（旅行）別に損益を計算する口別損益計算制度が採用されていた。そのため、期間に区切って、すべての収益とすべての費用を集合損益勘定に集めて、企業全体の総括損益を計算するという方法は、採られていない。個人ないしは血縁を中心に結成された家族組合（ソキエタス）では、厳密に利益を計算して分配する必要性は、それほど強くなかったのであろう。

同じ時代でも、血族による結社を否定して、他人と組む期間組合を結成していたフィレンツェとでは、損益計算制度は、大きく異なっていた（50頁の図表2-4を参照）。しかし、14世紀半ばには、複式簿記が完成し、口別損益計算ではなく総括損益計算制度が完成するため、パチョーリが『スンマ』を出版した頃には、ヴェネツィアでも、口別損益計算ではなく先駆的期間損益計算が行われていたことは、容易に推測できる。

パチョーリは口別損益計算か期間損益計算か

かつてよく議論の的になっていたのが、パチョーリの説く損益計算制度が口別損益計算なのか期間損益計算なのかという点である。そもそもこの論争の出発点には、二つの大きな誤解と論理の混濁があった。この点を正確に理解しておけば、何の問題もなかったはずである。誤解の第1は、損益計算制度の発展過程を単純に口別損益計算から期間損益計算への発展と単線上のシェーマを描いたところにある（75頁の図表3-1を参照）。しかも、期間損益計算を生み出した要因を信用取引に置いたところにある。この点については、本書の第3章で詳しく述べているので、そちらを再度熟読されたい。

しかし、現実の損益計算制度の展開は、すでに拙著において明らかにし[11]、本書第2章2-4でも述べたように、期間損益計算に分類される損益計算制度の

なかには，今日のように1年（ないしは半年）ごとに総括的な期間損益を計算する期間損益計算だけではなく任意の期間で非定期的に損益を計算する先駆的期間損益計算と概念づけられる損益計算制度が含まれている（50頁図表2-4を参照）。この非定期的な損益計算が今日のように1年ごとに期間を区切って企業全体の総括損益を計算するに至るのが，16世紀のアントウェルペンであり，その計算システムを継承した17世紀のオランダで確立し，そして18-19世紀のイギリスで更なる進化を遂げていく。

パチョーリの『スンマ』で述べられている損益計算制度は，それが出版された時代を考えるならば，すでに口別損益計算制度から先駆的期間損益計算制度へと進化した後に出版されたもので，必ずしも常に定期的に行われたわけではないが，期間に区切った損益計算制度，すなわち先駆的期間損益計算制度にもとづくものであったといえる。

第28章の元帳の繰越と第32章の元帳の締切での説明は，単に旧元帳がいっぱいになり，記帳の余白が無くなった時の新元帳への繰越（結算）の説明に過ぎないのであって，今日のように決算（利益を確定するための帳簿の締切手続）の説明を行っているわけではない。

帳簿の締切（結算）と利益の確定（決算）とは別のもの

『スンマ』の第29章で「毎年帳簿を締切ることは常によいことであるが，他の人と組みになっている人の場合には特にそうである。諺に『計算を度々すれば，友情がつづく』といっている[12]」と述べている。また，第32章では「元帳に記入の余白が無くなったか，または年度が変ったために，新しい元帳を設ける場合に，旧元帳から新しい元帳に移記することに注意しなければならない。そして，年度の変る毎に新たに元帳を設けることは，最も著名な地方における慣習であって，大商人は毎年，ことに新しい年度の始めにこの慣習に拠っている。……これを元帳の平均と呼んでいる[13]」と述べている。このことから，パチョーリは，『スンマ』においてすでに年次決算を説いていたとする解釈が見られる。しかし，これらの説明は，単に帳簿がいっぱいになり新帳簿に繰り越す時のための説明に過ぎず決して企業の総括損益を確定するための，すなわち

決算のための帳簿の締切を説明したものではない。新しい年の始まりに新しい帳簿で記帳を開始するというのは，古今東西，国の違いに関係なく，気分的に晴れ晴れとさせるものがあるからであろう。パチョーリは，この繰越のための締切を「元帳の平均」（第32章）と呼び，利益を確定するための決算を「元帳の締切」（第29章）と呼んで明確に区別しているのである。

　当時の帳簿は，今日のようなルーズリーフ形式のように新しいページを次々に付け加えることができない1冊の本のように閉じられた帳簿であった。そのため，今まで使っていた帳簿がいっぱいになると新しい帳簿に繰り越さなければならない。この新帳への繰越のための締切を説明しているのが第32章であり，そこで毎年の帳簿の締切を推奨しているのは，年度決算を説いているのではなく，記帳ミスや記帳漏れを防止するためには，毎年帳簿を締め切って記帳の正否を検証するのが好ましく，そのために年々新元帳に繰り越すのが好ましいと述べているのに過ぎないのである。新帳への繰越のための帳簿締切（結算）と企業の総括損益を確定するための帳簿締切（決算）とを混同してはならない。パチョーリの説く損益計算制度は，1年ごとの期間損益計算（年次決算）ではなく非定期的な期間計算である先駆的損益計算であったと見なすのが妥当であろう。この点については，50頁の図表2-4から判断すれば明らかである。もちろん，必ずしも非定期的ではなく，幾人かの商人達が1年ごとに決算を行っていたであろうことも容易に推測できる。

【注】
1) 小島［1964］102-103頁。
2) Brown and Johnston［1963］, p.113.
3) 代表的な邦訳書を以下に示しておく。平井［1920］，片岡［1967］，岸［1983］，片岡［1988］。
4) 岸［1983］第4章を参照。
5) Yamey［1967］, pp.64-65. ヒュー・オールドカースルの『有益な論文』（1543）は，今日その現物が確認されていない幻の書である。1588年に出版されたジョン・メリスの簿記書『簡単な手引き』の序文で，彼の著作は，1543年にロン

ドンで出版されたオールドカースルという1人の学校の教師が書いた簿記書を復刻したものに過ぎないと述べている。このことから，メリスの簿記書の種本となった1冊の簿記書の存在が明らかになった。しかし，そこには著者の名前は，記されていない。他方，1543年に著者不明の1冊の稀覯本『有益な論文』が出版されていたことが，大英図書館に保管されている競売人パターソンによって作成されたカタログ（1779）から明らかになった。この二つの事実から，後年ベンジャミン・F・フォスターは，自らの著書『簿記の起源と発展』（1852）の中で，1543年に出版された『有益な論文』の著者がオールドカースルであると結論づけたのである（小島［1971］73-78頁）。この推論が正しいか否かは別にして，幻の書の日の目を見る過程が詳らかにされたまことに興味ある歴史の一齣である。

6) 片岡［1967］66頁。
7) 渡邉［1993］第2章参照。
8) Peragallo［1956］, pp.215-222.
9) マンヅォーニの「合計の総計」については，渡邉［1993］37-38頁を参照。
10) 片岡［1967］47頁。
11) 渡邉［2005］17-18頁。
12) 片岡［1967］224-225頁。
13) 片岡［1967］233頁。

第 5 章

イタリアからオランダ，そしてイギリスへ

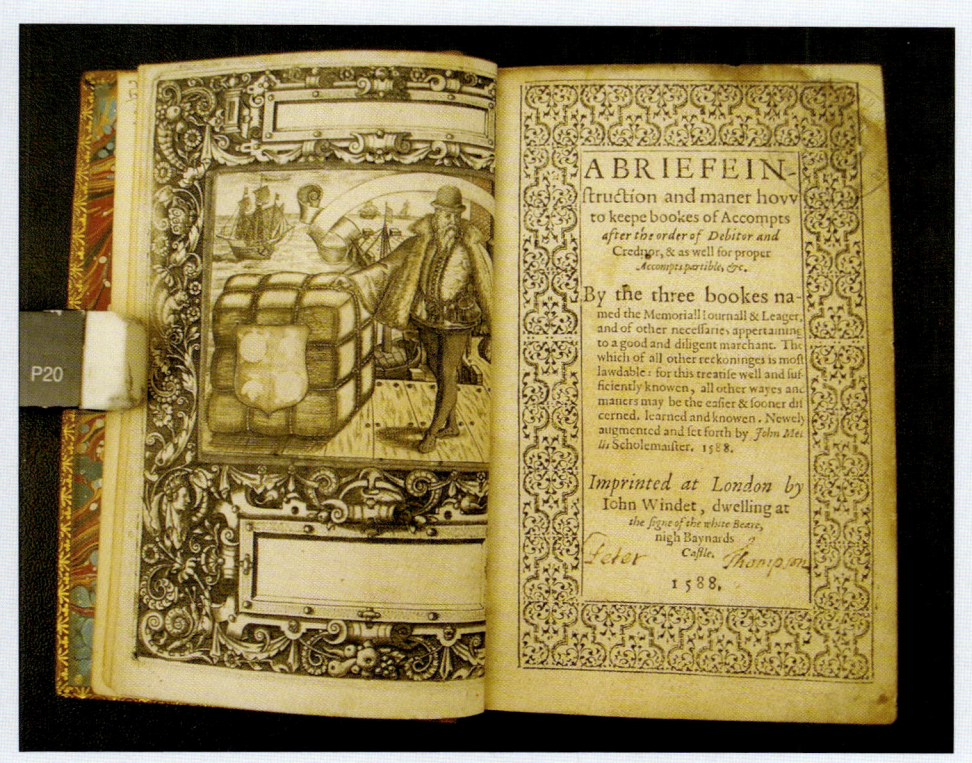

（ジョン・ウェディントンの簿記書（1567）の1588版のタイトルページ）

第5章　イタリアからオランダ，そしてイギリスへ　　105

5-1．中世簿記から近代簿記へ

17世紀の重要性

　アナナイアス・チャールズ・リトルトン（1886-1974）は，『1900年までの会計進化論』の最後で「会計発展の史的論述はここにおわった。光ははじめ15世紀に，次いで19世紀に射したのである。15世紀の商業と貿易の急速な発展にせまられて，人は帳簿記入を複式簿記に発展せしめた。時移って19世紀にいたるや当時の商業と工業の飛躍的な発展にせまられて，人は複式簿記を会計に発展せしめたのであった。だが，しょせん，悠久なる歴史のひとつの断面であるにすぎない[1]」と結んだ。ここでいう15世紀は，イタリアでパチョーリが『スンマ』を上梓した時を指し，19世紀は，イギリス産業革命の真っただ中で，単なる簿記上の記帳処理を超えて新しい時代の要求に応えた様々な会計システムが生み出された時代を指している。

　しかし，簿記の歴史を考察していくうえで，焦点の当たる15世紀と19世紀の他にも，忘れてはならないのが簿記を誕生せしめた13世紀イタリアとその中世簿記を大きく近代的簿記へと進化させていった17世紀オランダである。イタリアで生まれた複式簿記は，商業の中心がイタリアからアントウェルペン，オランダへと移っていくなかで，中世簿記から近代簿記へと大きく脱皮して，今日に近い姿をわれわれに見せてくれたのである。

イタリアからアントウェルペンへ

　13-15世紀がブルージュ，イタリアの時代，ダ・ヴィンチやミケランジェロの時代であるというならば，16世紀は，アントウェルペンの時代であり，ルーベンスやブリューゲルが活躍した時代なのである。ついでに言えば，17世紀は，オランダの時代，レンブラントの時代であり，18世紀は，産業革命をいち早く成し遂げたイギリスが世界を支配する時代であるのは，良く知られたとおりである。当時のイギリスの社会を風刺したホッガースの版画は，茫洋としたター

ナーの海の画と並んでイギリスを代表する絵画といえるのではなかろうか。

　北イタリアとならぶフランドルの中心都市ブルージュは，北方のヴェネツィアと呼ばれ，ヘントとともに毛織物工業を中心に，11世紀の頃から商業都市として大いなる繁栄を手に入れる。16世紀以降，その中心がアントウェルペン，アムステルダムに接ぎ木されるまで，イングランドと北イタリアをつなぐ国際都市としてその名を北ヨーロッパ中に轟かせた。フランドル地方とジェノヴァ，ヴェネツィア，フィレンツェ等の地中海諸都市との交易を中心に，多くの両替商も誕生し，「ヨーロッパ経済圏の十字路として14世紀から15世紀にかけて未曽有の繁栄期をむかえることになった[2]」。

中世の宝石ブルージュ

　もちろん，ブルージュは，単に経済的な繁栄だけでなく，荘厳なゴチック様式の建物が数多く残され，中世の宝石と呼ばれるに相応しい美しい姿を現在もとどめている。文化的にも，フランドルが生んだ至宝ヤン・ファン・アイク（1387-1441）の描いた「アルノルフィニ夫妻の肖像」は，良く知られている。

　往時の北ヨーロッパ諸都市における繁栄を映して，ブルージュの中心マルクト広場に位置する市立記録保管書には，14世紀に活躍した両替商ウィレム・ル

（ブルージュ市立記録保管書所蔵のウィレム・ルウェールの元帳：1369-1370年）

ウェールの1冊の元帳（1369-1370）とコラール・ドゥ・マルクの9冊の会計帳簿（1366-1369）が残存している。

交易の国際都市として繁栄したブルージュでは，ヨーロッパ各地から多くの商人が集まり，代金の決済は，当然のことながら，各国の通貨（金貨，銀貨，銅貨）によって行われた。そのため，両替商（銀行）は，欠くことのできない存在であった。

アントウェルペンの勃興

15世紀末まで繁栄を欲しいままにしたブルージュであったが，15世紀末から16世紀にかけて，イタリアの落日とほぼ時を同じくして，急速に衰え始める。ブルージュの繁栄を支えていたプロテスタントのカルヴィン派の商人達は，1567年にカソリックの敬虔な信奉者スペイン王フェリペ2世（1527-1598）の意を受けた第3代アルバ公の統治下で数多の弾圧を受け，イングランド，ドイツ，北ネーデルランドへと亡命し，その地位をアントウェルペンに譲ることになる。16世紀は，アントウェルペンが世界の経済の中心として繁栄する[3]。

しかし，その期間も短く，17世紀を迎えると，フランドルのアントウェルペンに代わり，新興国家オランダのアムステルダムが台頭し，その地位をイギリスに奪われるまで，世界の中心に位置することになる。当時最大の力を誇っていたスペインも1588年の無敵艦隊の撃破によって，その海上権をイギリスとオランダに奪われ，オランダとの80年戦争（1568-1648）を経て，世界の覇権は，スペインからオランダに譲り渡されることになる。当時のオランダの造船技術は，世界最高であったといわれ，オランダ東インド会社がイギリス東インド会社をおさえて，東（南）アジアと胡椒を中心にした香辛料貿易による莫大な利益を独占した。まさに，貿易立国として大いなる繁栄を勝ち取ったのである。17世紀がオランダの時代といわれるゆえんである

中世簿記の特徴

中世簿記の特徴は，一般的には，口別損益計算であったと思われがちであるが，必ずしもそれは，当てはまらない。確かに14世紀の初めまでのヴェネツィ

アで一般に行われていた簿記は，いわゆる口別損益計算であったということができるかもしれない。しかし同時代でも，フィレンツェの商人たちは，組合員相互間での利益分配の必要性から，必ずしも定期的ではなかったが，期間に区切った総括損益の計算を行っていた。したがって，口別損益計算制度のみを中世簿記の特徴として位置付けることはできない。もちろん，商品勘定は，今日のように，仕入，売上，繰越商品といった3分割で説明されるのではなく，取扱商品の荷口別に設けられていた。また売掛金や買掛金，貸付金や借入金といった統括勘定の使用もまだ見られない。債権と債務に関する勘定は，すべて相手の人名で設定していた。総括勘定の一般的な使用は，19世紀に入ってからのことである。

　もちろん，貸借対照表や損益計算書といった財務諸表はまだなく，前者の最も初期の事例は，17世紀後半の東インド会社やイングランド銀行の財務表であり，後者は，19世紀の鉄道業の決算実務まで待たねばならない。キャッシュ・フロー計算書の出現にも，多くの時を待たなければならない。

　17世紀には，新しい企業形態である株式会社が出現する。13世紀の組合企業の誕生が複式簿記の最も重要な役割である損益計算機能を生み出し，新たな株式会社の登場は，様々な新しい会計システムを誕生させてくる。近代化への具体的な変貌は，以下で詳しく見ていくように，第1に期間損益計算（年次決算）の確立，第2に精算表の出現，第3に固定資産や棚卸資産の時価評価の登場，第4に荷口別損益勘定の部分的な統括（雑商品勘定）の登場，等を相次いで生み出した。

5-2. 期間損益計算（年次決算）の制度的確立と決算締切法

年次決算の確立

　近代簿記への脱皮の最大の足跡は，期間損益計算制度，年次決算の確立である。その先駆けが16世紀後半のアントウェルペンのヤン・インピン・クリスト

フェルス（c1485-1540）であり，その制度的確立者がオランダのシーマン・ステフィン（1548-1620）である。

売残商品を明確に認識し，売上収益と仕入原価ではなく売上原価を対応させて期間損益を算出する方法を明確に説いた最初の簿記書は，1543年アントウェルペンで，彼の死後妻の手によってオランダ語で出版されたインピンの簿記書『新しい手引』である。同年に仏訳版が，1547年には英語版がロンドンで出版されている（英語版には，全体の5分の4を超える記帳例示が欠落している。当初から掲載されなかったのか，後世何らかの事情で欠落したのかは，詳らかでない）。

当時の貸出金利

14-15世紀にイタリア北方諸都市とならんで繁栄したフランドルの中心都市ブルージュには，11世紀の頃から16世紀以降アントウェルペン，アムステルダムに接ぎ木されるまで，多くの国の商人たちが交易のために集まった。代金の決済は，当然のことながら，各国の通貨（金貨，銀貨，銅貨）によって行われた。そのため，各国通貨の換算や為替取引のための両替商（銀行）は，欠かすことのできない存在であり，併せてお金の貸付も行われた。当時のブルージュの公定金利は，最高32％にまで及んだといわれている[4]。すでに述べたように，1211年の最古の勘定記録に記された金利は，40％に達している。遅延したときは，それに加えて年20％の約定遅延利息が加算された。当時の金利の高利さが窺い知れる。

アントウェルペンからアムステルダムへ

15世紀末，ブルージュの繁栄を支えていたプロテスタントがカソリックの敬虔な信奉者スペインのフィリップ2世の意を受けたアルバ公の統治下で，数多(あまた)の弾圧を受け，イングランド，ドイツ，北ネーデルランドに亡命し，16世紀は，ブルージュに代わってアントウェルペンが世界の経済の中心として繁栄する[5]。このアントウェルペンで当時の商業形態を反映した1年ごとに期間損益を計算する会計処理法を最初に提唱したのがインピンである。

繰り返しになるが，13-15世紀は，イタリアの時代，ダ・ヴィンチやミケランジェロの時代であり，16-17世紀は，フランドル（アントウェルペン），オランダの時代であり，ブリューゲルやレンブラントが活躍した時代であった。ついでに言うならば，18-19世紀は，日の沈むことなき国として世界を席巻したイギリスの時代，ホゥガースやターナーの時代であった。20世紀は，アメリカの時代であり，ポロックやロックウェルの時代である。さて21世紀は，どこの時代になるのであろうか。

[図表5-1] 世界の商業覇権の推移と代表的な画家

▶13-15世紀：イタリアの時代：地中海
　（ジョット：1267-1337）
　（ガッティ：1300-1366）
　（ダ・ヴィンチ：1452-1519）
▶16世紀：アントウェルペンの時代：バルト海・北海
　（ブリューゲル：1525/30-1569）
　（ルーベンス：1577-1640）
▶17世紀：オランダの時代：バルト海・北海
　（レンブラント：1606-1669）
　（フェルメール：1632-1675）
▶18-19世紀：イギリスの時代：大西洋
　（ホゥガース：1697-1764）
　（ターナー：1775-1851）
▶20世紀：アメリカの時代：大西洋・太平洋
　（ロックウェル：1894-1978）
　（ポロック：1912-1956）

イタリアからアントウェルペンそしてアムステルダムへ

　ルネッサンスの中心として比類なき繁栄を成し遂げたイタリアも，賃金や税金の高騰に伴って毛織物工業が新興国家のオランダやイギリスの粗悪ではあるが安価な毛織物との市場競争に敗れ，やがて衰退の道をたどることになる。毛織物生産量の低下は，これまで毛織物工業とともにイタリア経済を支えていた造船業や海運業も，その価格の上昇と相まって，やがてオランダ，イギリスとの競争にあえなく敗れていく[6]。このことは同時に，商業資本主義の時代から

来る産業資本主義への移行の助走期を示しているということであろうか。

こうして，16世紀までの地中海を中心にしたイタリアの覇権（ヘゲモニー）は，やがてバルト海や北海を中心にしたアントウェルペンやオランダへと移り，17世紀は，まさにオランダの時代，レンブラントの時代といわれている。オランダの黄金時代の到来は，バルト海地方の穀物貿易と船舶用の木材取引を支配したことが最大の要因であったといわれている[7]。もちろん，それに伴い金融業の発展も見逃すことはできない。このオランダの経済発展を決定的にさせたのは，スペインからの独立戦争（1568-1648）であったのは言うまでもない。やがて18世紀にはイギリスが世界の中心に位置することになる。

オランダ（アムステルダム）からイギリス（ロンドン）へ

16世紀後半から17世紀にかけて，オランダは，バルト海貿易と東インド貿易における穀物取引を中心に，海運業による中継貿易で莫大な利益を獲得する。バルト海貿易によるオランダの当時の利益率は，1610-1620年は34％，1684-1688年は33％，1724-1728年は42％に及んでいたといわれている[8]。近年の研究では，アムステルダムの資本市場が発展したのは，オランダ東インド会社の株式が譲渡可能であったため，金融市場が活発になり，多くの投機利潤がもたらされたからだという。世界最初のデリバティブが生まれたのは，オランダで

（ロンバルディア人が店を構えていたロンドンのロンバード・ストリート）

あるとも言われている[9]。

オランダを中心として成立した世界の経済覇権は、18世紀を迎えて、金融市場を中心にルター派の新教によって繁栄したハンブルクと国をあげて軍事力で商人の商業活動を手厚く保護した最初の近代経済国家としてのイギリス（ロンドン）に取って替わられることになる。そのハンブルク（ドイツ）もナポレオン戦争（1803-1815）以後イギリスとの競争に敗退していく。18世紀末からの産業革命を経て、19世紀のイギリスは、まさに太陽の沈むことのない国、大英帝国として世界を席巻することになる。

期間損益計算の登場

16-17世紀になると、企業形態も漸次当座的な性質から永続的な企業へと脱皮していく。それに伴い、損益計算も継続記録にもとづき一定期間ごとに企業の総括的な損益を計算する方法、すなわち期間損益計算（年次決算）制度が確立してくる。この年次決算を初めに説いたのがアントウェルペンの商人インピンである。彼は、取引例示において、売残商品勘定を設けて、売上収益に仕入原価ではなく、売上原価を対応させ、期間損益計算制度による決算手続を明確に説いている。

インピン簿記書のフランス語版に掲載されている取引例示は、1542年12月28日から1543年8月31日までの約8ヵ月間のもので、1542年12月28日付の棚卸目録（Inuentaire）から記帳が開始されている。決算、すなわち各勘定を締め切り、損益を確定する作業は8月31日付で行われている。

インピンは、決算に際して、売残商品勘定を設けている。そこには、1543年9月2日に売れ残った7種の棚卸商品の期末残高、合計349リブラ・1スー・8ドニエが転記され、最後に決算残高勘定に振り替えられている[10]。取引例示は、必ずしも1年間のものではないが、取引例示が棚卸目録から始まっていることから判断すれば、12月28日は開始記帳の日であり、したがって、インピンは、当時のアントウェルペンにおける商業取引を反映して、年次期間損益計算を念頭に置いた決算手続を説明したものと思われる

第5章　イタリアからオランダ、そしてイギリスへ　113

ステフィンの登場

　インピンに続いて忘れてはならないのがオランダのシーマン・ステフィン（1548－1620）である。彼は、1605年から1608年にかけて『数学的回想録』を著し、これが期間損益計算による決算手続を明確に説いた著作として、パチョーリの『スンマ』と並び称され、簿記史上、重要な位置を占めている[11]。

　ステフィンは、1548年にブルージュに生まれ、アントウェルペンにある商社の会計係を務め、後に生まれ故郷ブルージュにもどり、そこで税務行政官を務めた[12]。スペインの支配がアントウェルペンに及んでくると南ネーデルランドを後にして、22,3歳の頃に、プロシャ、ポーランド、ベルギー、オランダを旅した後にライデンに移り住み、ライデン大学で数学の教師を務めるかたわら、学生として勉学に勤しんだ。後のオラニエ公マウリッツ（1567-1625）との出会いは、この頃のことと言われている[13]。ステフィンは、家庭教師としてマウリッツ公の少年時代に数学を教え、晩年、オランダ共和国の主計総監にも任命されている。農業や河川工事の監察官も務め、彼の良き理解者としてまた良き相談相手としてオランダの繁栄に大きな足跡を残した[14]。今もブルージュの公園でオランダの行く末を見守っている（42頁の写真を参照）。

（デン・ハーグのステフィンの生家の壁にある石像）

大陸式決算法と英米式決算法の誤解

　企業の期間損益を確定する会計上の計算職能を決算という。この決算を行うためには、先ず帳簿を締め切らなければならない。そのため、決算のことを英語ではクロージング（締切）と呼んでいる。今日では、帳簿の締切は、決算の

時にしか行われないため，帳簿の締切＝決算と理解している。われわれは，簿記を学ぶ最初に決算，すなわち帳簿の締切手続を学ぶ。この帳簿の締切には，大陸式決算法と英米式決算法の二つの方法があると教わってきた。前者は，複式簿記の発生当初（13-14世紀頃）からイタリアで一般的に行われた決算法で，その後全世界で広く一般に行われた方法である。それに対して後者は，18-19世紀に入ってイギリスやアメリカを中心に考案された決算法であるといわれてきた。大陸式決算法は，すべての取引が仕訳帳を通して行われるため，大いに煩雑であり，少しでも簡略化させる方法はないかと考案されたのが英米式決算法であると教えられた。

『スンマ』ですでに英米式の説明が

　しかし，この解釈は，歴史的な事実とは異なっている。平たく言えば，間違いである。英米式決算法は，世界最初の簿記書パチョーリの『スンマ』（1494）においてもすでに簡便法として説明されており，大陸式決算法の説明とほぼ時を同じくして登場している。決して大陸式決算法から英米式決算法が生まれたわけではない。そもそも英米式という名前の決算法自体が存在しないのである。

　ではなぜ，このような誤った説明が堂々と継承されてきたのであろうか。これは，わが国だけの特殊現象である。明治30（1897）年に出版された佐野善作（1873-1952）『商業簿記教科書』の中で，「元帳結算は其方法に大陸法及び亜米利加法の二別あり…[15]」と述べられてている。

　そこでは，原本で帳簿組織の種類として説明されている大陸法とアメリカ法（ないしはイギリス法）がなぜか決算締切法の相違として説明されている。その後の多くの簿記書でも同様の誤解による説明がなされ，それが今日まで誤ったままで継承されてきたのが実状である。丁度，費用・収益の認識基準が現金主義から発生主義へと発展したと誤って伝承されてきたのと同じである。いつの時代でも，その時代の権威ある立場の人が主張した学説には，多くの場合その正否を検証することなく，そのまま無批判的に受け入れてしまう傾向が強くみられる。研究者として，大いに反省しなければならない点である。

明治の誤訳がそのまま伝承

 明治後半，わが国の簿記学者がイギリス人のローレンス・ディクシー（1864-1932）の『会計士志願者のための簿記』（1893）やアーサー・フィールドハウスの『学生のための完全商業簿記』（1895）を紹介する過程で，本来，彼らの簿記書では，帳簿組織の相違として説明されていたコンティネンタル・システムとイングリッシュ・システムが誤って決算締切法の相違として説明され，そのまま今日まで伝承されたのが最大の原因である。イギリスで一般に用いられていたイギリス式帳簿組織による決算手続の説明を翻訳する際，イギリス式帳簿組織での決算締切法としてではなく，したがって帳簿組織の違いとしてのイタリア式，イギリス式ではなく，決算締切法の相違と誤解して，翻訳・紹介してしまったことに起因している。その誤りが何の疑問も抱かれることなく今日まで継承されてきたのである。それもなぜか，イングリッシュ・システムがイギリス式ではなくアメリカ式と呼ばれたり英米式と呼ばれたりしたが，最終的に英米式となってしまっている。当時の日本人にとっては，同じ英語を話す異国人は，オランダ人もイギリス人もアメリカ人やフランス人までもがきっと一緒に見えたのかも知れない。

英米式は複式簿記の誕生と共に出現

 英米式決算法は，決してイギリスやアメリカで考案された決算締切法ではないし，いわゆる大陸式決算法が歴史的に先に誕生し，その簡便法としていわゆる英米式決算法が後から考え出されたわけでもない。すべての決算仕訳が仕訳帳を経由せずに行われるいわゆる英米式決算法は，複式簿記の誕生と同時に商人たちの間ですでに定着していた決算実務である。

 全ての資産負債の振替取引を仕訳帳を経由せずに行うか否かは，決算残高勘定に期末振替の勘定科目をすべて記帳するのか，単に諸口として一括表示するのかに依拠している。諸口として一括処理したときは，残高勘定で資産や負債それぞれの明細を知ることができないため，すべての振替仕訳は，仕訳帳を経由して行われた。

5-3. 商品勘定の統括と精算表の出現

帳簿組織の発展

　パチョーリ時代の簿記と現在の簿記の違いに、帳簿組織があげられる。当初においては、取引は、まず初めに日記帳(ウェイスト・ブック)に記帳される。この帳簿は、メモ帳のようなもので、19世紀の前半頃まで使用されていたが、現在では用いられていない。

　近世初頭までの社会では貨幣の種類や交換比率が非常に複雑であったため、それらを統一の基準に換算して計算するためには、この帳簿はなくてはならないものであった。いったんメモとして日記帳につけられた取引の記録は、次に、日常用語ではなく会計用語でつけられる仕訳帳(ジャーナル)と呼ばれる帳簿に転記される。これら二つの帳簿は、取引をその発生の日付順に記録していくが、日付順の記録だけでは今手もとに現金がいくらあるのか、借入金がいくら残っているのかをすぐに知ることができない。そこで、現金とか借入金といった項目別に分けて整理された元帳(レジャー)と呼ばれる帳簿に記帳する。そして最後に、この帳簿を締め切って企業損益を算出するのである。

　われわれは、13世紀に誕生した〈日記帳→仕訳帳→元帳〉という帳簿組織の体系に支えられた簿記システムをイタリア式貸借記帳技法、すなわち複式簿記と呼んでいる。一般的にいって、このような3帳簿制は、18世紀の末まで引き継がれる。

特殊日記帳・特殊仕訳帳の登場

　ただし、16世紀の後半になると、帳簿記帳のための労力を少しでも省力化し、記帳の合理化を図りたいという要求から、補助簿を主要簿としての日記帳や仕訳帳として用いる特殊日記帳制や特殊仕訳帳制が生まれてくる。

　しかし、このようなやり方が多くの簿記書や1部の大企業だけではなく、広く一般の企業においても用いられるようになるのは、イギリスでは18世紀まで

待たなければならない。日記帳を省略し，仕訳も取引が生じるたびではなく1カ月ごとにまとめて行ったり，仕訳帳への記帳を1部省略するといったいろんな工夫や改良が試みられてくる。そのエポックとなったのが，ベンジャミン・ブース（？-1807）の『完全簿記体系』(1789) である。ブースについては，次章の6－4でもう少し詳しく述べる。19世紀のイギリスで改良されたこのような方法は，イギリス式簿記法といわれている。ただ，イギリス式簿記という時，18世紀後半に登場する複式簿記の簡易簿記としての単式簿記にもとづく記帳システムを時としてイギリス式簿記という場合がある。この点については，第7章で詳しく述べる。

　もちろん，各国においても独自の工夫や改良がなされ，それぞれドイツ式簿記法，フランス式簿記法，アメリカ式簿記法といわれる様々な方法を生みだしてきた。本来，異なる帳簿組織としての説明が，明治30年代になって，決算締切手続の違いとしてわが国に紹介され，大陸式決算法とは異なる英米式決算法として，事実と異なってわが国に紹介されてしまった。この誤った解釈がついこの前まで，あるいは今でも平然と継承されている[16]。

勘定の発展（人名勘定，物財勘定，名目勘定）
　パチョーリ時代と現在の簿記との違いをもう一つあげると，勘定科目の問題がある。歴史研究の上からは，勘定は人名勘定，物財勘定，名目勘定の三つに分けて説明されるが，パチョーリ時代には，この人名勘定が多く用いられていた。人名勘定というのは，その名のとおり，勘定科目に人名が付けられた債権債務に関する勘定である。

　例えば，梅田君にお金を貸せば，当時の帳簿には「梅田勘定」という人名勘定を設け，その勘定の借方に記入した。なぜなら，彼は私に対して借主（＝借方：方というのは人を意味している）になるからである。現在では，梅田勘定ではなく，貸付金勘定の借方に記帳する。この貸付金勘定には，単に梅田君に対する貸付だけではなく，他のすべての人に対する貸付金が記帳される。すなわち，多くの人にお金を貸付けたとき，当初においては貸付けた人数分の勘定が必要であった。しかし，現在では一つの貸付金勘定だけでよいわけで，それ

だけ主要簿内での記帳が簡略化ないしは簡素化されたことになる。ただし，貸付先の明細が必要なため，貸付先明細帳や得意先元帳が別に設けられるため，企業全体として記帳の簡略化がなされたとは，必ずしも言い難いところもある。

　時代が新しくなり取引量が多くなってくると，記帳係は，何とかして，自分達の記帳業務を少なくしたいと思うのは当然のことである。簿記を発展させていった最も大きな原動力は，この記帳業務を簡略化させたいという欲求であり，その工夫にあったといえる。新たなシステムを生み出すのは，まさに人間の叡智の結晶である。唯物史観的な表現をすれば，取引量の増大に伴って拡大していく記帳量の無限性とそれを実際につける人間の能力の有限性の弁証法的な統合過程が，会計の発展過程でもある。

商品勘定の発展

　商業資本が中心の経済社会のもとでは，利益を生み出す中心は，商品勘定である。したがって，この商品勘定が歴史的にどのように展開してきたかは，損益計算史にとって極めて重要なことである。今日われわれが一般的に用いる仕入，売上，棚卸商品といった3分法が登場するのは，時代的にはずっと後になってからのことである。

　パチョーリの時代では，商品勘定は，取扱商品の種類ごとや旅行・航海ごとに勘定を設けて処理していた。例えば，「胡椒勘定」とか「毛織物勘定」あるいは「コンスタンティノープル向け航海勘定」といったように，荷口別に設けられたいわゆる口別商品勘定が一つの元帳内に幾つも設けられた。

商品勘定の統括化のプロセス

　このような会計処理法は，複式簿記の発生当初から18世紀の後半まで続くことになる。しかし，荷口別商品勘定の部分的な統括化の過程は，早くは，16世紀後半のジョン・ウェディントンの『簡潔な指示』(1547)やジェームス・ピールの第2の簿記書『貸借勘定の完全性への小径』(1569)の中に見出せる。そこでは先ず，それほど重要でない雑商品を一括して処理する方法を説明している。17世紀の前半のリチャード・ダフォーンの『商人の鏡』(1635)では，

小間物勘定や食料雑貨勘定を用いて，それほど重要でない商品のみを一括して処理している[17]）。

　雑商品ではなく主要な商品を統括して処理する方法を最初に説いたのは，アレグザンダー・マルコム（1687-1763）である。彼の著書『簿記あるいは商人の勘定に関する論述』（1731）の中では，主要な取扱商品であるワインを産地（スペイン産とフランス産）や色（赤と白）によって区分し，いくつかのワイン勘定に分類し，それを概括商品勘定（ジェネラル・アカウント）と呼ばれる統括勘定で処理している。マルコムに先立つこと20年，アレグザンダー・マギーも同様の概括商品勘定の説明を行っているが，彼の商品に関する勘定は，概括商品勘定というよりもむしろ雑商品勘定に近いと言える[18]）。

　19世紀に入ると，すべての取扱商品を一括して処理する方法が登場してくる。一般商品勘定（マーチャンダイズ・アカウント）の出現である。一般商品勘定という用語を使って処理を説明した最も初期の文献として，ブースの『完全簿記体系』（1789）やパトリック・ケリー（1756-1842）の『簿記の諸原理』（1801），あるいは，ジョン・シャイアーズの『改良簿記法』（1799）等があげられる。彼らは，元帳内に一般商品勘定と呼ばれる勘定科目を用いている[19]）。しかし，彼らの説く一般商品勘定は，呼び方は同じであるが通常の小売売買における統括勘定としての一般商品勘定ではなく，受託販売における統括勘定であり，一種の預り商品勘定としての性質を帯びた特別の勘定であった。したがって，ブースやケリーやシャイアーズのそれを一般商品勘定の初期形態とみなすことはできない。

一般商品勘定の最初の説明

　厳密な意味で，一般商品勘定を説明した最初の簿記書は，ジョン・ランバートの『役に立つ計算，複式簿記』（1812）やジョン・コールドウェル・コールト（1810-c1842）の『複式簿記学』（1838）である。一般商品勘定の出現は，19世紀に入ってからのことである。このように，取引量が次第に多くなってくると，少しでも記帳労力を簡略化させるために，初めは部分的に，そして最後にはすべてを一つの勘定に統合する方法が考え出される。商品勘定は，①口別商品勘定→②雑商品勘定→③概括商品勘定→④一般商品勘定→⑤商品勘定の再分

割,という発展図式を描きながら,遅くとも19世紀の前半までには,その統括化の過程を完了し,19世紀に入って,再び,分割化されてくる。この点については,次章6－2で述べることにする。歴史の展開過程は,この統合と分割の繰り返しである。

売掛金や買掛金についても同じようなことが言える。もちろん,元帳内で統括化が進んでくると,それらの明細を知るために,補助簿が次々と作りだされてくる。主要簿内での統括が行われたからといって,全体としては,必ずしも記帳労務が簡略化されたことにはならない。勘定の統括は,帳簿の分割を生み出し,逆に帳簿の統括は,勘定の分割を生みだしてきた。

アカウンタビリティーと財務諸表

他人に営業の一部ないしは全部を委託している場合,委託された人は,自己の会計責任(アカウンタビリティー)を明確にするため,委託者に対して事業内容の結果を報告する義務を負うことになる。14－15世紀の頃では,遠隔地の支店を任された責任者が本店の最高責任者に対して報告の義務を負うことになる。この役割を果たしたのが,損益勘定や残高勘定であった。

19世紀に入ると,イギリスではトラストとかコンツェルンと呼ばれるような巨大な株式会社が出現してくる。このような会社形態のもとでは,株主へ1年間の経営成果を報告するために,また新たに投資を考えている将来株主から資金を調達するために,彼らに企業内容の概要を報告する必要性が生じてくる。とはいえ,すべての帳簿を開示することは,物理的に困難であり,秘密保持の観点からも好ましくない。そのため,取引の概要を帳簿とは別の紙葉に作成して,それを開示する方法を考え出した。貸借対照表や損益計算書の登場である。ここに至り,会計の報告機能が明確に認識されてくる。会計の役割の中心が情報提供といわれる所以である。

貸借対照表と損益計算書に加えて,1999年4月1日以降に始まる事業年度から,単に親会社だけでなく子会社も含めたグループ全体での連結ベースでのキャッシュ・フロー計算書(資金計算書)が財務諸表に加えられ,その作成が義務づけられた。

精算表の源流

　パチョーリ時代の中世簿記が近代簿記へとその姿を変えて行くのは，17世紀初めのオランダの，まさしくシーマン・ステフィンの時代からである。ステフィンによって，期間損益計算制度が確固たるものとして定着することになる。正確な期間損益を確定していくためには，元帳諸勘定の締切手続を誤りなく行っていくのが大前提である。そのためには，元帳の締切に先立ち，元帳を仮に締め切って，今期の利益がどの程度になるかその概算を計算してみるのは，極めて有効な方法である。決算に先立つ精算表の作成である。この精算表の作成を最初に提示したのがステフィンであった。

　しかし，彼の説く精算表は，今日われわれが一般に用いている試算表，損益計算書，貸借対照表が一緒になった8桁とか10桁と呼ばれる多桁式一覧表形式のものとは大きく異なり，資産・負債・資本と費用・収益が2枚の別々に「状態表」，その証明表としての「損益表」として勘定形式で作成されたものである。一見，精算表ではなく貸借対照表と損益計算書を連想させる。しかし，彼の説く2枚の表は，今日の財務諸表ではなく，機能的には，決算に先立ちその運算のために作成された精算表なのである。この2枚の精算表は，18世紀のイギリス簿記書に継承されていく。18世紀のイギリスで作成された精算表もまた，ステフィンと同様の資産・負債・資本の一覧表と収益・費用の一覧表の2枚に分けられた勘定形式の財務表であった。

　今日のような多桁式一覧表形式の精算表の登場は，19世紀のアメリカまで待たなければならない。この点は，第6章6−3でもう少し詳しく述べることにする。

5-4. 17世紀の時価評価の事例

時価評価の登場

　会計とは，一般に，経済事象を認識し，測定し，伝達するプロセスである。

そのなかでも重要なのは，測定の問題である。測定というのは，利益を計算することであるが，問題は，どのような物差しで利益を計算していくかを決めることである。この測定の物差しとして，会計は，発生以来，取得原価を用いてきた。いうまでもないが，取得原価は，購入したときの取引価格，すなわち市場価値（時価）である。この市場価格での評価額は，時が経つと，現時点の価額との間に落差が生じる。この落差をどのように捉え，その差額を具体的にどのように会計処理するのかが大きな問題である。

伝統的に継承してきた取得原価による測定に対して，時価で再評価する実務は，もちろんまだ公正価値という用語は用いられていなかったが[20]，すでに複式簿記の誕生と同時に行われていた。すなわち，不良債権に対して貸倒損失を計上する実務が行われていたのである。1211年の現存する最古の勘定記録では，貸付金が返済不能になった時に備えて保証人を取り，貸倒損失を計上して貸付金の評価替えを行っている。また，14世紀末のダティーニ商会バルセロナ支店やフィレンツェ支店の帳簿においては，この貸倒損失を「取り戻せない損失」とか「不良債権」として計上している[21]。

このような時価による評価替えの会計処理法は，17世紀後半から18世紀前半にかけてイギリスで出版された簿記書にも数多く見出せる[22]。

モンテージの記帳事例

具体的には，固定資産の時価評価は，1675年にロンドンで出版されたスティーヴン・モンテージの『やさしい借方と貸方』の中に見出せる。彼は，決算に

[図表5-2］　ボナード航海向け船

			l.	*s.*	*d.*				*l.*	*s.*	*d.*
1675 4.10	資本金－総額の8分の1	1	250	－	－	1675 11.25	ピーター・ビッグ－航海による利益の私の取分8分の1	21	75	－	－
11.2	現金－プレミアムと保険	19	7	11	6	1676 4.9	残高－私の持分の価値	40	225	－	－
1676 4.9	損益－利益	39	42	8	6						
			300	－	－				300	－	－

(Monteage[1682], fol.9)

あたり，船を時価で評価替えする前頁［図表5-2］のような記帳例示を掲げている[23]。

またモンテージは，1676年4月9日付の帳簿の締切に際して，「グランジ農場」勘定（図表5-3）の借方に1675年4月10日にリースした農業の価格300ポンドを280ポンドに時価で評価替えして，決算残高勘定に転記する記帳例示をあげている[24]。この残高勘定への振替の仕訳については，「（借方）残高（貸方）グランジ農場，その現在価値(プレゼント・バリュー)に対して－L.280，注：資本の勘定において，このリース［資産］は，300ポンドで評価されていたが，1年の時が経過した今は，その価値が減じるのが相当である。そして［そこから生じる評価損は］，残高勘定には［そこに直接記帳するという］手間を与えることなく，ただ利益を減ずるだけで［充分で］ある[25]」と述べ，時価（市場価値）による評価損を当該資産勘定から直接控除すると同時に，その損失を損益勘定に振り替える記帳方法を説明している[26]。

［図表5-3］　グランジ農場

1675			l.	s.	d.	1675			l.	s.	d.
4.10	資本金－借地権の価値	1	300	－	－	4.23	現金－チーズとバターの代金	2	22	－	－
20	現金－肥料6荷分	2	1	10	－	25	100荷の干草－@35s.	15	175	－	－
21	現金－小麦の種子	2	24	3	－	5.3	16頭の子牛－@17s.6d.	11	14	－	－
24	現金－ベス・ホップスの賃金	2	2	10	－	1676	残高－借地権の価値	40	280	－	－
28	現金－税金	2	1	10	－	4.9					
5.1	ジョン・ボートン卿－6カ月分の地代	16	25	－	－						
1676 4.9	損益－利益	12	136	7	－						
			491	－	－				491	－	－

(Monteage[1682], fol.4)

5-5. 18世紀イギリス簿記書に見る資産評価

マルコムの記帳事例

　1731年にロンドンで出版されたマルコムの簿記書『簿記あるいは商人の勘定に関する論述』では，建物勘定の記帳例示が掲げられ，そこでは，一般的には取得原価で評価するのが好ましいが，その時々のもう一つの価値で評価する［方法］を選択してもかまわない。あなた方は，それらを本当の価値と思っているようにと述べ，時価による評価替えの方法も説明している[27]。

ヘイズの棚卸資産の時価評価

　それに対して，18世紀のイギリスで出版された簿記書の中で，売残商品の評価基準に取得原価ではなく時価を基準にした評価方法を提唱した数少ない簿記書として，1731年にロンドンで出版されたリチャード・ヘイズの『現代簿記』および1741年に同じくロンドンで出版された同書の増補版といえる『ジェントルマンの完全な簿記係』をあげることができる。

　元帳諸勘定の締切に関しては，第7章から第12章までの合計六つの章で説明している[28]。第8章「元帳を閉じることなく勘定を締切る方法」では，「勘定の締切にあたっては，さまざまな種類や方法が行われている。そして，先ず始めに，それがもし商品勘定であり，そして全てが売れ残ったときには，その売れ残った全ての商品に対し，勘定上の借方残高は，現在の市場価値かあるいは取得原価で評価する。第2に，商品の一部だけが売却されたときは，その勘定上の借方残高は，売れないままで残った商品の価値を取得原価か現在の市場価格のどちらかで［評価する］。注．商人たちは，通常，彼らの帳簿を締切るに際し，手持ち商品をその時点で売却可能な市場価格で評価するのが一般的である。しかし，幾人かの商人は，そのようにしていない[29]」と述べ，すべてが売れ残った商品と1部が売れ残った商品との説明を微妙に変えている。すべてが売れ残った商品は，このまま売れないリスクを考え，現在価値で評価すること

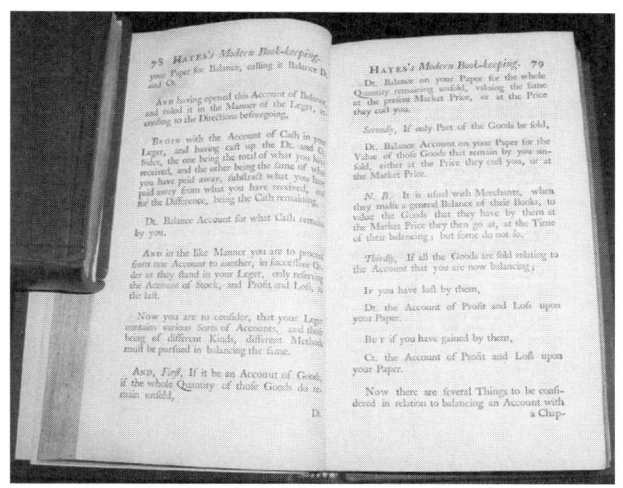

第5章　イタリアからオランダ，そしてイギリスへ　　125

（ヘイズ『現代簿記』（1731）の時価評価を論述している頁）

を推奨しているようにも受け取れる。

ヘイズの時価は売却時価

　彼の言う「現在の市場価値」は，売却可能な市場価格，すなわち売価である。しかし，市場価格で時価評価した商品勘定の取引例示がないため，具体的に評価損をどのように処理していたのかについては，確認できない。同じく売残商品の時価評価を説いたハミルトンの『商業入門』の取引例示では，その評価差額は，実現損益として損益勘定に振り替えられている[30]。当時はまだ所得税法が施行される前であったため，評価損益を実現損益として損益勘定に振り替えたとしても，商人たちの実質的な損得に影響がなかったのであろう。

　いずれにせよ，ヘイズの説明によるかぎりでは，18世紀当時のイギリスの商人たちは，売残商品を市場価額で評価するのが一般的であったと理解することができる。しかしながら，18世紀を代表するジョン・メイヤー（1702 or 3-1769）の『組織的簿記』（1736）や『現代簿記』（1773）を始めとする当時のイギリスで出版されたほとんどの教科書用簿記書では，主に複式簿記の記帳原理を説明するのが目的であったため，ハミルトンを除いて，資産を時価で評価替する説

明や記帳例示は，見られない[31]。

ハミルトンの時価は再調達原価

モンテージより100年ほど遅れて，ロバート・ハミルトン（1743-1829）は，『商業入門』（1777）を出版し，そこで，帳簿の締切は，通常，年1回の締切にあたり「もし商品や他の資産が全て［期末に］手元に残れば，残高表[32]の借方に時価で記帳する。そして，もしこの時価が取得原価と異なるときは，その差額は，損益勘定の適当な側に記帳される[33]」と述べている。すなわち，棚卸商品であるか固定資産であるかを問わず，資産に関しては，時価で評価するのが好ましいと説明し，その評価損益を実現利益として損益勘定に転記する手続きを説いている[34]。この点は，メイヤーと異なるところである。これは，メイヤーの簿記書が当時のアカデミーの教科書用として複式簿記の基本原理を説いたのに対して，ハミルトンの簿記書は，第5部で当時の実務に直接適応できる実用簿記の説明も行っているところから生じている[35]。18世紀イギリスの会計実務では，資産を期末に時価で評価替えする処理法が一般的であったと見なすことができる。

減価償却の登場で固定資産の時価評価は後退

このように，資産に対する時価による取得原価の評価替えの手続きは，すでに複式簿記の誕生とともに登場し，17世紀から18世紀になると当時の商人たちの間で広く行われていたものと思われる。しかし，19世紀に入ると，減価償却という新たな固定資産の費用配分法が登場してくる。それによって，土地を除く固定資産の取得原価と時価との落差の矛盾が緩和され，時価による現在価値への評価替えの問題がそれほど緊急かつ大きな問題ではなくなってきたのであろう。ある意味で，使用による固定資産の減損部分の認識の問題は，継続的に固定資産の減価部分を考慮し，その評価減に該当する金額を減価償却費として毎期の収益から控除するという考えとそれほど大きな違いはない。減価部分を当該固定資産から直接控除する減価償却の登場は，使用による当該資産の時価による評価損の計上の問題を緩和する役割を果たしたものともいえるのではな

かろうか。20世紀初めになると，オイゲン・シュマーレンバッハ（1873-1955）の動態論の登場によって，取得原価主義会計の意義が再び強く主張されてくる。

【注】

1) Littleton [1933], p.368. 片野訳 [1978] 498-499頁。
2) 河原 [2006] 25頁。
3) 河原 [2006] 193-194頁。
4) 河原 [2006] 50頁。
5) 河原 [2006] 193-194頁。
6) 玉木 [2009] 28-35頁。
7) 玉木 [2009] 45-47頁。
8) 玉木 [2009] 64頁。
9) 玉木 [2009] 80頁。
10) Ympyn [1543], grant liure, fol.21. 渡邉 [2005] 79頁。
11) この点については，Jäger [1876] を参照。
12) Jäger [1876], S.109.
13) Have [1956], p.238.
14) Jäger [1876], S.109.
15) 佐野 [1897] 84頁。この点については，渡邉 [1993] 15-19頁を参照。
16) この点については，渡邉 [1993] 第1章を参照。
17) Dafforne [1635], p.11.
18) Macghie [1718], p.14.
19) この点については，渡邉 [1983] 第7章-第9章を参照。
20) 当時の時価は，プレゼント・バリュー，プレゼント・プライス，プレゼント・マーケット・プライス，カレント・バリュー等様々な呼ばれ方をしていた。それに対して取得原価は，一般的には，ファースト・コスト，プライム・コスト等と呼ばれていた。
21) 詳しくは，渡邉 [2013] 123-126頁を参照。
22) 渡邉 [2005] 87-92頁，102-106頁。
23) Monteage [1682], 'Here followeth the Balance of the whole Leidger A', fol.9. 本書は，通し頁が付されていないため，項目のタイトルと分類記号を記した。

24) Monteage [1682], Leidger A, fol.4.
25) Monteage [1682], Leidger A, the fifth page.
26) Monteage [1682], Leidger A, fol.12.
27) Malcolm [1731], p.90.
28) Hayes [1731], pp.75-92. and [1741], pp.75-92.
29) Hayes [1731], pp.78-79. この点については, Yamey, Edey and Thomson [1963], p.116, および, 高寺 [1999] 95-97頁を参照。
30) Hamilton [1788], pp.430-431.
31) 渡邉 [2005] 89-93頁。
32) ハミルトンは, 元帳の締切に先立ち, 締切を正確に行い利益の概算を算出するために, 資産・負債・資本の残高を残高表に費用・収益の残高を損益表に振り替えている。この二つの計算表は, 様式は異なるが, 今日の精算表の役割を果たしていた。この点については, 渡邉 [1993] 第3章を参照。
33) Hamilton [1788], p.285.
34) ハミルトンの『商業入門』(1777) における売残商品の評価については, 渡邉 [2003] 116-119頁を参照。
35) Hamilton [1788], pp.467-488.

第 6 章
産業革命期のイギリスの簿記書

(エディンバラのスコットランド博物館に展示されている蒸気機関車)

6-1. 産業革命前夜の簿記書事情

17世紀イギリスの経済的背景

　17世紀のイギリスの幕開けは，東インド会社の設立（1600年）と共に始まった。16世紀後半以降のいわゆる重商主義の時代は，チューダ朝エリザベス1世治世（1558-1603）の末期から初期スチュアート朝ジェームス1世の治世（1603-1625）のもとで，世界貿易や植民地の争奪をめぐるヨーロッパ列強との世界市場獲得の時代であった。とりわけ，17世紀後半からは，3度におよぶオランダとの覇権争いに勝利したイギリスは，その地位を揺るぎないものとすると同時に，来るべき産業革命に展開して行く黄金時代への助走期でもあった[1]。

[図表6-1］　イギリスの地図

このイギリスの経済的覇権への初期段階でその一翼を担って共に発展して行くのがイタリア式貸借記帳技法としての複式簿記である。それまでは，イタリアあるいはオランダの後塵を拝していたイギリスは，重商主義政策にもとづく海外貿易を含めた国内製造業を中心とする産業振興政策を積極的に展開し，経済発展にとって欠かすことの出来ない複式簿記の導入と普及が精力的に推進されてきた。

　その一つの傍証として，17世紀に入って数多くの簿記書がイギリスで出版されたという事実をあげることができる。だが，17世紀後半に至るまでのほとんどの簿記書は，パチョーリの『スンマ』(1494)で説かれた伝統的なイタリア式3帳簿制，すなわち日記帳，仕訳帳，元帳を主要簿とする記帳システムを継承し，複式簿記による記帳手続の基本原理を解説したものに過ぎなかった。

16－17世紀イギリスで出版された簿記書

　すでに多くの先行研究で明らかにされているように，イギリス人によりイギリスにおいて上梓された最初の簿記書は，ヒュー・オールドカースル（c1510-1543）の『有益な論文』(1543)であるといわれている[2]。しかし，本書は，現存しない幻の書である。

　英語で出版された第2の著書は，オールドカースルと同年にアントウェルペンにおいて彼の死後妻の手によってオランダ語とフランス語の2カ国語で出版されたインピンの『新しい手引』(1543)である。英語版は1547年に出版され，英訳名は，『著名で非常に優れた著作』である。

　オールドカースルの簿記書は，今日に至るまでその存在を確認することが出来ず，インピンの簿記書は，イギリス以外の国で出版された簿記書の英訳版である。厳密な意味でイギリス人の手により出版された最初の現存する簿記書は，1553年にロンドンで著されたジェームス・ピール（？-1585）の第1の簿記書『借方・貸方を理解するための方法と様式』ということになる。16世紀は，いわばイタリア式貸借記帳技法，すなわち複式簿記が主としてフランドル，オランダ経由でイギリスに導入される時期である。

17世紀最初の簿記書

16世紀の導入期を経て17世紀を迎えると，多くの簿記書が相次いで出版される。17世紀最初にロンドンで出版された簿記書は，『会計史文献』によると[3]，1607年のジョン・ブラウンの簿記書である。その他著名な簿記書としては，W.コリンソン（1612），J.カーペンター（1632），R.ハドソン（1633），R.ダフォーン（1635），A.リセット（1660），T.ブラウン（1669），S.モンテージ（1675），E.ハットン（1695）等の簿記書があげられる。

これらイギリスで出版された多くの簿記書に共通して言えることは，イタリア式貸借記帳技法にいくつかの点で改良と創意工夫を加えながらも，基本的には，イタリア式簿記による記帳方法をそのままの形で継承していることである。17世紀前半のイギリスの簿記書では，多くの場合，様々な取引を想定し，それらの想定された個々の取引に対して対話方式で仕訳を示したり，諸取引を類型化しその仕訳を一覧表で示す等，仕訳の方法，元帳への転記方法，損益勘定の締切方法など複式簿記の基本的な記帳システムを記帳例示によってわかりやすく解説する方法がとられている。

6-2. 18世紀に生じた新しい会計問題

教科書用簿記書（理論簿記書）の完成

18世紀のイギリスでは，さらに多くの簿記書や商業数学に関する本が相次いで出版された。それらのほとんどは，主として，当時の最先端の自然科学や化学あるいは簿記などの実学を教えたアカデミーやグラマー・スクールの教科書として著されたものであった。そのため，現実の取引で行われていた複雑な会計実務の具体的な説明を解説するのではなく，複式簿記の基本原理をわかりやすく秩序立てて説明した，いわば複式簿記の入門書として著された本が中心であった。18世紀のイギリスは，16世紀までに見られたイタリア式貸借記帳技法のオランダからの導入期を経て大きく花開くときである。いわば，イタリアで

発生した複式簿記の理論的な計算システムのフレーム・ワークがイギリスにおいて完熟期に入った時代である。

17-18世紀にイギリスで出版された簿記書は，多くの点で，伝統的なイタリア式貸借記帳技法，すなわち複式簿記の基本的な計算構造をわかりやすく説明した理論書とでもいえる教科書が主流であった。

より簡単な簿記へ（単式簿記の誕生）

18世紀のイギリスでは，次の第7章で詳しく述べるが，小規模の小売商のために債権・債務に特化した記帳法としての単式簿記について解説した簿記書が数多く出版された。明治初めにわが国に導入された簿記書の多くは，18世紀から19世紀にかけてイギリスで出版された簿記書の翻訳であった。

1764年に初版が，1766年に第2版が，1771年に第3版が出版され，1世紀以上にわたって版を重ねたチャールズ・ハットン(1737-1823)の簿記論は，宇佐川秀次郎の手によって，1878年（明治11年）に『日用簿記法 完』として翻訳出版された。その草稿となった『尋常簿記法 完』は，1875年（明治8年）に脱稿されている[4]。そこでは，複式簿記の簡便法として単式簿記が紹介されていた。単式簿記を記述した福澤諭吉『帳合之法』(1873)の初編出版2年後のことである。この単式簿記が，わが国では，時として，イギリス式簿記と呼ばれることもある。

商品勘定の再分割

商品勘定の統括化の過程は，すでに第5章5-3で明らかにしたが，ここでは少し時代が新しくなるが，今日の3分割へのプロセスを述べることにする。

荷口別損益から一般商品勘定に統括された商品勘定が再び分割されるのは，19世紀末から20世紀にかけてである。再分割は，先ず一般商品勘定を仕入勘定と売上勘定に2分割することから始まる。時をほぼ同じくして，棚卸商品を加えた3分割が登場してくる。

仕入勘定と売上勘定という用語を使って説明した簿記書にパッカード，ブライアント共著『新ブライアント，ストラットン会計事務所』(1878)があげら

れる。しかし，ここで述べられた仕入勘定は仕入先元帳であり，売上勘定は得意先元帳をさしており，実質的には，商品勘定としての仕入勘定，売上勘定ではない[5]。今日の商品勘定としての仕入勘定，売上勘定の2分割を最初に説明したのは，ジョン・アルバート・カーライルの『簿記の原理』(1896)である。そこで彼は，企業規模が拡大してくると，商品に関する処理を1人ですべて担当するにはあまりにも煩雑で，仕入の担当者と売上の担当者がそれぞれ別個に必要となってくる。それに伴って，元帳で別々の勘定，すなわち仕入勘定と売上勘定を新たに設けて管理する必要が生じてくる。商品勘定の2分割である。業務の分課に伴って，商品の管理上，勘定が2分割されてくると説明している[6]。

　仕入勘定，売上勘定に加えて棚卸商品勘定の3分割について説明した最初の文献は，チャールス・E・スプラーグ(1842-1912)の『勘定の哲理』(1908)である。彼は，現在の実務では，商品勘定は，［期末棚卸］商品，売上，仕入の三つの勘定か，売上と仕入の二つの勘定に分割されると述べている[7]。商品勘定のみで処理する方法では，損益に関する勘定（仕入勘定と売上勘定）と資産に関する勘定（棚卸商品勘定）が混在しているため，混合勘定としての商品勘定を理論的に純化する必要があるとして，3分割による処理法を提唱したのである。

6-3. 18世紀を代表するイギリスの簿記書

　18世紀を代表するイギリスの簿記書は，その多くがスコットランドの中心，北方のアテネと呼ばれ，イギリス文化を花開かせたエディンバラで出版されている。当時，膨大な古典簿記書は，クイーンズ・ストリートに面したスコットランド勅許会計士協会（ICAS）に保管されていたが，現在は，旧市街の国立図書館に移管され，ICASの事務所もエディンバラの中心駅ウェイバリー駅の一つ西，ハイマーケット駅の西南西ハイマーケット・ヤードに移転している。

マルコムの簿記書

アレグザンダー・マルコム（1687-1763）は，1718年にエディンバラで『算術と簿記の新しい論述』を，次いで1731年に『簿記あるいは商人の勘定に関する論述』をロンドンで著した。いずれも当時のアカデミーでの教科書を想定して書かれたものである。マルコムの第2の著作は，「少なくとも，18世紀の会計実務の本質を調べている者にとっては，非常に満足させるものである。例えば，特定の事象を取り扱う場合，マルコムは，……メイヤーよりもさらに多くの情報を与えてくれる[8]」といわれている。マルコムの特徴の第1は，ステフィン簿記論で初めて説明された資産・負債・資本と収益・費用の二つに分けて作成された精算表をルーズ・シートと名付けて作成していることである。第2の特徴は，それまでは荷口別に設けられていた商品勘定を主要な商品について，産地や色によって一緒にまとめて概括商品勘定（ジェネラル・アカウント）として処理している点にある。商品勘定の本格的な統括過程への重要なプロセスである。

メイヤーの簿記書

ジョン・メイヤー（1702 or 3-1769）の簿記書は，複式簿記の原理が，学校教育の観点から非常にわかりやすくかつ簡潔に述べられているのが最大の特徴である。簿記テキストとしての体系化は，ここにほぼ完成の域に達したといえる。

（上からメイヤー『組織的簿記』，メイヤー『現代簿記』，ハミルトン『商業入門』）

メイヤーの簿記書がエディンバラで第8版 (1765),ダブリンで第9版 (1772) を数え,ハミルトンの簿記書もまた第5版 (1802) にのぼり,1820年にはエリアス・ジョンストンの手によって改訂版が上梓されている。ことからも容易に判断できるように,ハットンの簿記書と同様,メイヤーの簿記書がどれだけ多くの人々によって読まれたかが容易に想像できる。

　このことは同時に,当時の商人たちにとって簿記の知識がいかに必要であり,要求されたかを如実に物語っている。簿記の知識を習得していることが,若者にとって良き就職先を得るための有効な条件であり,商人として成功するための必須条件でもあったといえよう。今も昔も変わらぬ真理である。

『組織的簿記』の特徴

　メイヤーの『組織的簿記』(1736) では,パチョーリの『スンマ』以降継承されてきた伝統的な3帳簿制〔日記帳→仕訳帳→元帳〕によるイタリア式貸借記帳技法,すなわち複式簿記の解説と記帳例示が中心である。その例示は,教育上の観点から,わかりやすい簡単な基本的説明に限定されていた。もちろん,付録では,現金出納帳,送り状控え帳,売上帳(売上計算書控え帳),手形記入帳等,合計9冊の補助簿の説明もなされており,日記帳,仕訳帳,元帳の単純な記帳説明にとどまるものではない。

　しかし,これら補助簿の説明は,個別的な例示にすぎず,主要簿との関係が必ずしも明確に述べられているわけではない。そのため,これらの例示のみでは,それぞれの取引を各帳簿にどのように具体的に記帳していくかを体系的に理解するには,必ずしも十分なものであったとはいえない。その意味でも,実務への適用という側面からは,ベンジャミン・ブース(?-1807)の批判どおり,いくつかの課題を抱えていたのもまた事実である[9]。なお,『組織的簿記』の増補改訂版である『現代簿記』が出版されるのは,1773年である。

ハミルトンの簿記書

　ロバート・ハミルトン(1743-1829)の『商業入門』(1777) に関しても,同様のことが言える。本書は,簿記に関する論述ばかりではないが,簿記に関する

説明は，第Ⅳ部「イタリア式簿記」と第Ⅴ部「実用簿記」でなされ，多くの紙面は前者にさかれている。第Ⅳ部では，当時の多くの簿記書がそうであったように，[日記帳→仕訳帳→元帳]の単一3帳簿制を中心に説明している。そこでは，メイヤー同様，現金出納帳，手形記入帳，補助元帳，予備元帳，交互計算帳，送り状控え帳，メモ帳および売上帳，等合計10冊の補助簿の説明をなしている[10]。

しかしハミルトンは，続く第Ⅴ部「実用簿記」で，教科書用としての理論簿記書の限界と問題点を明確に認識していたことがわかる。彼は，イタリア式複式簿記の改良を試み，実務に直接適用できる簿記法について論じ，単なる教科書としての簿記書からの実用簿記書への脱皮を意図していたといえる。メイヤーと異なるところであり，来たるブースの登場を予感させるものでもあった。

ハミルトンの実用簿記

『商業入門』の第Ⅴ部「実用簿記」は，第1章：イタリア式簿記の変形，第2章：現金出納帳と元帳だけによる方法，第3章：利子を考慮する方法，第4章：小売商店主の勘定，第5章：小売商人の勘定，第6章：土地管理人の勘定，第7章：農場主の勘定，の合計7章から構成されている[11]。この冒頭で，ハミルトンは，「第Ⅳ部で，われわれは，厳密な方法あるいは一般的な実務に最もしたがっている簿記の形式を説明してきた。しかしながら，ここで主張してきた諸規則は，決まりきったものではなく不都合なしに変更できるので，会計責任者のうち幾人かの者は，厳密に同じ方法で処理しない者が必ず出てくるであろう。そして[多様な]仕事の性質がいろんな対応を可能にさせるであろう[12]」と述べ，当時の複雑な取引に対応するための適宜な会計処理をも認めていたことがわかる。

メイヤーとハミルトンはともにパース・アカデミーの校長

メイヤーとハミルトンは，ともにパース・アカデミーの校長を歴任している。パース・アカデミーは，もともと1150年セント・アンドリュースの司教がダンファームリン寺院にパース教会へのスコットランド王デヴィッド1世（c1080-

第6章　産業革命期のイギリスの簿記書　139

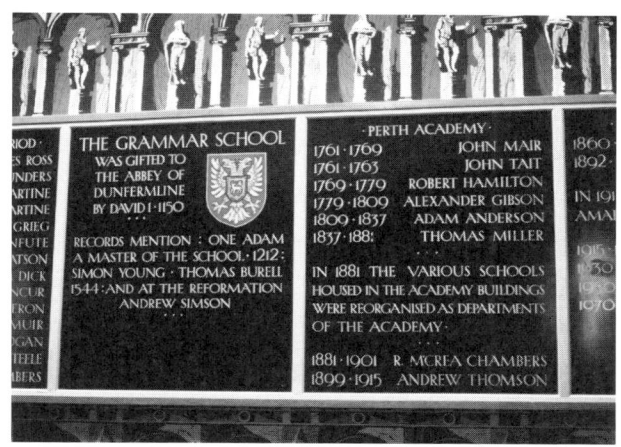

（パース・アカデミーの正面入口の歴代校長を記したプレート）

1153）による寄贈を認めたことから始まるが，直接的な前身は，1560年にパースの地に設立されたグラマー・スクールに求められる。1760年にパースの市の評議会は，グラマー・スクールと併設して，正式にアカデミーの設立を認め，8年間エアー・グラマー・スクールの校長の職にいたジョン・メイヤーを1761年2月23日に初代校長として迎えている[13]。メイヤーは，1769年に校長の職を辞した。その後，1769年から1779年までの10年間，メイヤーの死後その後任としてハミルトンが校長になっている。

メイヤーやハミルトンと並び称される18世紀を代表する簿記書の著者としてあげられるのがチャールズ・ハットンである。19版に及ぶまで版を重ねたハットンの簿記書については，第7章7－5で詳しく述べているので，そちらを参照されたい。

イギリスにおける精算表の最初の実例

ハミルトンの簿記書で興味深いのは，精算表の実例をあげて説明している点にある。精算表の最も初期の事例は，すでに述べたようにオランダのシーマン・ステフィンの「状況表」とその証明表として機能した「損益表」の二つの表に求められる。彼は，決算に先立って，純資産の差額計算によりストックの側面

から利益を概算した「状況表」を作成し，そこで計算された利益をフローの側面から計算された「損益表」の利益によって証明する方法を説明している。

　資産・負債・資本の一覧表と費用・収益の一覧表が二つに分けて表示されているため，様式的には貸借対照表と損益計算書を連想させる。しかし，この二つの表は，元帳締切の前に，決算の運算のために作成されたもので，機能的には，精算表の役割を果たしていたのは，すでに明らかにした通りである。これらは，決して今日の貸借対照表や損益計算書の前身ではない。

　ステフィンの一見貸借対照表と損益計算書を連想させる二つに分かれた精算表は，イギリスのマギーの『簿記の諸原理』(1718) やマルコムの『簿記あるいは商人の勘定に関する論述』(1731) に継承され，ハミルトンでは，その具体的な例示が掲載されている。

多桁式一覧表形式の登場

　複式記帳に関する様々な技法は，そのほとんどがイギリスで出現しているが，今日の多桁式精算表は，イギリスではなく19世紀のアメリカで初めて登場する。1821年にニューヨークで出版されたトーマス・ゴダードの『商人と会計人』に登場するバランス・シートがそれである。彼は，「私は，まったく新しくかつオリジナルな考えによる前述のような一覧表を考案した[14]」と述べ，今日われわれが学ぶ多桁式一覧表形式とほぼ同様の精算表の実例を掲げている。合計試算表，残高試算表，損益勘定，資本勘定，資産負債の状態から成る複会計制度を連想させる10桁精算表の例示である。文面通りに受けとれば，今日の多桁式の精算表は，イギリスではなくアメリカの地で，ゴダードによって考案されたことになる[15]。13世紀に発生したイタリア式簿記の改良システムは，そのほとんどが19世紀のイギリス産業革命期までに考案されたものであったが，数少ない例外としてこの多桁式精算表があげられる。

　繰返しになるが，ステフィンによって提唱された精算表の最も初期の例示は，その後，イギリスの簿記書に接ぎ木されている。18世紀のマギーやマルコム，メイヤーの簿記書に見出せるところである。しかし，そこにはその例示はない。それに対して，ハミルトンの簿記書では，ステフィンと同様の二つの財務表の

［図表6-2］ ゴダード『商人と会計人』第4版（1834）の精算表

ALEXANDER HAMILTON'S BALANCE SHEET, Taken 30th. June 1818.

Folio	Account	Face of Leger. Debit Footing.	Face of Leger. Credit Footing.	Face of Leger. Debit Balance.	Face of Leger. Credit Balance.	Profit & Loss Account. Debit.	Profit & Loss Account. Credit.	Stock Account. Debit.	Stock Account. Credit.	State of the Concern preparatory to transferring Debtors.	State of the Concern preparatory to transferring Creditors.
1	Stock,	5325 55	13391 20		8065 65				8065 65		
2	Cash,	159 20		159 20						159 20	
2	Merchandise,	96132 25	80270 25	15862 00						15862 00	
3	U. S. Branch Bank,	23673 28	13737 55	9935 73						9935 73	
3	Bills Receivable,	65392 88	44458 88	20934 00						20934 00	
4	Bills Payable,	36757 80	74730 30		37972 50						37972 50
4	Isaac Hull,	10172 75	4695 25	5477 50						5477 50	
5	Charles Gracie,	19134 25	18246 50	887 75						887 75	
5	Charges,	683 00		683 00		683 00					
5	Adam Smith,	14626 00	6423 50	8202 50						8202 50	
5	Fisher Ames,	1961 00	5196 00		3235 00						3235 00
6	Interest,	12 75	140 50		127 75		127 75				
6	House Expenses,	542 60		542 60		542 60					
6	Profit & Loss,		13283 38		13283 38		13283 38				
		274573 31	274573 31	62684 28	62684 28						
	Whole amount of Expenses in business					1225 60					
	Whole amount of Gains in business						13411 13				
	Balance of Profit & Loss account being my nett gains in business, which I transfer to the Account of Stock.					12185 53			12185 53		
						13411 13	13411 13				
	Making my nett worth, this day,							20251 18			
								20251 18	20251 18		
	Whole amount of Debts due me									61458 68	
	Whole amount of Debts I owe										41207 50
	Making my nett Capital, this sum, as per Stock Account										20251 18
										61458 68	61458 68

Save Errors, New York, 30th. June, 1818.

Alexander Hamilton

（Goddard［1834］, p.47）

例示を掲げている。ただし，ステフィンの状況表は，ハミルトンとは異なり，借方に負債と資本，貸方に資産が記載され，借方と貸方が逆になっているのはすでに見てきた通りである。状況表を見ていると，まさにイギリス式貸借対照表を連想させるが，決して貸借対照表ではなく，あくまでも精算表として機能していたのである。

ハミルトン簿記書の位置づけ

メイヤーと共に18世紀のスコットランドを代表するハミルトンは，パトリック・ケリー（1756-1842）が説くように[16]，単純にメイヤーの継承者とのみ位置づけるわけにはいかない。なぜなら，第Ⅳ部で伝統的なイタリア式複式簿記を理論的に解説しているが，ここで説明されている諸規則は，必ずしも決まりきったものではなく，自由に変更しても構わないので，何人かの会計責任者は，実際の仕事の性質上，ここで説明した基本的な方法によらずに，実務に対応していろんな変更を加えて記帳するのがむしろ好ましいと述べ[17]，続く第Ⅴ部で，

現実の実務の現場で行われている，単なる簿記の基本原理の説明にとどまらず，現実の実務に適応できる実用的な簿記の説明も行っている。

ハミルトンの簿記書を単純にメイヤーの後継者と位置づけることが出来ない根拠がここにある。

6-4. 実用簿記書の台頭

より簡単な簿記へ（単式簿記の誕生）

18世紀のイギリスでは，小規模の小売商のために債権・債務に特化した記帳法としての単式簿記について解説した簿記書が数多く出版された。その先駆けが『ロビンソン・クルーソー』(1719) の著者として有名な非国教徒のダニエル・デフォー (1660-1731) であった[18]。その後産業革命期を迎えると，数多くの単式による記帳法を解説した簿記書が出版される。

わが国にも，明治の初めに導入され，単式簿記について論述した簿記書が相次いで出版された。その多くは，18世紀から19世紀にかけてイギリスで出版された簿記書を種本にしたいわば翻訳書に近い解説書であった。単式簿記について明確に規定したチャールズ・ハットン (1737-1823) は，1764年に後に何版も版を重ねる名著をニューカースルで出版した。タイトルは，『教師の手引き，あるいは完全な実用数学体系』である。ただ，初版ではまだ単式簿記に関する説明はなく，それを解説したのは第2版『教師の手引き，すなわち様々な質問が飛び交う学校での使用や小売商のための簿記講習にも適応した完全な実用数学体系』(1766) 以降のことである。

この点については，次の第7章で詳しく述べる。

アカデミーやグラマー・スクールの教科書として登場

18世紀のイギリスでは，さらに多くの簿記書や商業数学に関する本が相次いで出版された。それらのほとんどは，主として，当時の最先端の自然科学や化

学あるいは簿記などの実学を教えたアカデミー（非国教徒専門学校）やグラマー・スクール（18世紀頃には中産階級の子弟ために多くの簿記や商業に関する科目を設置）の教科書として著されたものであった。そのため，単に哲学や宗教学やラテン語等だけではなく，新しく登場してくる化学や科学やその他もろもろの実学を教えるための学校が相次いで設立されてくる。そこでは，多くの新しい知見を教えるための講座が開設され，簿記や商業数学に関する実学のカリキュラムも多く取り入れられた。

　こうして数多くの教科書用の簿記書が出版されてくる。しかし，当初は，現実の複雑な会計実務の具体的な説明を解説するのではなく，複式簿記の基本原理をわかりやすく秩序立てて説明した，いわば複式簿記の教科書として著された本が中心であった。18世紀のイギリスは，16世紀までに見られたイタリア式貸借記帳技法のオランダからの導入期を経て大きく花開くときである。いわば，イタリアで発生した複式簿記の理論的な計算システムのフレーム・ワークがイギリスにおいて完熟期に入った時代である。

　そのため，17-18世紀にイギリスで出版された簿記書は，多くの点で，伝統的なイタリア式貸借記帳技法，すなわち複式簿記の基本的な計算構造をわかりやすく説明した理論書とでもいえる教科書が主流であった。

実用簿記への改良

　19世紀の幕開けを直前に，単式簿記の登場に加えてもう一つの新たな潮流が生じてきた。従来のメイヤー等によって代表される教科書用簿記書で説明された記帳例示にもとづく理解，すなわち単純な複式簿記の基本原理の理解だけでは厳密な記録が困難であることに当時の海外貿易に従事した商人たち

（ブース『完全簿記体系』：アバディーンのキングス・カレッジ図書館の所蔵）

は気がついた。そのため，現実の取引に実際に適用できる実用的な簿記書の出版が多くの海外貿易に従事する代理商から望まれた。

われわれは，当時の取引の主流になってきた外国貿易にも直接適用できる簿記法を説いた実用的な簿記書の嚆矢として，「実用的な簿記を」というデフォーの影響を背景に，自らのアメリカ貿易に従事した経験をもとに著したベンジャミン・ブース（？-1807）の『完全簿記体系』（1789）をあげることができる。

わが国への単式簿記の導入

わが国では，かの福澤諭吉（1835-1901）の『帳合之法』初編（1873・明治6年）によって初めて洋式簿記が紹介された。この『帳合之法』は，アメリカ商業学校の教師であったヘンリー・B・ブライアント（1824-1892）とヘンリー・D・ストラットン（1824-1867）の共著による『初等中学簿記』（1871）の翻訳本である。

本書は，初編2冊が明治6年（1873年）に，二編2冊が翌年に出版されている。初編において単式簿記が，二編において複式簿記が紹介されている。これが，スコットランド人アレグザンダー・アラン・シャンド（1844-1930）の口述書『銀行簿記精法』（1873）とともに，わが国で洋式簿記を記述した最初の簿記書である。福澤諭吉の『帳合之法』は，最初に単式簿記に関する初編が出版され，複式簿記に関しては，翌年の明治7年（1874年）であったため，厳密にいえば，わが国における複式簿記に関する最初の簿記書は，明治6年のシャンドの『銀行簿記精法』ということになる。

また先のハットンの簿記書は，宇佐川秀次郎の手によって，明治11年（1878年）に『日用簿記法 完』として翻訳出版された。その草稿となった『尋常簿記法 完』は，明治8年（1875年）に脱稿されていた[19]。そこでは，簿記の簡便法としての簡単な簿記法が単式簿記として紹介されていたのである。

ボストン茶会事件とアメリカの独立

19世紀に入って相次いで登場する実用簿記書台頭の新しい潮流の源をなしたのが，ブースである[20]。彼は，ロンドンのマーチャント・ハウスのニューヨー

(1773年ボストン茶会事件：ボストン湾に停泊中のお茶を満載した東インド会社の貿易船)

ク在住の組合員として活躍していたが，イギリス東インド会社の茶の独占販売権に反対して起こったボストン茶会事件（1773）を口火に勃発したアメリカ独立戦争（1775-1781）では，ニューヨーク在住の王党派(ロイヤリスト)の一員として，反独立運動に積極的な役割を果たしていった。1776年は，独立宣言が大陸会議によって採択された日であり，ハミルトンの簿記書出版の1年前，経済学の父と呼ばれるアダム・スミス（1723-1790）が『諸国民の富』を上梓したのと同じ年である。

50人近いボストンの住民が，1773年12月6日，ボストン港に停泊していた東インド会社の船を襲い，「ボストン港をティー・ポットに！」と叫びながら，すべての茶箱を海に投げ捨てたといわれている。これが有名な「ボストン茶会事件」である。

その結果，独立後には彼の財産はすべて没収され，1779年11月にニューヨーク商業会議所を辞任し，ロンドンに立ち帰った[21]。アメリカを追放され，いわば，丸裸で途方に暮れて本国イギリスに舞い戻ったというのが実情であった。ブースが『完全簿記体系』を出版したのは，帰国10年後の1789年のことであった[22]。17年後の1796年にブリストルで出版された『ジョーンズのイギリス式簿記』が4,000名を超える予約者と今日のお金に換算してざっと5,000万円にものぼる予約金を集めたのに対して，果たしてブースは，いかほどの予約者を募ることができたのであろうか。

ブース簿記書の特徴

　ブース簿記書の特徴は，わかりやすさと簡便さを持つ単式簿記の利点を複式簿記によって説明しようとしたところにある。具体的には，実務に携わる商人たちの要望に応えて，分割（特殊）仕訳帳制および補助簿の体系的使用，月次一括仕訳，荷口別商品勘定に代わる一般商品勘定の使用，売上計算書控え帳，植民地での交互計算帳〔カレント・アカウント・ブック〕（債権と債務の両建による現時点での債権債務の残高帳），年2回決算の推奨等を詳細に説いた。なかでも，左頁と右頁ではなく，1頁を二つに分けて左半分を借方，右半分を貸方という現代の元帳フォームを簿記書において提示した最初の人も，ブースであった。

　彼は，メイヤーで代表される従来までのほとんどの簿記書が単に簿記の記帳体系を理論的に説明しただけの教科書であり，実務に適用しようとした時には，ほとんど役に立たないと批判した。驚いたことには，従来までの多くの簿記書にもとづいて大規模な経営に複式簿記を適用してみようとしたとき，その実務に適応できる簿記書は，ほとんどなかった。私がこれまでみてきた簿記書は，それを引き受けるには全く能力を欠いているか，または彼らの理論を経験によって試してみる機会を持ちあわせていなかった人々によって著されたように思えてならないと述べ[23]，従来の教科書用簿記書に対する批判と同時に，自らの著書上梓の意義を強調した。

　しかし，皮肉なことに，ブースの掲げる例示は，実用性を重視したあまりに必要以上に複雑となり，汎用性が軽視され，かえってその実用性が損なわれてしまったという批判が，W.テイトによってなされた[24]。過ぎたるは及ばざるがごとし，ということであろうか。

ケリー簿記書の特徴

　メイヤーに代表される教科書用簿記書の持つ課題をデフォーによって提唱された小売商向きの単式簿記の簡便性とブースの説く貿易商や卸売商向きの改良簿記の実用性の両者を取り入れようとして著されたのが，パトリック・ケリー(1756-1842)の『簿記の諸原理』(1801)である。ケリーは，日記帳→仕訳帳→元帳の伝統的な3帳簿制を踏襲しながら，現金出納帳，手形記入帳，送り状控

え帳や売上〔計算書控え〕帳等の補助薄からの月次仕訳（この点はブースと同様であるが，必ずしもすべての取引について月次仕訳がなされているわけではない）による記帳業務の簡略化等を重視し，可能な限り実用性のある簿記法の説明を行った。

　ケリーは，まえがきで，簿記小史と題して，複式簿記の起源を中世ないしは近世初頭のイタリアに求め，パチョーリの『スンマ』（1494）からエドワード・トーマス・ジョーンズの『ジョーンズのイギリス式簿記』（1796）に至る約300年間にわたって出版された主要な簿記書を取り上げ，複式簿記の歴史を簡単に振り返っている。恐らく，会計の沿革に関して体系的に論述した最初の簿記書であろう。なお，ケリーの簿記法については，第7章7－6でもう少し詳しく述べる。

ブースの後継者たち

　ブースの流れを組むものとして，J. H. ウィックス，ジョン・シャイアーズ等の簿記書があげられる。19世紀を迎えると，これらと同じ種類に属する簿記書としてジョン・セジャー，ジェームス・モリソンあるいはフレデリック・W・クロンヘルム等の著作が相次いで出版されてくる。ジェームス・モリソンから直接的な影響を受け，ブースの実用簿記法を継承したのがクラーク・モリソンであり，その他にもベンジャミン・F・フォスター等の簿記書があげられる。

　アメリカ人による最初の簿記書といわれるウィリアム・ミッチェル（1763-1854）の『新完全簿記体系』（1796）も，同一系譜に属する簿記書として位置づけることができる。

　19世紀のイギリスは，一方では小規模な小売商にも適用できる簡単でわかりやすい単式簿記が，もう一方では実用簿記とか改良簿記とかいう名のもとに，従来の教科書用簿記書とは異なった，新しくそしてより実用的な手法を説いた簿記書が登場してくる時代であった。一方ではより簡単に，他方ではより複雑に，相反する二つのものが時を同じくして登場してきた。それもまた，時代の要求のなせる業であろうか。

6-5. ストック重視からフロー重視への転換

近代イギリスの損益計算制度の主流

　18世紀後半から19世紀の前半にかけてのイギリスにおける損益計算思考の主流は，19世紀前半以降，貸借対照表や損益計算書の作成が一般的に行われるに至るまでは，いわゆる資産・負債の実際有高にもとづき財産法的に算出された期間利益を継続記録にもとづき損益法的に算出された利益によって証明するという考え方にあった。複式簿記によって算出された損益，したがって損益勘定で求められた損益は，実地棚卸で求められた企業損益を証明するための手段であった。発生当初の複式簿記における損益計算の中心は，ストックの側面からの損益計算にあったと言えよう。しかし，そのストックで求めた利益の信憑性に疑義がはさまれた時，その疑念を払拭するために，フローの側面から求めた損益で証明するに至ったのである。これが継続的な記録を前提にした複式簿記である。すなわち，複式簿記の第一義的機能は，明らかにその証明機能にあった。証明する側と証明される側，どちらが信頼に値するのかは，いうまでもない。フローの側面からの計算，すなわち収益と費用の対応計算こそが800年も続いてきた信頼できる取引の記録システム，すなわち複式簿記の損益計算構造の原点なのである。

　証明手段としての複式簿記に内在するこの基本構造は，その発生と同時にア・プリオリに規定されていたということができる。複式簿記は，その完成と同時に，帳簿記録にもとづく損益計算が原点であり，したがってそこでの測定基準は，必然的に，取得原価にもとづくものであった。ついでに言えば，測定の前段階である認識基準は，その発生した当初から，現金主義ではなく発生主義にもとづいて費用・収益，あるいは資産・負債・純資産を計上してきた。

ストック重視の利益思考の残影とフロー思考への転換

　しかし，複式簿記の発生当初からその完成に至るまでの間，イタリアから継

承されてきたビランチオ重視による利益分配思考は，その後も長く商人たちの意識の中に留まっていたものと推測される。なぜなら，絵に描いた紙の上で計算された利益ではなく実際に手に取って確認できる利益の方が安心できるからである。費用・収益の対応によるいわば原因の側面からの抽象的な損益計算よりも，結果の側面からの具体的な損益計算がより安心できるという気持ちは，長く商人たちの意識の奥底に横たわっていたのであろう。

　これらのストック中心の損益計算思考に大きな転換を促したのは，次の二つの要因が影響したものと思われる。一つは，18世紀の後半から19世紀にかけて，アメリカとの海外貿易が盛んになり，委託販売・受託販売あるいは代理商取引が拡大してきたことに起因している[25]。代理商のもとでの利益の発生原因の中心は，手数料収入であった。このような状況下では，正味財産の比較による財産法的損益計算は，ほとんどその意味を持たなくなる。費用・収益の比較によるいわゆる原因の側面からの抽象的な損益計算がより重要になってきた根拠が

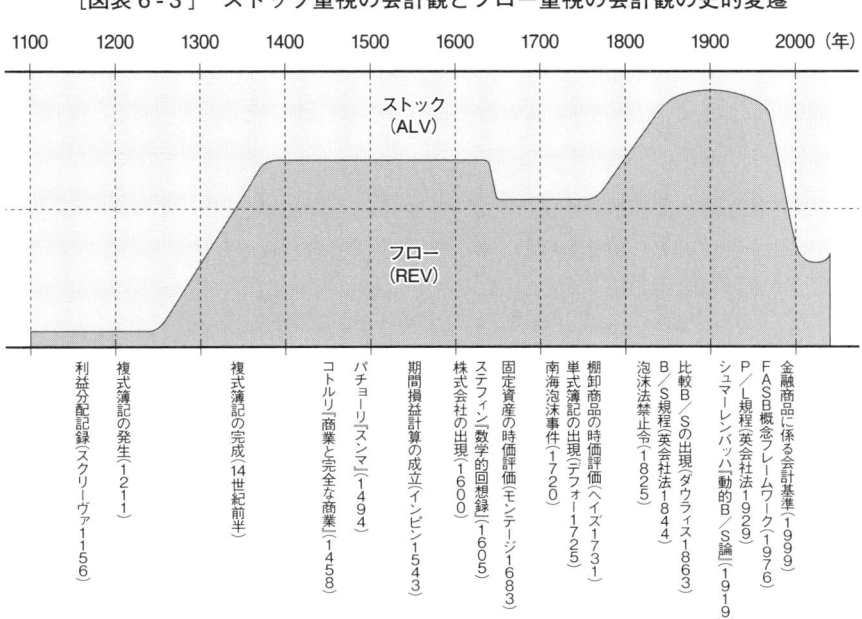

[図表 6 - 3] ストック重視の会計観とフロー重視の会計観の史的変遷

ストック（ALV）
フロー（REV）

利益分配記録（スクリーヴァ 1156）
複式簿記の発生（1211）
複式簿記の完成（14世紀前半）
コトルリ『商業と完全な商業』（1458）
パチョーリ『スンマ』（1494）
期間損益計算の成立（インピン 1543）
ステフィン『数学的回想録』（1605）
固定資産の時価評価（モンテージ 1683）
南海泡沫事件（1720）
単式簿記の出現（デフォー 1725）
棚卸商品の時価評価（ヘイズ 1731）
泡沫法禁止令（1825）
比較B／Sの出現（ダウラィス 1863）
B／S規程（英会社法 1844）
P／L規程（英会社法 1929）
シュマーレンバッハ『動的B／S論』（1919）
FASB概念フレームワーク（1976）
金融商品に係る会計基準（1999）

ここにある。

フロー計算の情報価値

　今一つの要因は，そしてこれが最も重要であるが，産業革命を期に，運河会社や鉄道会社あるいは製鉄会社や石炭会社の出現によって巨額の資本を調達する必要性が強調されるに至ったことである。かつて大塚久雄（1907-1996）は，「『株式会社』は個別資本が集中の過程において，しかも特に『結合』なる仕方によって，より高き個別性の中に自己を止揚し，もって諸個人資本が社会化された一個別資本に転化する過程においてとるところの形態である。一言にして表示すれば，それは個別資本の集中形態であることがあきらかである[26]」と規定した。個別資本の集中形態としての株式会社で最も重要なことは，どれだけ多くの株主達からどれだけ多くの投資を引き出すことができるかにかかっている。そのためには，投資がいかに有利で，いかに安全かを具体的な数字で証明する必要があった。そのために作成されたのが財務諸表であり，その中でも，配当の有利さをわかりやすく説明するためには，フローの側面からの計算により強い説得力があったのではなかろうか。

【注】
1) 16世紀の後半から始まったイギリス重商主義政策とは，1776年のアメリカ独立宣言および1783年の独立までの約2世紀間のことを指している（大野編［1973］485-511頁）。
2) Kats［1926a］, p.483. なお，この論稿（pp.483-487）は，オールドカースルに関する論考であり，メリスに関する論及は，Kats［1926b］, pp.641-648, に掲載されている。メリス自身は，その序文において，彼の簿記書がオールドカースルに依拠して執筆されたと述べている（Mellis［1588］, 'To the reader'）。
3) ICAEW［1975］, p.70.
4) 西川［1982］128-134頁。
5) 小島［1973］15頁。
6) Carlill［1896］, pp.30-31.
7) Sprague［1907］, p.181.

8) Yamey, Edey and Thomson [1963], pp.172-173.
9) Mair [1736], Appendix, pp.1-13.
10) Hamilton [1788], pp.458-465.
11) Hamilton [1788], pp.467-95.
12) Hamilton [1788], p.467.
13) Smart [1932], pp.80-84.
14) Goddard [1834], p.48.
15) 渡邉 [1993] 56-57頁。久野 [1985] 155, 158頁。
16) Kelly [1801], p.viii.
17) Hamilton [1788], p.302.
18) デフォーの単式簿記については，早くより高寺 [1974] と高寺 [1982] によって紹介されている。その後，中野 [2007] でも取り上げられている。
19) 西川 [1982] 128-134頁。
20) ブースが登場するに至る潮流については，本書の図表7-5「複式簿記改良への流れ」を参照。
21) Bywater and Yamey [1982], pp.190-191.
22) ブースの簿記書については，渡邉 [1993] 第Ⅱ部第7章を参照。
23) Booth [1789], p.5.
24) Bywater and Yamey [1982], p.194.
25) 渡邉 [1993] 第6章を参照。
26) 大塚 [1969] 17頁。

第 7 章

18－19世紀イギリスにおける新たな潮流
― 複式簿記と単式簿記 ―

（バーンズやスコットを展示している
作家美術館の看板：エディンバラ）

第7章　18-19世紀イギリスにおける新たな潮流－複式簿記と単式簿記－　155

7-1．簿記は複式簿記として誕生

単に簿記といえば複式簿記

　簿記の生成史を考えるにあたって，簿記をどのように捉え，どう定義づけるかは，重要である。簿記を分類するとき，いろんな分け方があるが（例えば商業簿記と工業簿記，あるいは教科書用簿記と実用簿記等），一般的には，複式簿記と単式簿記の二つに分けられる。従来までの解釈からすれば，簿記史ないしは会計史研究の出発点は，複式簿記の生成史であって，決して単式簿記の生成史ではない。A.C.リトルトンは，「『簿記』なる用語は一般に『複式簿記』にかえて用いられており，かならずしも，それは複式と単式との二つ［の］簿記概念を包括するものではない[1)]」と述べ，われわれが簿記の歴史というときには，複式簿記の歴史を指していることを示唆している。

　簿記は，13世紀の初めにイタリアの北方諸都市で取引を記録する技法として産声をあげたが，その誕生当初から取引を2面的に捉える技法として機能していた。複式簿記として歴史の舞台に登場し，決して単式簿記として誕生したのではなかった。

取引の2面性は等価交換の結果

　商取引は，物々交換であれ，現金決済であれ，基本は，等価交換で行われる。その交換が真に等価で行われたのかそうでないのかは，ここでは問わないことにする。なぜなら，当事者は，内心お互いがそれぞれ得をしたと思うからこそ交換が成り立つわけで，その意味においては，不等価交換なのかも知れない。したがって，必ずしも等価でなくても，現実に交換することを了解した上での取引であれば，結果的には，お互いが納得したという意味で等価交換されたことになる。したがって，等価交換である以上，一方（出or入）だけで成立するのではなく，必ず同一価額のもう一方（入or出）が存在する。すなわち，売手と買手が存在する。たとえそれが，用益との交換であっても同じである。

ここでの価値の出と価値の入りは，ある意味で原因と結果であり，フローとストックということもできる。この2面性にこそ，歴史的には，企業簿記が単式簿記ではなく複式簿記として最初に誕生する根源的で現実的な根拠が存在する。

　交換取引は，売手と買手の同一金額による両面からの記録，すなわち複式によって記録されることになる。後世，この複式による記録をより分かりやすくかつ簡単にするために，略式の記録方法が考案される。これが単式簿記である。したがって，取引を記録するための手段としての簿記は，先ず，複式簿記として成立したのである。決して，単式簿記から複式簿記へと進化して行ったわけではない。

7-2. 企業簿記としての複式簿記

木村和三郎の簿記観

　かつて木村和三郎は，1933（昭和8）年1月と2月に『會計』第32巻第1号と第2号において「複式簿記と企業簿記」と題する論考を発表した。そこでは，「この小論の目的は，……複式企業簿記の本質を闡明するために，これを複式簿記と企業簿記とに分解して両者の本質を明らかにし，前者は單なる計算型式なるに反し後者は實質的であり，記録の内容にその本質を有し，從って会計主體（企業）の目的より當然その性質が決定を受けるものなる事を述べ，次で前者の超歴史性，技術的概念なる事，後者の歴史性，経済的概念なる事を高調せんとするにある[2]」と述べ，記録手段としての簿記を複式簿記と企業簿記に分解して，その本質を悟性的に解明しようと試みている。

　木村は，複式簿記の本質について述べられているいくつかの文献を紹介しながら，これらに共通するのは，記帳された内容に関する実質的な説明，すなわち記録された事象の説明に終始し，「複式簿記の本質の説明に當って記録の實質的内容に準據することは根本的に誤謬である。……蓋し複式簿記なるものは單なる記録計算組織に過ぎないものであるから」とし，「前掲の複式簿記の説

第7章　18-19世紀イギリスにおける新たな潮流－複式簿記と単式簿記－　　157

明は凡そ複式商業（企業）簿記の説明，複式簿記を採用する商業簿記の説明であって決して複式簿記の純粋な本質の述述ではない[3]」と述べている。

簿記の本質は形式か

　木村は，さらに「複式簿記の本質の闡明には絶対に形式的でなければならない。それには商業簿記の臭味を聊かも混入するを許さぬ。……複式簿記の本質は次の二點にある。一．勘定形式を用ふる事。二．複記する事，従って勘定間の關係として貸借の平均が維持される事。複式簿記を複式簿記ならしめる本質は此の二點以外には求められぬ[4]」とし，「複式簿記は財産目録の助けを借りて貸借對照表を作成し損益の構成内容を明らかならしめ……損益の二重表示をなすと云ふ命題は凡そ複式簿記に關する所ではなくて企業簿記の説明である。單式簿記との比較に於て複式簿記を説明するものではない[5]」とも述べている。

簿記も歴史的産物では

　確かに近代科学の手法として，ものの本質を明らかにするに際し，先ず初めに，分析的に接近する手法（ヘーゲルでいう悟性論的接近法）が有効であることを否定するものではない。しかしながら，すべての事象は，それ自体が単独で存在するのではなく，それを取り巻く世界内存在として歴史的制約を受けている。したがって，現実には，商人の創意工夫として発生した複式簿記もまた，悠久なる歴史の営みの中で，企業簿記ないしは商業簿記として生成したのは，紛れもない事実である。自らがこの計算技法を進化させてきた事実を論理展開の枠組みの外において論究しても，そのような手法のみによっては，決してその本質を見極めることはできないであろう。複式簿記を単なる純粋計算技法として捉える形式的接近法と複式簿記を企業簿記ないしは商業簿記としての捉える実質的接近法に二分して行う分析的手法で，果たして複式簿記の本質にたどり着くことができるのであろうか。簿記は，数学とは異なるのである。

簿記は自然科学とは異なる

　私は，このような分析的手法のみによる接近法では，いかなる社会科学もそ

の本質を明らかにすることはできないと考えている。いわんや日々の商取引の中で商人たちの叡智によって考案された複式簿記であるなら，なおさら当時の時代背景を切り取って，純粋にその計算手法だけを抽出してもその本質に接近することは極めて困難であると言わざるを得ない。本書の「まえがき」で述べたように，われわれ個人がすべて時代の子であるように，複式簿記もまた商人たちの悠久なる歴史の営みの中で誕生し，そして自らを進化させてきた。歴史という枠組みを外しては，いかなる科学も，たとえ数学の如き自然科学といえども，もはや学問として成立しえないのである。

リトルトンが考える簿記の本質

　A. C. リトルトン（1886-1974）は，先に示したドゥ・ルーヴァの複式簿記の三つの生成要因に対して，1．資料（簿記で整理せらるべきもの），a.私有財産（所有関係を変更する力），b.資本（生産に用いられる富），c.商業（財貨の交換），d.信用（将来財貨の現在使用），2．表現手段（資料を表現する手段），a.書法（永久記録の手段），b.貨幣（交換の手段，計算の共通尺度），c.算術（計算の手段），をあげ，これらの諸要素が経済的社会的環境によって綜合的な力を与えられたときに，これから産みだされてくるものが，3．方法（資料を体系的に表現する方法），すなわち簿記であるとした[6]。

　リトルトンによるこのような考え方が先の『會計』に掲載された木村の論考「複式簿記と企業簿記」と同年に発表されたという事実は，歴史の偶然とでもいうのであろうか，それとも必然なのか極めて興味深いところである。リトルトンによれば，「これらは簿記を生成する基本的要素であるが，それが単に歴史的に出そろったというだけでは簿記を産みだし得るものではない。これらの諸要素はいずれも古代においてある種の形で現れていたが，早期の文明は今日われわれの理解する意味での複式簿記を産みだし得なかったのである[7]」。

富から資本への転換が簿記を誕生

　その理由として，1072年にトルコ軍によって攻略された聖地エルサレムを奪回するために1096年か1272年に至って結成された十字軍の遠征によって，多く

の資本と利益が北部イタリア諸都市に蓄積されたことをあげている。すなわち,「古代文明の富は船となって活動せず,むしろ宮殿となって停滞した。しかし,中世イタリーでは,1200年から1500年にわたり,資本は一路生産方面に駆りたてられた。金のある貿易業者は自ら船をもち,資本を賭してこれに商品を満載した。もっとおだやかな行き方をとるものは,匿名組合員の出資を得て,自らは業務執行組合員として活動した。さらに安全な途をえらぶものは,船を担保に金を貸すとか政府に金を貸すとかした[8]」。その結果,単なる富が利益を産み出す資本に転嫁し,商業の飛躍的な発展や信用取引の発生,あるいはアラビアから導入された計算技法としての算術等と相まって,複式簿記が誕生したのである。

複式簿記は企業簿記として誕生

こうして誕生した複式簿記の最大の特質は,単に記帳の二重性や貸借の均衡性に止まるものではない。「完全な簿記が成立するがためには,均衡性と二重性以外にさらに別の要素が加わらなければならない。この追加さ〔れ〕るべき要素とは,いうまでもなく,資本主関係 Proporietorship —すなわち,所属財貨に対する直接的所有権と発生した収益に対する直接的要求権—である。この要素を欠くときは,勘定記入(帳簿記入)は,たんに相互に対応する記入の内容を要約してこれを適切な形式にまとめるということにすぎなくなる[9]」のである。単なる二重分類記録ではなく,「利潤計算こそが完全な体系的な簿記の職分であったのである。人はそれを複式簿記と呼[10]」んでいる。

簿記すなわち複式簿記の原点は,利益計算であり,このことは,まぎれもなく簿記は,フローとストック,言い換えると原因と結果という二つの側面から企業の利益を計算するための技法であることを示している。簿記は,企業の損益を計算する複式簿記として誕生したのである。決して,初めに単式簿記として誕生し,後にそれが進化して複式簿記になったのではない。概して歴史は,単純なものから複雑なものを生み出すのではなく,複雑なものから単純なものを生み出すのである。

7-3. 簡単な簿記への要求

小規模小売商の要求

　13世紀の初めに複式簿記は，商業資本の勃興と共に，企業簿記として誕生した。時移り，18世紀後半のイギリスで，複式簿記の簡便法としての略式簿記，すなわち単式簿記(シングル・エントリー)が当時の小規模な小売商人やアカデミーやグラマー・スクールの簿記の教師のために考案される。すでに完成していた複式簿記の代替法として，小さな街の商店にも適応できる簡便な取引の記録手法，とりわけ債権・債務の残高計算として考案されたのがシングル・エントリー，すなわち単式簿記である。18世紀後半にイギリスで登場する単式簿記は，わが国で一般に理解されている現金の収支記録に限定した財産の管理計算として用いられる記録システムとは大きく異なるものである。

　複式簿記は，13世紀初めの発生以来18世紀後半に至るまでずっと，日記帳(ウェイスト・ブック)→仕訳帳(ジャーナル)→元帳(レジャー)という3帳簿制を採ってきた。商人たちは，日々の取引を正確に記録しておくことの必要性を十分に理解していた。しかし，このイタリア式簿記法（複式簿記）では，複雑であまりにも難しいため，もっと簡単に日々の取引を記録する方法はないのかという強い要望が特に小規模の小売商を中心に出てくる。そこで登場するのが単式簿記である。

単式簿記は略式簿記

　そこでは，日記帳と仕訳帳を合体させた仕訳日記帳(デイ・ブック)が用いられ，元帳には債権と債務に関する勘定（諸向貸借勘定(しょむこうかしかり)＝カレント・アカウント）だけを設けて交互計算（債権と債務の相殺を取引の発生ごとではなく半年とか1年ごとに相殺する方法）を行う複式簿記の簡便な代替簿記が用いられた。小規模な商店では，たとえ正確であり，かつ重要であると分かっていたとしても，複雑な記帳方式は，敬遠されがちである。そのため，可能な限りやさしくて簡単な記録システムとして誕生したのが単式簿記である。従来までの主要簿である日記帳

と仕訳帳を一緒にした仕訳日記帳が新たに用いられた。元帳には，債権と債務および残高勘定だけが設けられ，他の一切の勘定は省略された。当然のことながら，そこからは損益計算は，出来ない道理である。記帳にかかる負担を可能な限り軽減しようとして発案されたのが単式簿記なのである。名前は単式簿記(シングル・エントリー)であるが，実質的には単純簿記(シンプル・エントリー)である。

　したがって，この複式簿記の簡便法として登場する略式簿記としての単式簿記は，中世イギリスの荘園会計における財産管理のための記録システムとしてのいわゆるスチュワードシップ・アカウンティングとは，分けて考えなければならない。簿記は，複式簿記として成立し，18世紀後半のイギリスで，その略式法ないしは簡便法として単式簿記が出現することになる。それ故にこそ，今日においても，複式簿記と単式簿記が併存しているのである。もし，単式簿記から複式簿記が揚棄されたのであれば，複式簿記の成立と共に，単式簿記は，その役割を終えて消滅しているはずである。

複式簿記は資本勘定を頂点にした閉ざされた体系的組織

　イギリスにおける最古の勘定記録は，1130年頃に今日の財務省にあたるエクスチェッカーが国王に支払うべき地代や租税等を記載した帳簿であると言われている[11]。またしばしば，イギリスにおける荘園会計で用いられた「チャージ・ディスチャージ報告書」が時として複式簿記の萌芽的形態であると見なされることもある。しかし，これはあくまでも荘園領主に対して代理人が自らの説明責任を果たすために，責任の受託(チャージ)とその履行(ディスチャージ)を説明した報告書に過ぎないのである。決して，複式簿記による記録ではない。なぜなら，すでに述べたように，複式簿記とは，資本勘定を頂点にした勘定間の閉ざされた体系的組織が形成されて初めて成立する損益計算のための記帳技法であるからである。複式簿記は，企業簿記として初めて成立するのである。

荘園会計には会計の条理はない

　チャットフィールドも述べているように，このチャージ・ディスチャージ報告書は，「15世紀のスコットランドにおいて政府の会計官が不動産会計で使用

し展開され，それをイギリスの荘園stewardが採用したのであり，管財人が広く用いるようになったのはそれから300年も後のことである[12]」。責任の受託とその履行といった二つの側面から記載された報告書という理由から，ここに複式簿記の原初形態を見出す解釈も1部に見られるが，そのような考えは，誤りと言わざるを得ない。「我々は中世の簿記に事実以上のものを求めすぎているのかもしれない。会計の継続性，比較可能性の如き現代の条理は，［当時のチャージ，ディスチャージ報告書のなかには］ほとんど存在していなかった[13]」といえるからである。

7-4. デフォーの説く簿記法

デフォーの本名

　産業革命前夜にブルジョワジーの代弁者として活躍した商人でありかつ経済思想家であったダニエル・デフォー（1660-1731）が『完全なイギリス商人』を著したのは，1725年のことである[14]。本名は，ダニエル・フォー（Daniel Foe）であるが，Foeというのは，「敵意を抱く相手」とか「かたき」とか「反対者」とか「害を与えるもの」というマイナスのイメージが強かったため，本名の前にDeというフランス語やスペイン語やイタリア語でしばしば出身地を示す語を付けて，否定的なイメージを消し去ろうとしたのではないかといわれている。

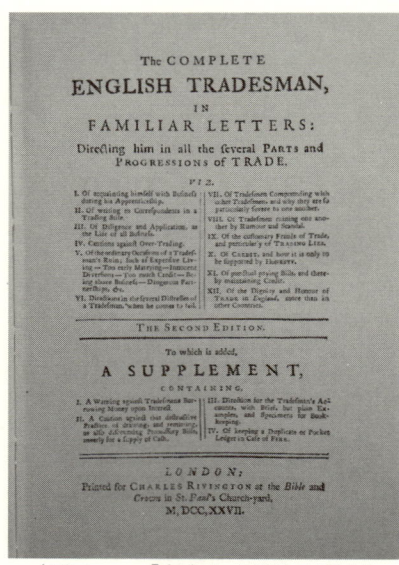

（デフォー『完全なイギリス商人』第2版のタイトルページ）

経営学の先駆者

わが国では,『ロビンソン・クルーソー』(1719)の著者としてあまりにも著名なため,彼のいわばイギリス経営学の先駆者としての位置づけを忘れがちである。

デフォーは,第20章「商人の帳簿のつけ方および小売店での計算」の冒頭で「イギリス商人は、少なくとも年に1度は、自分たちの資本勘定や損益勘定の残高を求めるのが古くからのそして好ましい慣習であった[15]」と述べ,通常それは,クリスマスか新年に行われるとしている。また,「正確に帳簿をつけることは,商人の繁栄にとって一つの基本的な要因である。帳簿は,商人の財産の登録簿であり,資本の目録でもある。世の中の商人が持っている[重要な要素の]すべては,次の三つのものの中に見出されるに違いない[16]」として,商品,現金,債券・債務をあげている。

すなわち,日常の取引を記帳するにあたって,とりわけ小規模の小売商にとってはあまりに複雑で厳密な取引記録が要求されると記録すること自体が億劫になるため,商人にとって最も重要な三つの要素である商品,現金,債券・債務についてしっかりと記録しておくことが重要と判断し,厳密な複式簿記による記録ではなく,三者に重点を絞った記録システム,すなわち単式簿記を提案した。とりわけ,商品と現金は,現物であるため実際に確認できるが,債権・債務に関しては,取引記録がなければその残高を確認することができない。そのため,商人にとっては,この債権・債務の管理が極めて重要であったものと思われる。

デフォーの帳簿組織

デフォーは,主要な帳簿として,「現金出納帳」,「小口現金出納帳」,「仕訳日記帳あるいは仕訳帳」,「覚え書き控え帳」の四つを掲げ,その集約として「元帳」をあげている[17]。その他に,補助簿として,「備忘録」,「小口債務帳」,「手形記入帳」をあげている[18]。元帳は,「最も大きくかつ主要な帳簿であるだけではなく,すべての簿記[手続き]の最後に位置する重要な帳簿なのである。なぜなら,これまでに述べたすべての帳簿は,元帳に集められ,[そこでの]

残高のみが転記され再現され，個々の項目のために仕訳帳(ジャーナル)や仕訳日記帳(デイ・ブック)を照合し［た結果］，元帳の勘定科目は，簡潔で一般的になる[19]」からであるという。

単式簿記の特徴

　後で述べるように，デフォーを先駆けとし，チャールズ・ハットン（1732-1823）によって明確に規定された18世紀イギリスで登場する単式簿記は，日記帳と仕訳帳を合体させた仕訳日記帳を用いているところにその特質の一つがある。これらの点から判断すると，デフォーのいう簿記は，ハットン以下18世紀イギリスで明確に規定された単式簿記や明治初頭に福澤諭吉を始めとして洋式簿記を紹介したわが国の多くの簿記書で述べられた単式簿記とは，必ずしも完全に同一の帳簿組織とは言えない。なぜなら，デフォーの簿記論では，単に単式簿記という用語が用いられていないだけではなく，仕訳帳という用語がまだ使用されているからである。その意味では，イタリアの複式簿記の帳簿システムを残しながら，新しい簡便なシステムを志向した，いわば単式簿記の先駆けといえる簿記書であった。

単式簿記の先駆け

　デフォーは，単式簿記という用語自体は用いていない。かつて，リトルトンは，「『簿記』なる用語は一般に『複式簿記』にかえて用いられており，必ずしも，それは複式と単式との二つ［の］簿記概念を包括するものではない[20]」と述べているが，歴史的には，取引の記録手段としての簿記は，必然的に，複式簿記として誕生した。決して，単式簿記から複式簿記へと進化したわけではなく，複式簿記から単式簿記が考案されたのである[21]。単式簿記という新たな簿記システムが生み出されるその瞬間には，簿記という用語に，複式と単式の新旧二つの概念が包括されていたのかも知れない[22]。

　デフォーの簿記システムは，ハットンによって明解に解説された単式簿記とは異なるところもあるが，実質的には同じ方法であり，その先駆けとなったのは，まぎれもない事実である。単式簿記においても，仕訳日記帳と元帳以外に，いくつもの補助簿が用いられる[23]。

デフォーの記帳法

デフォーを嚆矢とする単式簿記における記帳は，次のようになされている。

[図表7-1] デフォーの取引の記帳と管理

仕訳日記帳には，信用取引に伴う債権と債務に関する取引しか記帳されない。
現金・小口現金→補助簿としての現金出納帳・小口現金出納帳（勘定様式）に記帳して管理。
債　権・債　務→仕訳日記帳で仕訳し，元帳に転記して管理。ただし，期中で現金やイングランド銀行発行の手形で受け取ったり，返済した時は，その都度相殺される。したがって，借方の債権残高が売上総額を貸方の債務残高が仕入総額を表しているわけではない。
商　　　　　品→仕訳日記帳で管理（ただし元帳には転記されない）。したがって，期末棚卸商品は，仕訳日記帳で管理。
その他の取引→補助簿が設けられている取引以外は，記帳されない。

　デフォーの簿記書の第2版の補論に設けられた勘定例示は，合計六つであるが，そのすべてが人名勘定，すなわち債権と債務の勘定だけである[24]。その点で，デフォーの簿記論が複式簿記ではなくハットンの説く単式簿記と同じ範疇に属する記帳法であるのは，明らかである。まさしく，単式簿記の先駆けといえる簿記書である。13世紀に発生した複式簿記は，18世紀に至り，小規模な小売商人にも適用できる簡単で単純な簡易簿記システムを誕生させた。それがデフォーが提唱した単式簿記なのである。

7-5. ハットンにおける単式簿記の説明

ハットンの簿記書

　18世紀になると，若き経理マンや商店主のために，複雑で初学者には難解なイタリア式貸借簿記，すなわち複式簿記に代わって，わかりやすく改良した簿

記法,すなわち単式簿記について論述する簿記書が次々と登場してくる。

　チャールズ・ハットン（1737-1823）は，1764年に後に何版も版を重ねる簿記書をニューカースルで出版し，その後，第11版（1801年）まで増刷され，1804年にはアレグザンダー・イングラムの手によってエディンバラで新版が，1806年には第12版が出版された。1838年には，『単式と複式の両者による完全な講座』が[25]。また1840年にはジェイムズ・トロッターによる新版も上梓され，1871年まで１世紀を超えて様々な版が増刷されている。ハットンの簿記書は，メイヤー，ハミルトンと並ぶ18世紀を代表する簿記書である。

単式簿記の説明は第２版以降

　1764年の初版のタイトルは，『教師の手引き，あるいは完全な実用数学体系』である。しかし，初版では，イタリア式貸借簿記法，すなわち複式簿記に関する説明で占められ，単式簿記についての論述は，まだそこに見出すことはできない。単式簿記に関する説明がみられるのは，1766年に出版された第２版以降のことである。２年後の1766年に出版された第２版のタイトルは，『教師の手引き，すなわち様々な質問が飛び交う学校での使用や小売商のための簿記講習にも適応した完全な実用数学体系』となり，初版とは異なり，小売商を意識した記帳法を含めている。第２版のタイトルにもまだ，単式という用語は用いられていないが，40頁にわたる補論において，初版にはない単式簿記についての説明が見られる[26]。

　1771年に初版と同様ニューカースルで第３版『教師の手引き，あるいは実用数学と単式・複式の両者を含む簿記の完全な体系』が出版された。そこでは，タイ

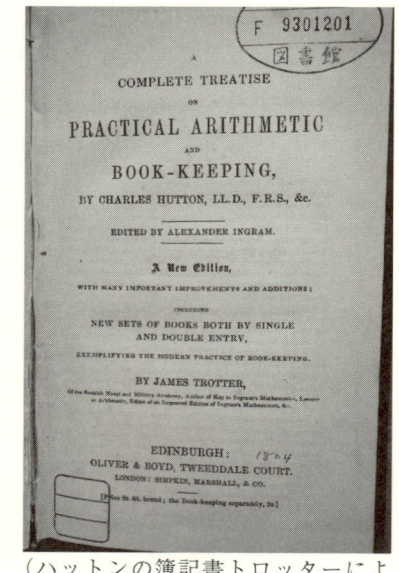

（ハットンの簿記書トロッターによる新版のタイトル：1840年）

トルの中に単式簿記という語が表示され，単式簿記と複式簿記の違いが明解に述べられている。第7版は，1785年にロンドンで出版され，それ以降タイトルも『実用数学と単式・複式の両者を含む簿記に関する完全な論述。学校での使用にも適応』と変更され，多くの版を重ねているのは，すでに述べた通りである。この第7版の内容は，第3版と大きく異なるところはない。

ハットン簿記書の特徴

　ハットンは，ビジネスに従事しようとしているすべての人にとっては，単式簿記を学ぶことが必要であるという。なぜなら，イタリア式簿記法，すなわち複式簿記は，複雑で難解であるため，それを完全にマスターするには，忙しいビジネスマンにとってはとても時間が足りない，という不満を商人たちは絶えず持っているからである[27]。そのため，複式簿記に代わる簡便な簿記法を提唱し，それを単式簿記（シングル・エントリー）と名付けた。

　単式簿記とは，最も単純で簡明な方法であるが，同時に不完全な方法でもある。というのは，それは，すべての取引のうち債権と債務に関する取引だけを記録し，元帳に転記するため，元帳で利益を計算することはできない。残高勘定では，単に交互計算が行われるに過ぎないのである。しかし，売上高が少なくしかも多品種の商品を扱っている小売商などにとっては，複雑な複式簿記で厳密な損益計算を行ってもそれに費やす時間と労力に見合うだけのメリットはなかったものと思われる。今でも同じことが当てはまるのかもしれない。

元帳には債権と債務のみ記帳

　したがって，日々の取引は，信用取引から生じる債権と債務に関する取引のみを仕訳日記帳に記帳し，決算に際して，それを元帳に転記して，元帳の残高勘定で債権と債務の差額を計算している。小規模な小売商人にとっては，決算時点での債権と債務の残高を明確に把握するだけで十分であったのであろう[28]。所得税法が制定（1799）される以前においては，小規模な小売商にとっては，必ずしも厳密な損益計算は必要なかった。実質的には諸向貸借勘定としてしか機能していない残高勘定によって，交互計算を行うだけで事足りたので

あろう。またそれが最適な方法でもあったものと思われる。したがって，元帳には費用・収益に関する勘定はなく，決算に際して損益勘定が設けられることもなく，損益計算という観点からは不完全な簿記といわざるをえない。

単式簿記における損益計算

19世紀を迎えると，ハットンの死後にイングラムやトロッターの手によるハットン簿記書の新版では，ジョーンズの影響を受けて，ストックの側面から，単式簿記によりながらも以下のような方法によって損益計算を行っている（図表7-2）。そこでは，現金出納帳から現金残高を，仕訳日記帳から売残商品を，さらに元帳の残高勘定から債権と債務の差額を求めて，これら三者から純資産の総額を出し，それを期首の純資産額と比較し，ストックの側面から利益を計算している。

興味深いのは，そうして求めた純利益にいわば販売費一般管理費を加えて今日でいえば営業利益にあたる利益を計算している点である。

[図表7-2] ハットン簿記書のトロッター版（1840）における損益計算

現金の手許残高	£ 7	14	5¾
売残商品の価値	288	15	3
債権の総額	1424	15	8¼
最終の資産の総額	£1721	5	5
債務の総額を控除	511	10	0
獲得した純資産の総額	£1209	15	5
現在の資本の総額	£1209	15	5
事業開始時の資本金	1000	0	0
3カ月間で得た純利益	£209	15	5
上記の純利益	£209	15	5
個人勘定の［支出］総額	29	19	4¼
小口現金出納帳の費用総額	16	13	1½
リース在住のジョージ・シムソンによる損失の総額	35	6	0
営業利益[29]	£291	13	10¾

（Trotter［1840］, New Eddition of Hutton, p.196.）

ハットンの残高勘定

ハットンの残高勘定には,デフォーと同様人名勘定のみが転記された。したがって残高勘定の残高は,純資産を示すものではなく,そこでは損益計算が出来ないのである。単に,債権と債務を相殺した残高を示しているに過ぎない。商人にとって最も重要なのは,現金,商品,それに債権・債務の管理にあるのは,今も昔も変わらぬ真理であろう。

[図表7-3] ハットン第7版元帳Aの残高勘定[30]

	借 方 残 高					貸 方			
1777	J.エルフォード氏 債権	3	4	10	1777	R.バーバー氏	18	15	0
	アルダーマン.エイブルマン氏	25	0	0		メリー・グレイ夫人	9	8	6
	トーマス・ロウソン卿	11	19	2½		トーマス・グレイ氏	4	6	6
	ニコラス・ノートン氏	3	15	4½			32	10	0
	ロジャー・リーティル氏	33	5	9					
	コンラーダ・コンパウンド氏	56	19	5					
	ジョン・ベーカー氏	6	7	0					
	サミエル・エドワーズ氏	1	14	6					
	トーマス・ハンター氏	5	5	0					
	ピーター・トンプソン様	72	2	5¼					
	エドワード・ヤング氏	4	17	6					
		224	11	¼					

(Hutton [1785], p.171.)

単式簿記の残高勘定は諸口貸借勘定

売上高が少なくしかも多品種の商品を扱っている小売商にとっては,複雑な複式簿記による記帳は必要とされず,2冊の帳簿(仕訳日記帳と元帳)だけを用いて記帳する方法で十分であるという。またそれが小規模な小売商にとっては,最適な方法でもあった。しかし,先に述べたように,単式簿記における残高勘定は,単に貸付金や売掛金と借入金や買掛金を相殺した現時点での債権債務の現在有高を明らかにしている勘定(カレント・アカウント=諸口貸借勘定)に過ぎず,そこでは,期末純資産額を求めることはできないし,利益の計算もまたできない。損益計算にとっては,不完全な簿記といわれる根拠がここにある[31]。それ故,シングル・エントリーを「単式簿記」と訳出するよりはむしろ,

「単純簿記」ないしは「簡易簿記」との訳を付けるのが内容的には適合しているものと思われる。

　イタリア式簿記法としての複式簿記の主要簿が日記帳(ウエイスト・ブック)，仕訳帳，元帳の3帳簿制であるのに対して，18世紀イギリスに登場する単式簿記は，仕訳日記帳(デイ・ブック)と元帳の2帳簿制で説明されている点に特徴がある。福澤諭吉は，『帳合之法』初編（1873）で，このデイ・ブック（仕訳日記帳）を日記帳と訳出しているが，複式簿記の誕生以来19世紀初めに至るまで使用されてきたウエイスト・ブック（日記帳）との混乱を避けるために，ここでは仕訳日記帳と訳出した。いずれにせよ，ハットンの説く簿記法は，企業損益を計算する手法ではなく，債権債務の管理計算を行うのが目的である[32]。

[図表7-4] ハットンの仕訳日記帳

	1777年5月14日　ダーハムのニコラス・ノートン氏，借方				l	s	d
貸方	9対のウーステッド製の靴下	単価	3	4			
	6対のシルクの靴下	−	15	9			
	17対の織り糸	−	5	4			
	23対の木綿	−	4	10			
	14対の紡ぎ糸	−	2	4			
	18対の婦人用手袋	−	4	2			
	19ヤードのフランネル	−	1	7½			
					23	15	4½

(Hutton [1785], p.150.)

単式簿記の元帳は交互計算が行われるだけ

　ハットンが用いている帳簿は，現金出納帳と仕訳日記帳，その他にそれぞれの取引に応じて必要な補助簿，それと元帳である。仕訳日記帳，元帳には債権と債務のみが転記され，期末に各勘定の残高が残高勘定に振り替えられている。したがって，残高勘定は，債権と債務の両建て勘定であり，今日では使われることがなくなった諸向貸借勘定(しょむこうかしかり)をさし，そこでは交互計算が行われているに過ぎないのである。

　今日では専門化が浸透し，仕入先と得意先が同じ取引先という事は少なくな

った。しかし，中世や近世初頭までの取引の形態は，得意先と仕入先が同じであることも珍しくなく，そのため債権と債務の両建て勘定が設けられ，交互計算が行われていた。

　現金や商品は，仮に帳簿が付けられていなくても，実際に現物でその存在を確認することができる。しかし，債権と債務は，記録がなければわかりようがない。そのため，これらの勘定のみが元帳に設けられたのであろう。イギリスでは，まだ債権と債務の勘定は，それぞれが人名勘定として設定されていたが，18世紀に入ると，この債権・債務の両建て勘定は，別々の人名勘定としてではなく，カレント・アカウントという勘定名で一括して元帳内に設けられるようになる。カレントとは，まさに「今現在」の貸し借りの相殺残高という意味であり，その貸借差額は，借方残の時には，未回収債権を，貸方残の時には，未決済債務をさしている[33]。決して今日の当座勘定を示しているのではない。

3 帳簿制から2帳簿制へ

　イタリア式簿記法としての複式簿記が日記帳，仕訳帳，元帳の3帳簿制であるのに対して，18世紀に登場する単式簿記（シングル・エントリー）は，仕訳日記帳（デイ・ブック）と元帳（レジャー）の2帳簿制で説明されている。ハットンもモリソンと同様の方法で説明している[34]。したがって，ハットンやモリソンの言う当時一般に単式簿記（シングル・エントリー）と呼ばれた簿記法は，わが国で一般的な意味で理解されている単式簿記（厳密には単記式簿記[35]と呼ぶのが適切）とは異なり，それまで用いられてきた日記帳を使用せず，日記帳と仕訳帳が合体した仕訳日記帳と元帳のみを使用し，しかも，元帳には人名勘定しか設けず，単に複式簿記の簡便法を指しているに過ぎない。その意味では不完全複式簿記なのである。したがって，繰り返しになるが，シングル・エントリーを「単式簿記」と訳するよりはむしろ「単純簿記」（シンプル・エントリー）ないしは「簡易簿記」と訳出する方が内容的には適合しているといえよう。

日記帳の廃止

　この仕訳日記帳というのは，イタリア式簿記（複式簿記）の発生以来19世紀初めに至るまでの永きにわたり用いられてきた日記帳と仕訳帳を合体させた帳

簿である。18世紀半ばに登場する単式簿記においては日記帳が廃されるが，単式簿記だけではなくイタリア式簿記（複式簿記）においても，この簡便化への流れ以降では，日記帳が漸次使われなくなり，イタリア式簿記の帳簿組織体系は，［日記帳→仕訳帳→元帳］から［仕訳日記帳→元帳］を経て，やがて［仕訳帳→元帳］という今日の2帳簿制へとその姿を変えていくことになる。

　小規模な商店では，たとえ正確であっても複雑なシステムは，敬遠されがちである。そのため，できるだけ簡単でわかりやすい記帳システムへの改良が単式簿記として結実したのであろう。当時一般に行われていた複式簿記に代わって，18世紀後半にイギリスの小規模な小売商の間で用いられたのが単式簿記である。従来までの主要簿である日記帳と仕訳帳を一緒にした仕訳日記帳が新たに作成され，元帳には，債権と債務および残高勘定だけが設けられた。その他の一切の勘定は省略され，記帳にかかる負担を可能な限り軽減しようとして発案されたのが単式簿記なのである。

単式簿記は財産管理が目的ではない

　したがって，この複式簿記の簡便法として登場する単式簿記は，中世イギリスの荘園会計における財産管理のための記録システムとは，分けて考えなければならない。簿記は，複式簿記として成立し，18世紀後半のイギリスで，その略式法ないし簡便法として単式簿記が考案されたもので，むしろ時代的には複式簿記が先行している。もし，単式簿記から複式簿記が揚棄されたのであれば，複式簿記の成立と共に，単式簿記は，消滅しているはずである。福澤諭吉が『帳合之法』全4巻（1873, 1874）で複式簿記を本式，単式簿記を略式と呼んだのは，イギリスで登場する単式簿記を前提にする限り，まさしく卓見であったといえよう[36]。略式は，本式が先にあってこそ初めて略式となる。歴史の舞台に，略式が先に登場することはないのである。

7-6．ドンとケリーの単式簿記とジョーンズ式簿記

シングル・エントリーはシンプル・エントリー

　18世紀後半のイギリスで，複式簿記に代わるより簡単で分かりやすい記録システムをという要求に応えて，小店主や主として当時のグラマー・スクールやアカデミー（非国教徒専門学校）の教師を対象に簡便な簿記法として登場したのが単式簿記である。したがって，この簿記法は単式簿記（シングル・エントリー）というよりもむしろ単純簿記（シンプル・エントリー）ないしは簡易簿記と呼ぶのが適切な呼称かもしれない。

　この「実務に役立つ簿記を」という流れが，やがて時代の大きなうねりとなり，一方では，18世紀初めのデフォーの『完全なイギリス商人』を先駆けとし，同世紀の後半に至り，ハットンに代表される複式簿記の簡便法としての単式簿記を生みだし，他方では，18世紀末に登場するブースに代表される実用簿記書の登場や，その後19世紀にかけてイギリスで相次いで出版される実用簿記とか改良簿記というタイトルの簿記書の先駆けになった[37]。18世紀末に生じたこの二つの潮流は，必然的に，両者をハイブリッドさせようとしたエドワード・トーマス・ジョーンズの登場を余儀なくさせたのである。

単式簿記を説いた多くの簿記書

　単式簿記を説いたイギリス簿記書としては，ハットンの他にも，ジョン・シーリーの『会計係への手引き；教師の実用数学の補助者』(1770)，ベンジャミン・ドンの『会計係：複式簿記と単式簿記についての試論』(1775)，パトリック・ケリーの『簿記の諸原理』(1801)，W.テイトの『商人のための会計入門』(1810)，ロバート・グッデイカーの『学校教材用簿記論』(1811)，ジェームズ・モリソンの『商人のための会計の全体系』(1808)，同じくジェームズ・モリソンの『単式と複式による簿記入門』(1813)等があげられる。

ドンの説く簿記法

　ベンジャミン・ドン（1729-1798）は，1775年にロンドンで著した『会計係：複式簿記と単式簿記についての試論』の序の冒頭で，「本書の目的は，他の方法よりもかなり複雑な複式簿記（ダブル・エントリー）の原理を説明することにある。しかし，複式簿記による記帳方法を［まだ］理解していなくて，しかも彼らの帳簿を複式簿記で記帳することができないほとんどの小売商人や小店主によって用いられているため，私は，ここに単式簿記（シングル・エントリー）による記帳実例を示すことにする。おそらくこれは，［これから］より完全な複式簿記を学ぼうとする若き会計人にとっては有益な入門書になるであろう。……すべての人は，取引にあたり，これから始める自らの資本の［総］額を［先ず最初に］計算しておきなさい。すなわち，現金，商品，それに債権債務を計算しておきなさい。そうすることによって，彼は，商売を始めるに際して，実際の財産が何であるかを知ることができる。この状態が帳簿に写し出されるのである[38]」と述べている。

　小規模の小売商人が単式簿記によって取引を記録するにあたり，現金，商品，それに債権債務の計算が何にもまして重要であるというドンの考え方は，先に述べたデフォーを始めハットン等の説く単式簿記の説明と何ら異なるところはない。

ケリーの説く簿記法

　単式簿記に関して著述した簿記書は，19世紀に入ってさらに多く上梓されてくる。会計の簡単な歴史について書き留めた最初の簿記書であるパトリック・ケリー（1756-1842）もまた，1801年に『簿記の諸原理』をロンドンで出版し，単式簿記について詳しく説明している。

　彼は，その序文で，本書は3部で構成され，最初に単式記入と複式記入の基本原理をわかりやすく説明し，次いで学校で一般に教えている複式簿記という共通の理論によって詳しい練習を行い，最後に実際の商人の帳簿にもとづいた取引事例を会計事務所で一般に認められた記帳方法にもとづいたやり方で表示したと述べている[39]。

第7章　18-19世紀イギリスにおける新たな潮流－複式簿記と単式簿記－　　175

　複式簿記が卸売商や貿易商の業務で用いられるのに対して,「単式簿記は,主に小売業で用いられ,最も単純で簡明な簿記ではあるが完全なものではなく,いくつかの本質的なところで欠陥を持っている[40]」と述べ,さらに続けて,「単式簿記は,信用取引を記録するものであり,この目的のためには2冊の帳簿,仕訳日記帳と元帳が必要である。仕訳日記帳は,所有主の財産や借金等の記帳から始まり,続いて発生した取引の詳細を記録し,取引が発生した順序に従って記帳する[41]」と説明している。

単式簿記では損益計算はできない

　単式簿記における元帳には,信用取引に伴う債権と債務のみが記帳されるだけであるから,どのような商品が売られたのか,帳簿上でどれだけの損益が出たのかを,取引量がほんのわずかであった時を除いては,知ることができない。もしどのような商品が売れ残ったのか,店全体であるいはどの取引でどれだけの利益を獲得したのか,あるいは損失を被ったのかを知りたいならば,期末資本の計算なしにはできない相談である。企業全体の総括損益を知るためには,元帳によって期末商品や現金の有高,債券債務の残高等で期末の純資産を算出し,それを期首の元入資本と比較することによって初めて可能になる[42]。単式簿記によって記帳した元帳の残高計算のみからでは,損益計算が出来ない道理である。

　それ故,ケリーによると,厳密な損益計算を求める手段という観点からすれば,単式簿記は,不完全な簿記であると同時に,横領を未然に防ぎ,詐欺不正を発見するための十分な手段を備えてはいないことになる。これらの欠陥を補うのが複式簿記なのである[43]。しかし,ジョーンズによれば,複式簿記もまた不正や誤謬を防ぐという点では,欠陥を持っているということになる。

簡易簿記と実用簿記の二つの潮流

　18世紀後半のイギリスでは,複式簿記に対して二つの動きが生じていた。一方では,複式簿記は,複雑で分かりにくいため,もっと簡単で分かりやすい記録システムをという要求のもとで,小規模の小売商や小店主,あるいはアカデ

ミーの教師を対象にしたより簡単でわかりやすい簿記法が生まれ,他方では,実際のアメリカとの海外貿易等に従事する貿易商や卸売商にとっては,当時のアカデミーの教科書で複式簿記の基本原理を説明するだけではとても役に立たず,もっと詳細で実際の取引に適応できる簿記法をという要求が生じてきた。前者が複式簿記の簡便法,すなわち単式簿記を生み出し,後者が実用簿記ないしは改良簿記を登場させることになる。ブースに代表される実用簿記とか改良簿記というタイトルが付けられた簿記書は,18世紀全般にわたって数多く出版されている[44]。

　この二つの流れとは少し異なるが,複式簿記の欠陥を改良した全く新しい簿記であると名打って18世紀の後半に登場してきたのが,当時のヨーロッパ全土において一世を風靡したエドワード・トーマス・ジョーンズによる『ジョーンズのイギリス式簿記』(1796) である。本書は,16版まで版を重ね,各国語にも訳出されている。しかし,本質的には,複式簿記と何ら変わるところはないと批判されることになる。

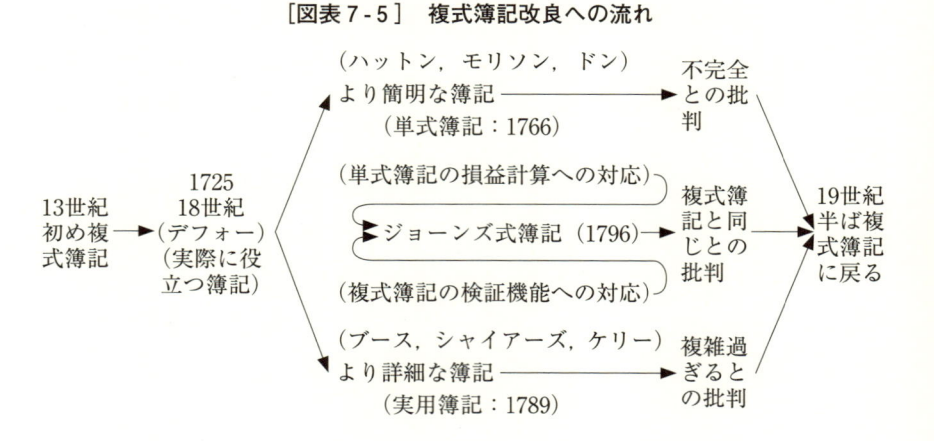

[図表7-5] 複式簿記改良への流れ

```
                        (ハットン,モリソン,ドン)
                     ┌→ より簡明な簿記 ──────→ 不完全
                     │   (単式簿記：1766)         との批判
          1725       │
13世紀     18世紀    │  (単式簿記の損益計算への対応)┐         19世紀
初め複 ──→(デフォー)─┼→ ジョーンズ式簿記 (1796) ├→複式簿 →半ば複
式簿記     (実際に役  │                           ┘ 記と同    式簿記
           立つ簿記) │  (複式簿記の検証機能への対応)  じとの   に戻る
                     │                               批判
                     │   (ブース,シャイアーズ,ケリー)
                     └→ より詳細な簿記 ──────→ 複雑過
                        (実用簿記：1789)          ぎるとの批判
```

ジョーンズのイギリス式簿記法

　『ジョーンズのイギリス式簿記』は,本文29頁に記帳例示28頁(仕訳日記帳11頁,元帳17頁)と16頁の購入予約者の名簿の合計わずか73頁からなる小冊子で

ある。当時の図書は,今日とは異なり,多くの場合予約販売が中心であった。そのため,ジョーンズもイタリア式複式簿記に代わる自ら考案した新方式のイギリス式簿記を大々的に宣伝し,予約金が1ポンド1シリングであったにもかかわらず,予約者は,4,000名を超したと言われている[45]。この当時の1ポンド1シリングを現在の貨幣価値に換算すると,ざっと10,000円から13,000円程度になる[46]。したがって,予約金の総額は,5,000万円近い金額にのぼる。われわれがやっとの思いで書き上げた会計の専門書と比較すると,まさに雲泥の差である。

　本書は,16版まで版を重ね,アメリカ版(1797)を始めとして,ドイツ語訳(1800),フランス語訳(1803),イタリア語訳(1815),スペイン語訳(1815)と各国語にも訳出されて,当時大きな評判を呼んでいたことが窺える。金銭的には大きな成功を収めたが,最終的には,複式簿記と基本的には変わるところがないとの批判を受けて,歴史の舞台からは徒花と消えていくことになる。

ジョーンズの簿記法の特徴

　ジョーンズのイギリス式簿記の特徴は,伝統的なイタリア式複式簿記で用いられていた日記帳,仕訳帳,元帳という3帳簿制を仕訳日記帳,元帳の2帳簿制にしたところにある。この点では,単式簿記と同じであるが,この仕訳日記帳を3欄(中央に摘要欄を配し,その左に借方,右に貸方という工夫をした)に改良した新方式を提示している[47]。元帳では,中央に摘要欄を設け,左に借方の4欄(1月-3月,4月-6月,7月-9月,10月-12月),右に貸方の4欄を設けている[48]。このことによって,複式簿記の解りにくさと損益計算ができない単式簿記の欠陥を同時に解消できるとしている。それと同時に,複式簿記と単式簿記の両者とも不正による倒産などを見つけ出すことは困難であるが,ジョーンズのイギリス式簿記では,それを防止することができるところに長所があると主張している。その上で,旧式(単純な単式簿記と複雑な複式簿記)と新式(自らが考案したジョーンズのイギリス式簿記)を対比して,自らのイギリス式簿記がいかに優れているかを強調している[49]。

複式簿記と単式簿記は役割分担

　800年もの長きにわたり，会計の計算構造を支えてきた複式簿記は，企業損益の計算手段として生成し，後にその簡便法としての単式簿記を誕生させる。両者は，その記帳手段を異にし，役割分担の相違の中で，それぞれの存在意義を果たし，共存してきた。もし複式簿記が単式簿記から進化したのであれば，すでに単式簿記は，その時点で消滅しているはずである。18-19世紀のイギリスで，両者が併存していたのは，それぞれの役割が異なるからである。複式簿記の略式として誕生した単式簿記は，損益計算の簡便法であり，現金収支簿記で代表される単なる財産管理のための単式簿記（単記式簿記）とは，座標を異にしている。

　複式簿記における損益計算の特徴は，フローとストックの両面から行われるが，単式簿記では，その単面のストックの側面からの，しかも債権と債務のみによる残高計算が行われるだけである。単式といわれるため，借方か貸方のどちらか一方だけの記録システムと思われがちであるが，決してそうではない。複式簿記から誕生した略式簿記としての単式簿記は，損益計算や財産管理を目的とした記帳システムでもない。複式記帳によりながらも，単なる小規模な小売商店主のための債権・債務の管理計算に過ぎないのである。

【注】
 1) Littleton [1966], p.23. 片野訳 [1978] 38頁。
 2) 木村 [1933a] 50頁。
 3) 木村 [1933a] 53頁。
 4) 木村 [1933a] 55-6頁。
 5) 木村 [1933a] 57頁。
 6) Littleton [1966], p.13. 片野訳 [1978] 23-24頁。
 7) Littleton [1966], p.13. 片野訳 [1978] 24頁。
 8) Littleton [1966], p.19. 片野訳 [1978] 32頁。
 9) Littleton [1966], p.26. 片野訳 [1978] 45頁。
 10) Littleton [1966], p.27. 片野訳 [1978] 45頁。

第7章 18-19世紀イギリスにおける新たな潮流－複式簿記と単式簿記－　　179

11) Chatfield［1974］, p.21. 津田・加藤訳［1978］25頁。
12) Chatfield［1974］, p.25. 津田・加藤訳［1978］31頁。
13) Chatfield［1974］, p.28. 津田・加藤訳［1978］34頁。
14) デフォーの経済思想に関しては，天川［1966］を参照。
15) Defoe［1727］, p.266.
16) Defoe［1727］, p.267.
17) Defoe［1727］, A Supplement to the Complete Tradesman in Part 1, p.43.
18) これらの各帳簿については，高寺［1971］387-390頁を参照。なお，この他に補論の第4章で不幸にも火災を被った時のために元帳の写しを手帳に書き取っておくように説いている（Defoe［1727］, pp.146-148.）。
19) Defoe［1727］, p.124.
20) Littleton［1933］, p.23．片野訳［1978］38頁。
21) 渡邉［2013］を参照。
22) 高寺は，学生時代に，佐波宣平が「歴史は『新先旧後』が条理である」といった趣旨の話を交通論の講義で聞いたことがあるという。それが意味するところは，歴史的事象は，時代的に後から新たに登場してきたものが昔からある古い呼称を継承し，代わってもともとあった旧いものが後になって新しい名前で呼ばれるというのである。例えば，次のような事例があげられる。テレビが発明された当初，われわれは，白黒テレビを「テレビ」と呼んでいた。後にカラーテレビが発明されると，今日では「テレビ」といえば言うまでもなくカラーテレビを指す。いわば，テレビという名前を新しく発明されたカラーテレビが白黒テレビから取ってしまったことになる。そのため旧来テレビと呼んでいた物に新しい別の呼び方が必要となり，白黒テレビという名前が新たに付けられるというのである。
23) Hutton［1785］, p.146.
24) Defoe［1727］, pp.128-141.
25) Yamey, Edey and Thomson［1963］, pp.218-219. 私の手元には，第7版（1785）とイングラムの手による新版（1804）および第2版（1766）のコピーがある。わが国では，宇佐川秀次郎の手による邦訳『日用簿記法 完』が明治11年（1878）に出版され，その刊本の原稿である『尋常簿記法 完』が同じく明治11年に和綴じ本として出版されている。この間の事情については，西川［1982］123-153頁，および山下［2012］に詳しい。なお，ハットン簿記書第2版のコピーの取得にあたっては，久留米大学教授高梠真一氏ならびに図書館職員の方々のご厚意を受けた。記して謝意を表する。

26) 山下［2012］9頁。
27) Hutton［1785］, London, p.145.
28) Morrison［1808］, p.15.
29) 原語は，Total Gross Gain upon the Salesとなっているが，内容時には営業利益を指している。
30) ハットンの単式簿記による元帳Aの残高勘定の記帳例では，図表7-3のように締切に際し，残高の計算は，なされていない。これは，決算に際しての締切ではなく，単に帳簿がいっぱいになったため，元帳の金額をそのまま新元帳Bの各人名勘定に繰り越すための帳簿の締切に過ぎないからである（Hutton［1785］, p.171）。
31) Morrison［1808］, p.15.
32) Hutton［1785］, pp.145-176.
33) Morrison［1808］, pp.14-15.
34) Hutton［1785］, pp.145-176.
35) 小栗［2014］30-35頁。
36) 高寺［1982］34-35頁。
37) この点については，渡邉［1993］第6章以下を参照。
38) Donn［1778］, p.3.
39) Kelly［1801］, preface iii.
40) Kelly［1801］, p.1.
41) Kelly［1801］, pp.1-2.
42) Kelly［1801］, pp.4-5.
43) Kelly［1801］, p.5.
44) この点については，渡邉［1993］第6章以下を参照。
45) Yamey［1956］, p.313.
46) この点については，ポーター著・目羅訳［1996］p.xviii-xixを参照。
47) Jones［1796］, Day-Book.
48) Jones［1796］, Ledger.
49) Jones［1796］, pp.14-16.

第 8 章

簿記から会計へ

(シテーにあるロイヤル・エクスチェンジ)

8-1. 簿記と会計の違い

リトルトンの名言

　著名な会計史家アナナイアス・チャールズ・リトルトン（1886-1974）は，名著『1900年までの会計進化論』（1933）の筆を置くにあたり，「会計発展の史的論述はここにおわった。光ははじめ15世紀に，次いで19世紀に射したのである。15世紀の商業と貿易の急速な発達にせまられて，人は帳簿記入を複式簿記に発展せしめた。時うつって19世紀にいたるや当時の商業と工業の飛躍的な前進にせまられて，人は複式簿記を会計に発展せしめたのであった。だが，それは，しょせん，悠久なる歴史のひとつの断面であるにすぎない[1]」と述べ，会計史研究にとって，19世紀の重要性を強く説いている。

　まさしく19世紀のイギリスは，18世紀後半から始まった産業革命が全産業に深く浸透し，世界の覇者としての地位をジョージ3世（1738-1820，在位：1760-1820）やヴィクトリア女王（1801-1901，在位：1837-1901）とともに確固たるものとした時代である。債権・債務の備忘録としてイタリアで発生した複式簿記を会計へと進化させていったのは，まさしくこのイギリスの産業革命期，とりわけ19世紀に入ってからのことである。産業革命による産業構造の変革は，巨大な株式会社形態を登場させ，それに伴って様々な新しい会計制度を生み出した。産業革命期は，簿記・会計にとって未曽有の問題を突きつけた，極めて重要な時代である。

簿記と会計の違い

　会計という言葉を耳にするとき，多くの人は，同時に簿記と言う言葉を思い浮かべるのではなかろうか。両者は同じなのか，あるいは違うのか。また，違いがあるとすれば，その違いは，どこにあるのか。何であるのか。

　会計学という言葉が一般的に用いられるようになったのは，比較的新しい。19世紀に入ってからのことである。リトルトンによれば，13世紀の初めにイタ

リアで債権・債務の備忘録ないしは文書証拠として誕生した複式簿記は，19世紀に至って，会計へと進化していくことになる。簿記と会計とはどこが違うのか。この点についてはいくつかの考え方がある。著名な会計学者ウイリアム・A・ペイトン（1889-1991）は，彼の学位論文である『会計理論』（1922）のなかで，次のように述べている。「簿記と会計とを明確に区別しようとすることは，まったく意味のないことである。……簿記を広く解釈していけば，実質的には会計と同義語になってしまう[2]」と。

AAAによる会計の定義

わが国の会計学は，その導入期から欧米の影響を強く受けた。先にも述べたように，アメリカ会計学会（AAA）は，会計を「情報の利用者が判断や意思決定を行うにあたって，事情に精通したうえでそれができるように，経済的情報を識別（認識－引用者注）し，測定し，伝達するプロセスである[3]」と定義している。もちろん，その測定が貨幣で評価されるのは，いうまでもない。これは，先ほどの複式簿記の定義「取引を記録し，利益を計算し，その結果を報告するプロセス」とほとんど異なるところがない。基本的には，簿記と会計は，同じものということができる。しばしばコインの表と裏に喩えられる。会計の計算構造を支えている一種の記録のための技法が簿記なのである。18－19世紀のイギリスで出版された簿記書では，その多くが「Book-keeping is an Art」と定義している。このアートを日本語に置き換えると何と訳せばいちばん当を得ているのであろうか。「（人文）科学」と訳するのかそれとも「技法」なのか。いずれにせよ，科学として学問的体系を持った損益計算技法であるのには違いない。そのため，複式簿記のことを一般には会計構造論と呼んでいる。

定義では簿記も会計も同じ

このように，会計を情報の利用者が判断や意思決定を行うにあたって，経済的情報を識別し，測定し，伝達するプロセスであると規定すれば，伝達の中身である企業利益は，複式簿記によって測定（＝計算）されることになる。すなわち，経済的情報（取引）を識別するのは仕訳帳によって，企業損益を測定す

るのは元帳によって，そしてその結果を利害関係者に報告するのは，複式簿記の生成当初では損益勘定や残高勘定によって，後になっては，損益計算書や貸借対照表やキャッシュ・フロー計算書などの財務諸表によって行われる。

　わかりやすく言えば，会計は，取引を仕訳帳に記録し，元帳によって企業損益を計算し，その結果を財務諸表によって利害関係者に報告するプロセスであると言い直すことができる。簿記は，記録，計算，報告の三つが，会計は，識別（認識），測定，伝達の三つがキーワードになる。これらの三者は，いずれも表現を変えているだけで，内容的には同じことを指している。この限りにおいて，伝統的な会計と簿記は，いわばコインの表と裏であり，実質的には大きく異なるものではない。

言葉の意味からの区別

　しかしながら，現実に，簿記と会計とは，言葉が違う。違う以上は，両者が全く同じと言うわけにはいかない。両者の言葉の相違から，最も単純に整理して説明するとすれば，簿記（bookkeeping）とは，「帳簿（book）に［取引を］記録する（keep）行為（ing）」であり，会計（accounting）とは，「［1年間で得た利益を株主に］説明する（account）行為（ing）」ということになる。

　言葉通りに解釈すれば，簿記とは，企業の1年間の取引を記録し，その記録にもとづいて企業損益を計算することが主たる役割である。それに対して，会計とは，複式簿記によって計算された1年間の企業損益を，なぜこれだけの利益を獲得できたのかについて，原因（フローの側面からの計算：費用・収益の変動差額計算：損益計算書）と結果（ストックの側面からの計算：資産・負債・純資産の増減比較計算：貸借対照表）の二つの側面から明らかにし，株主や債権者に代表される利害関係者に報告する行為なのである。誤解を恐れず，ごく単純にいえば，簿記の中心は，記録であり，会計の中心は，伝達である。そのため，今日の会計の最大の役割として，情報提供機能と今一つ利害調整機能があげられている。ただ問題なのは，この情報提供機能が会計の利益計算構造を支えてきた継続記録と乖離し，意思決定に有用な情報の提供という側面が過度に強調され，本来の会計をおかしくしてしまっているのが昨今の状況のように

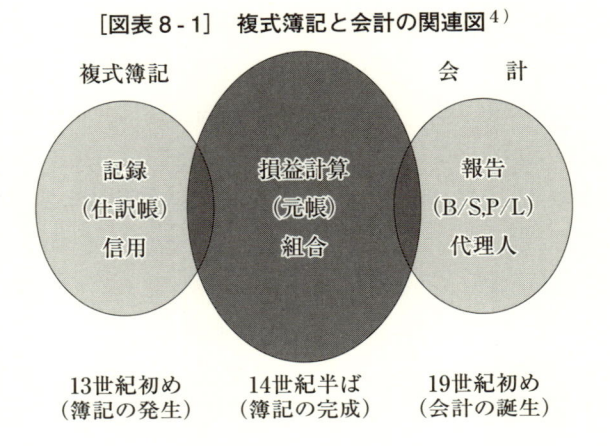

[図表 8-1] 複式簿記と会計の関連図[4]

複式簿記　　　　　　　　会　　計

記録　　　　損益計算　　　報告
(仕訳帳)　　　(元帳)　　　(B/S,P/L)
信用　　　　　組合　　　　代理人

13世紀初め　　14世紀半ば　　19世紀初め
(簿記の発生)　(簿記の完成)　(会計の誕生)

思えてならない。この点については，第11章と第12章で詳しく述べることにする。

8-2. 簿記の第一義的な役割

生成当初の役割

　今日の複式簿記の第一義的な役割は，企業の1年間の期間損益を計算し，それを企業をとりまく利害関係者にディスクローズすることにある。しかし，複式簿記の生成当初の役割は，必ずしも損益計算にあったのではなく，債権・債務の備忘録にあった。人間の記憶には限界がある。そのため，「貸した」，「いや借りてない」といったトラブルが生じてくる。このようなトラブルを避けるためには，どうしても正確で信頼に足る記録という文書証拠が要求された。すなわち，発生当初の複式簿記は，取引の記録システムであった。したがって，もし債権債務に伴うトラブルが生じたときには，これらの記録すなわち帳簿が証拠書類になり，トラブルの解決にとって極めて有効な役割を果たした。言い換えれば，複式簿記による帳簿が，文書証拠すなわち公正証書としての役割を果たしていたのである。当時の商人たちは，神に誓ってこの帳簿には嘘を書い

ていませんということを証明するために，帳簿の冒頭に，十字架とともに神へ の誓いの文言（In the Name of God, Amen）を書き込んだのは，すでに第1章 の1-1で述べたところである。複式簿記は，債権・債務の備忘録およびそれ らの決済に伴う文書証拠ないしは公正証書として，歴史の舞台に登場してきた ということができる。

ヴェネツィアとフィレンツェの違い

　帳簿の役割が債権・債務の備忘録であったのは，主としてヴェネツィアの商 人の場合であり，同時代でもフィレンツェの商人の帳簿記帳の目的は，組合員 相互間における利益の分配にあった。フィレンツェを中心にした期間組合（マ グナ・ソキエタス）の出現によって，単なる取引の文書証拠としての記録の道 具から企業損益の計算のための手段へと転換していく。ヴェネツィアの貴族社 会では，血縁・同族が重視されたため，個人かまたは血縁によって組織された 家族組合（ソキエタス）では，それほど厳密な損益計算は，必要とされなかっ た。せいぜい，取扱いの荷口別に設けた商品が売却済みになった時点で荷口別 の損益を求めただけである。いわゆる口別損益計算制度である。

　そこでは，各荷口別の売上総利益がそれぞれの商品ごとに売却済みをまって 計算されたに過ぎないのである。したがって，ある特定の期間に区切ってその 期間で企業全体の総括損益がいくらあったのかを求めることはできなかった。 ヴェネツィアの企業形態では，それで十分であったのであろう。それに対して， フィレンツェの期間組合は，同族による結社が禁止されていたため，他人と組 んで事業を行った。そのため，どこかの時点で必要に応じて，企業全体の総括 損益を計算して，その間に獲得した利益を組合員相互間で分配する必要が生じ たのである。隣同士の国であっても，そこには大きな違いが横たわっていた。 しかし，15世紀の中頃には相互に影響し合い，ヴェネツィアにおいても，必ず しもまだ定期的ではなかったが，期間に区切った損益計算（先駆的期間損益計 算）が行われるに至ったといえる。この点については，すでに第2章2-4で 述べたところである。

簿記は記録が会計は報告がメイン

　ここに至って，複式簿記は，それまでの単なる企業取引の記録システムに代わって，その初期においては必ずしも定期的ではなかったが，企業の期間損益を計算する損益計算システムへと昇華していくことになる。14世紀の前半になってからのことである。

　時代は少し遡るが，世界最初の簿記書『スンマ』(1494) の第29章において，パチョーリは，「毎年度帳簿を締切ることは常によいことであるが，他の人と組になっている人の場合には特にそうである。諺に『計算を度々すれば，友情がつづく』といっている[5]」と述べているが，これが単なる帳簿の締切手続の説明であったというだけにとどまらず，同時代のフィレンツェの商人たちの記帳システムの影響を受けた年ごとの決算手続を念頭においた説明ではなかったのかとする見方も，必ずしも拡大解釈とは言えないのかも知れない。

　今日の複式簿記の主要な役割は，単に取引を記録するための道具だけにとどまらず，企業の期間損益を計算する重要な道具になった。しかし，この時点ではまだ，企業活動の成果を利害関係者に報告するという役割が機能するまでには至っていない。この報告機能を含めるかどうかが，ある意味では，簿記と会計とを分ける分水嶺になるのかも知れない。なぜなら，会計は，まさしく利害関係者に企業の財政状態や経営成績を説明ないしは報告する行為であるからである。付言すれば，簿記における報告は，内部報告であり，会計における報告は，外部報告ということができる。

会計の報告機能

　この会計の報告機能に関して，アメリカ財務会計基準審議会 (FASB) は，そのステートメント第1号で，「財務報告は，報告することそれ自体が究極の目的ではなく，経営および経済的意思決定を行うために，すなわち経営および経済活動を行うさいの，希少な用途について考えられるいくつかの用途のなかから合理的な選択を行うために有用な情報を提供することを目的としている[6]」と明確に規定している。会計の情報提供機能，すなわち意思決定に有用な情報の提供という側面が強調されている。

今日の会計の目的は，意思決定有用性アプローチによって規制されるが，一体，会計の計算構造を支えてきた複式簿記の最も重要な役割は，取引を記録し，企業の期間損益を計算し，その結果を報告することにある。しかし，生成の第一義的な役割は，やはり正確な記録にあったといえる。それに対して会計は，利害関係者に意思決定に有用な情報を提供するところにある。誤解を恐れずに言うならば，簿記は，損益計算のための記録手段であり，会計の主要な役割は，そこで計算された損益を利害関係者に報告することにある。

8-3. 会計学の誕生

会計士会計学の誕生

13世紀に発生し，遅くとも14世紀半ばまでに完成した複式簿記は，19世紀イギリスの株式会社の会計実務のなかで，監査や資産の評価の問題を通して，会計士会計学[7]として展開していく。

18世紀末から19世紀にかけて，イギリスは，植民地政策を背景にフランスを始めとする他国との重商主義競争のもとで，石炭，製鉄，鉄道等を中心に巨大

（19世紀イギリスにおける当時の会計士の事務所風景）

な株式会社を出現させてくる。巨大な会社組織は，当然のことながら，巨額の資金が要求される。その資金調達のために，投資の有利性，投資の安全性を説明するための手段として，貸借対照表や損益計算書が作成され，利用されるようになるのもこの頃からである。

南海泡沫事件の後遺症からの脱却

　この財務諸表を信頼して投資して良いものかどうか，南海泡沫事件（1720）を経験したイギリスは，同年6月24日に泡沫会社禁止条例（Bubble Act）を発令し，2度とこのような事件を繰り返さないように法整備を図った。

　しかし，産業革命の進行とともに世界市場の確保に向けてフランスとの重商主義競争が熾烈を極めてくると，泡沫会社禁止条例が逆に足かせになってきた。そのため，イギリス政府は，この泡沫会社禁止条例廃止法（1825）を公布し，民間の投資を積極的に誘導しようとした[8]。しかし，泡沫会社禁止条例廃止法が発布された当初では，市民はまだ南海泡沫事件のトラウマから脱し切れず，投資には極めて慎重であったことが想像される。

（ウィリアム・ホゥガース「南海泡沫」：1720年）

財務諸表監査の登場

そのため,各企業は,投資の安全性を説くために,会計の専門家によって,財務諸表に誤った内容や意図された不正が含まれていないことを証明する必要に迫られた。こうして考案された新たなシステムが会計士による財務諸表の監査である。職業会計士の登場であり,同時に会計士会計学の誕生である。まさしく,簿記から会計への進化の瞬間である。こうして作成された財務諸表は,1年間でどれだけの利益が獲得され,どれだけの配当を手にすることができるかを現在ならびに将来株主に知らせ,投資の有利性を説明するための道具として有効に作用した。

このように,今日の公認会計士制度は,18世紀後半から19世紀にかけて,イギリス産業革命期に,経営者たちによって投資の安全性と有利性を広く一般に広報し,巨額の資本を調達するための手段として,第三者による財務諸表の真実性を担保させる制度として生成してきた。それと同時に,固定資産の増大に伴って,新しい会計処理法を導入することにより,その適正性や信頼性に応えるためのシステムとして,会計士制度を誕生させたのであった。とりわけ,会計士業務の発展にとっては,鉄道会社や製鉄会社を始めとする巨大な株式会社の出現,有限責任性の発展,破産の頻発,所得税の導入等が大きな影響を与えたといわれている[9]。

イギリス最初の会計士協会

会計帳簿の正否をチェックする専門家の需要が急増し,19世紀後半頃から会計士の組合「会計士協会」が形成されてくる。イギリス最初の会計士協会は,1853年に設

(ICAEWの正面玄関)

立されたエディンバラ会計士協会で，1854年10月23日には，国王より勅許を受けた。これが世界最初の公認会計士協会であり，今日のスコットランド勅許会計士協会（ICAS）の前身である。ここに，初めて公認会計士という職業がイギリスで登場することになる。

　ほぼ4半世紀遅れて，1880年にイングランド・アンド・ウェールズ勅許計士協会（ICAEW）が国王より勅許を受ける。イングランドにおけるチャータード・アカウンタント（勅許会計士）という資格の登場である。

　イギリスの会計士制度は，日本の公認会計士制度とは異なり，全国統一の国家試験によって会計士の資格を与えるシステムではない。イギリス国内に点在する多くの会計士協会が独自の出題と採点によって合格者を出すため，所属する会計士協会によって会計士のレベルが大きく異なった。イギリス国内では，ICASとICAEWの二つの会計士協会が最も権威ある会計士協会であり，そこに属する会計士は，最も信頼のおける会計士ということになる。

（ICAEWの地下の書庫に保管されている古典簿記書）

複式簿記の存立基盤は取得原価

　複式簿記は，13世紀の初めに誕生し，遅くとも14世紀前半には完成したが，19世紀に至るまでの600年近くの間，会計実務において貸借対照表や損益計算

書が作成されることはなかった。その意味で、18－19世紀の産業革命期は、簿記・会計にとって非常に重要な時代である。さらに今日、簿記・会計が伝統的に測定の手段として用いてきた取得原価による評価方法が、新たな金融（派生）商品の登場によって、一部、時価（公正価値）による評価へと転換されるに至ってきた。しかし、歴史的に見て行く限り、複式簿記がその存立基盤を長きにわたり取得原価に置いてきたことの意義を忘れてはならない。

簿記から会計へ

　貸借対照表や損益計算書によって企業の財政状態や経営成績を株主や債権者等の利害関係者に報告するという役割は、簿記の段階ではまだなく、本格的な情報開示は、会計へと進化した段階で初めて機能したということができる。

　このように、細部にわたって検討すれば、簿記と会計では異なっているのはいうまでもない。簿記がいわば単なる経済的情報の記録・計算・報告のための技法であるのに対して、会計は、それに加えて、どの経済的情報を対象に取り入れ、どの情報を対象から取り下げるかなどの判断を行う。また、資産や負債、費用や収益の価額を単に計算するのではなく、どのような物差しで計るのかを決めるのも会計の重要な役割である。会計は、経済的情報を所与のものとして記録計算していく記帳技法としての簿記とは異なり、記録計算の範囲を決定し、実際に価格をつける評価方法を決めるいわば判断としてのシステムを含んでいるといえる。

光は初め15世紀に、次いで19世紀に射した

　イギリスでは、18世紀後半から、産業革命と呼ばれる世界史上重要な変革の時代が開始する。新しい機械が次々と発明され、人々の生活様式は、それまでとは全く異なったものになった。古い問屋制とマニュファクチャーは、少しずつ機械力によって分業生産を行う工場制工業を生み出してくる。

　すでに述べたように、リトルトンは、「光は初め15世紀に、次いで19世紀に射したのである。15世紀の商業と貿易の急速な発展にせまられて、人は帳簿記入を複式簿記に発展せしめた。時移って19世紀にいたるや当時の商業と工業の

(19世紀建造の中国茶をイギリスに運んだ高速帆船カティサーク号)

飛躍的な前進にせまられて，人は複式簿記を会計に発展せしめたのである」と述べている。ここでいう15世紀というのは，パチョーリの『スンマ』を指し，19世紀というのは，かの産業革命以降の著しい工業化の時代が熟成し，簿記が会計へと進化していく時代を指しているのはすぐにわかる。巨大な株式会社の出現は，新たな財務諸表や会計士監査制度を生み出し，工業化の著しい進展は，原価計算や減価償却に関する新しい会計問題を登場させた。

8-4. 鉄道狂時代と減価償却の登場

鉄道狂時代の幕開け

　巨大な企業から生産される製品やそれに伴って生じてくる様々な発明，なかでも蒸気機関車の発明は，単にイギリスだけではなく，その後の世界に大きな影響を与える。蒸気機関車は，ジョージ・スティーヴンソン(1781-1848)によって実用化されたが，それよりも前にすでにリチャード・トレヴィシック(1771-1833)によって発明されていたのは，多くの人によってすでに知られて

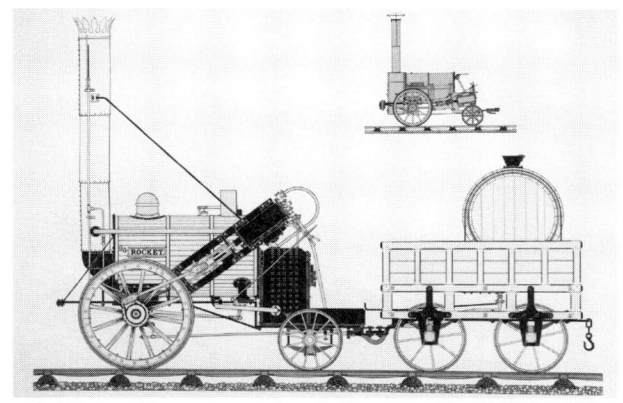

(スティーヴンソンのロケット号:ロンドン科学博物館)

いるところである。1804年2月21日,世界最初の貨物用蒸気機関車がペナダレン製鉄所(The Pen-y-Darren Iron Company)のある南ウェールズのダウライス近郊マーサー・ティドヴィル(Merthyr Tydfil)からアバーシノン(Abercynon)まで走行した。これが鉄道史上で最初の蒸気機関車と言われている。イギリスで蒸気機関車の父というのは,むしろこのトレヴィシックを指している。

スティーヴンソンの蒸気機関車が石炭を輸送するためにストックトンとダーリントンの間を時速19.2kmで走ったのが,1825年のことである。しかし,経済性に劣ったため改良が加えられ,その後1829年のレインヒルの競争で,かのロケット号が最高時速46.4kmを記録し,優勝を飾った。1830年,ついにリバプール＝マンチェスター鉄道が開通し,きたるべき鉄道狂時代(レールウェイ・マニア)の幕が切って落とされた。この時すでに鉄道事故の最初が歴史に刻まれている。開通式に招かれた地元の代議士が,線路を横切ろうとした際に,ロケット号にはねられて大怪我を負ったことが記録されている。

費用配分思考の登場

この鉄道が会計に与えた影響は,決定的であった。鉄道事業を経営して行くためには巨額の資金が要求され,このうちのほとんどは,蒸気機関車や客車,レールに枕木,敷地等,会計学でいう固定資産に投資された。このような状況

は，従来までの簿記処理の方法に大きな矛盾を投げかけた。例えば，今期の総収益が10億円，総費用が8億円のA鉄道会社が，それ以外に30億円を出して新車両を購入したとする。単純に計算すれば，収益が10億円，費用は8億円と新車両購入費としての30億円の合計38億円となり，今期は差引28億円もの損失を出したことになる。簿記的に考える限り，新車両の購入代金を購入時点で一括して費用処理したとしても別に矛盾はない。しかし，そのために，今期は損失となり，株主は配当金を受け取ることができなくなってしまう。経営者は，経営責任を問われ，職を追われることになるかも知れない。

　ところが，同じ10億円の収益で8億円の費用であっても，以後しばらくは新車両を購入する必要がないため，次期以降は，2億円の利益が出ることになる。当然のことながら，株主は配当金を受け取り，経営者も責任を問われることはない。もし新車両が20年間使用に耐え，その間収益と費用が同じだとすれば，初めの年だけが28億円の赤字で，後の19年間は2億円の黒字ということになる。たとえ簿記処理上に問題がなくても，どこか不合理を感じさせるものがある。なぜなら，同じ設備を使い収益も費用も同じあるのに，初年度とそうでない年度というだけで利益が異なってくるからである。

利益平準化の一つの考え

　当時の経営者たちは，この不合理がどこから生じてくるのか，どこに矛盾があるのか，これらを少しでも少なくする方法はないものかと考えた。そこで，新車両の代金を購入年度だけに負担させるのではなく，その車両を利用する全期間に負担させるという方法を考案するに至った。すなわち，新車両の代金30億円を20年間に振り分けて，毎年1億5,000万円ずつを均等に負担させる方法である。その結果，毎年の利益は5,000万円ずつと平準化され，上述のような矛盾が解消されることになる。この解決法は，すでに簿記上の処理の問題を超え，配当政策としての，会計理論上の手法の問題である。このような考え方が減価償却と呼ばれている方法の基盤となったのは，良く知られている通りである。もちろん，減価償却の前身は，取替法であるといわれているが，その考えを否定しているわけではない。

18世紀後半から19世紀前半にかけて，企業が機械や工場あるいは蒸気機関車等のような巨額の固定資産を抱えるようになると，それらの購入代金をどのように処理するかが，経営者にとって極めて重要な課題になってきた。固定資産の費用配分，すなわち減価償却に関する問題は，複式簿記の技術上の観点からではなく，会計政策上の立場から簿記処理法を考えたときに，初めて登場してきた問題である。

減価償却と評価減の違い

減価償却費の本質は，一般的には，価値移転的減価と捉えられている。したがって，減価償却は，先験的な費用配分法である。将来期間への人為的な期間配分手法であるとすれば，減価償却は，本来，会計的認識に属する問題であり，測定に関する問題とは区別して考える必要がある。

減価償却と会計的測定すなわち固定資産の評価減の問題は，議論の座標を異にしているため，分けて考察する必要がある。単純に，両者を同一線上に捉えるには問題があると考えている。また，税法上の特別償却は，あくまでも減価償却の枠組みの中で，先験的な費用配分法に政策的な特別の配慮をするための手段であり，単なる当該固定資産の減価としての評価替えや帳簿価額の減額を意味する減損の問題とは，分けて考える必要がある。

8-5. 財務諸表の出現とその有用性

会計の根本は信頼性

会計の計算構造を支えている複式簿記は，ビランチオ（利益処分結合財産目録）による利益の分配計算の証明手段として完成したということは，繰り返し述べてきた。複式簿記は，実地棚卸で求めた利益を継続的な記録で計算した利益で証明することによって完成した。証明するためには，事実にもとづく誰からも納得してもらえる手法が担保されていなければならない。事実にもとづく

客観性といつでも誰によっても検証可能な透明性に支えられた信頼性が何よりも重要である。

会計の評価基準は生まれながら取得原価

　複式簿記が記録の信頼性を重視し，証拠性の高い証明手段としての原始記録を第一に考え，その立脚基盤を原初記録としての取得原価においていたのは，必然の帰結である。すなわち，会計は，生まれながらにして取得原価，すなわち取引価格をその立脚基盤とすると同時に，時の経過によって生じる価格差異を時価によって修正するシステムを内包しながら展開してきた。それ故，取得原価（過去価値）と市場価値（現在価値）は，単に時間軸の相違によって生じる差異に過ぎず，両者の間に本質的な違いはない。換言すれば，市場価値測定会計は，取得原価主義会計の中に包含される。しかし，将来の予測を含む割引現在価値（未来価値）会計は，同じく公正価値会計と呼ばれても，市場価値会計とは明確に区分して考えなければならない（283頁の図表12-2を参照）。

今日の会計の役割

　今日，会計の主要な役割は，情報提供機能にある。そのためには，提供される情報が現在および潜在的な投資家，融資者やその他の債権者にとって有用な情報でなければならないというのが国際会計基準やアメリカ基準の基本的な考え方である。IFRS 2011によれば，「財務情報が有用であるべきだとすれば，それは目的適合的で，かつ，表現しようとしているものを忠実に表現しなければならない[10]」とし，有用な財務情報の質的特性として目的適合性と忠実な表現の二つをあげている。

　会計の計算構造を支えてきた複式簿記が800年もの永きにわたり社会の中で容認されてきたのは，収益費用観を原点に事実にもとづく検証可能性を担保した信頼性によって支えられてきたからである。資産負債観偏重の昨今の会計観のもとでは，結果としての実践的行動（その結果が貸借対照表の資産や負債や純資産として表示される）が重視されているが，この具体的な行為は，その原点になる抽象的な心や思い（貸借対照表の具体的な資産や負債等を生み出した

原因としての商行為，すなわち費用や収益を示した損益計算書）がなければ，実在していると思われている資産や負債や純資産もまた存在しなくなる。すなわち，資産負債観による会計観，換言すれば貸借対照表に過度に重点を移した今日の会計観では，取引の実像を捉えることができないし，決して会計の本質を明らかにすることもまたできないのである。

資産負債観の問題点

　資産負債観偏重の昨今の会計観のもとでは，「もの」の世界，すなわち結果としての実践的行動（その結果が貸借対照表の資産や負債や純資産として表示される）が重視されているが，この具体的な行為は，その原点になる「こと」の世界，すなわち抽象的な心や思い（貸借対照表の具体的な資産や負債等を生み出した原因としての商行為，すなわち費用や収益を示した損益計算書）がなければ，実在していると思われている資産や負債や純資産もまた存在しなくなる[11]。その結果，資産負債観のみによる会計観，換言すれば貸借対照表に過度に重点を移した今日の会計観では，取引の実像を捉えることができないし，決して会計の本質を明らかにすることもまたできないのである。会計ならびにその計算構造を支える複式簿記の原点は，いつでも誰によっても検証可能であり，継続的な記録を前提にした，事実にもとづく客観性と検証可能性に支えられた信頼性にこそ求められなければならない。

可能性の会計学

　われわれ会計に携わる者は，突然に降って湧いたIFRSの適用範囲の縮小議論や延長議論に惑わされることなく，会計の本来的役割が何であるのかを通して，過去に「あった会計」や現に「ある会計」の単なる解釈ではなく，また将来にこう「あって欲しい会計」への幻想でもない，現実に実現可能な「ありうる会計」の測定手段を求めていくことが重要になる。

　この点に関して，高寺貞男は，「もしも，未来の会計を構想して，現在の会計を変革する知的戦略を欠いたまま，会計の記述的研究を独立的に進めたならば，過去と現在の会計を解釈するよりもむしろそれらを正当化することになる

であろう。それとは反対に，会計が行われている社会的・組織的関係状況を無視して，会計の規範的研究を独立的に進めたならば，『ありえない』会計を幻想することはできても，社会的容認をうることはできず，実験的失敗に終わってしまうであろう。それゆえ，未来に『ありうる』会計を構想すると同時に，過去に『あった』会計と現に『ある』会計に新しい解釈を与えるためには，会計の記述的研究と規範的研究を統合することが必要となる[12]」と指摘している。

簿記は生まれた時から混合測定会計

意思決定有用性アプローチにその軸足を置く金融資本中心の世界的な流れの中で，株価の変動との関連においても，「われわれは，包括利益が純利益よりも企業成果と（説得力の見地からしても）より強く結びついているという明確な証拠を見出し得ない[13]」という実証研究もすでに報告されているように，今一度，モノづくりを基軸に据える日本経済を再生させるためにも，包括利益情報に対する当期純利益情報の存在意義を，単に信頼性の観点からだけではなく有用性の側面からも，再認識する必要がある。昨今，包括利益の測定基準である公正価値と当期純利益の測定基準である取得原価の両者を，どちらか一方だけに偏るのではなく，両者を共存させる混合測定会計という考え方がある。取得原価と公正価値のハイブリッド会計である。

この取得原価主義会計と時価主義会計の共存は，会計の利益計算構造を支える複式簿記が発生した13世紀の初めから，当然のこととして行われてきた。会計は，その誕生時点から混合測定会計として登場し，それ以降800年の間，ずっと取得原価と時価の両者で利益の測定を行ってきたのである。

【注】
1) Littleton [1933], p.368. 片野訳 [1978] 498-499頁。
2) Paton [1922], pp.4-5.
3) AAA. [1966], p .2. 飯野訳 [1969] 2頁。
4) なお，厳密にいえば，簿記における報告は，代理人が資本主に報告する「内

部報告」を指し，会計における伝達は，経営者が利害関係者に報告する「外部報告」を指している。したがって，[図表8-1]における報告は，会計上の報告すなわち外部報告を意味している。

5) 片岡 [1967] 224-225頁。
6) FASB [1980], No.1, p.5. 平松・広瀬訳 [1994] 14頁。
7) 近代会計制度の作り上げたイギリスの会計士たちの歴史については，友岡 [2005] を参照。なお，わが国の監査人制度の発展に関しては，原 [1989] に詳しい。
8) この間の状況については，鈴木 [1976] を参照。
9) パーカー著，友岡・小林訳 [2006] 21頁。
10) IASB [2010], Chapter 3, FQC4,『国際財務報告基準 (IFRSs)』[2011]，第3章，QC4，A32頁。
11) 木村 [1982] 第1部「こととしての時間」を参照。
12) 高寺 [1988] まえがき i。
13) Dhaliwal, Subramanyam and Trezevant [1999], p.47.

第 9 章

財務諸表の生成

(グラスゴー大学アーカイヴスに保管されているフィンレイ商会の帳簿)

9-1. 貸借対照表の萌芽

会計の目的は情報提供

　アメリカ会計学会（AAA）は，1969年に基礎的会計理論（ASBAT）を公表し，会計を「情報の利用者が判断や意思決定を行うにあたって，事情に精通したうえでそれができるように，経済的情報を識別（認識－渡邉注）し，測定し，伝達するプロセス[1]」であると定義した。今日の会計の第一義的な役割が意思決定に有用な情報を提供することであると言われているが，この意思決定有用性アプローチの原点がここにある。その上で，次のような意思決定に役立つ情報を提供するのが会計の目的であると規定した[2]。

　その目的は，①限りある資源の利用，②組織内の人的資源と物的資源の効率的な指揮と統制，③資源の保全と管理についての報告，④社会的機能と統制の容易さ，の四つである。会計とその利益計算構造を支える複式簿記の基本的なキーワードは，認識（記録），測定（計算），伝達（報告）にある。なかでも，会計は，測定した企業利益を利害関係者に開示することが最も重要な役割である。今日では，この開示のプロセスは，財務諸表とりわけ貸借対照表や損益計算書およびキャッシュ・フロー計算書を通して行われている。

開示の必要性と報告書類の出現

　貸借対照表や損益計算書は，複式簿記の生成当初からすでに存在していたと思われがちであるが，複式簿記の生成当初では両者はまだ作成されることはなく，その萌芽的な形態が現れるのも17世紀後半になってからのことである。しかもそれは，必ずしも今日の財務諸表と同じ機能を果たすものではなかった。多くの利害関係者，とりわけ一般の株主に開示するという今日と同様の機能を果たす貸借対照表や損益計算書がイギリスで現れるのは，やっと19世紀に入ってからのことである。産業革命を機に，鉄道会社や石炭・製鉄会社といった巨大な株式会社が出現し，多くの人から多額の資金を調達する必要に迫られたの

が最大の要因である。

　複式簿記が発生した当初の個人かせいぜい家族で組合を結成している段階では，企業損益の厳密な計算は，それほど必要ではなかったといえよう。そればかりではなく，企業活動の成果を広く利害関係者に開示する必要性などどこにもなかった。なぜなら，株式会社はまだなく，したがって多くの株主もまた存在していなかったからである。ヴェネツィアの家族組合とは異なり，たとえ他人と組んで結成したフィレンツェの期間組合においても，組合員の数がそれほど多くなければ，企業の財政状態や経営成績をわざわざ別の紙葉に作成して開示する必要はない。帳簿そのものを組合員が相互に閲覧すればそれで用を足せたわけである。今日のような損益計算書や貸借対照表の作成は，19世紀に入ってからのことである。

帳簿ではなく別の紙葉による報告

　しかし，遠隔地に支店を持つ比較的規模の大きな組合の場合は，初期においては必ずしも定期的とは限らなかったが，ある特定の時期には支店の責任者が事業主に対して業績の報告を行っていた。多くの場合，それは，ビランチオであったり，時として損益勘定や残高勘定の写しであったり，また試算表によって報告がなされた。

　財務諸表の作成・開示の実務は，多くの株主を抱える巨大な株式会社の出現によって帳簿の開示が事実上困難になった時に始まった。本章では，企業の財政状態や経営成績をディスクローズするために最も重要な役割を果たしている貸借対照表と損益計算書が，18世紀の後半から19世紀の前半のイギリスにおいてどのようにして生成し展開して行ったかを，当時のイギリス会社法と関連させながら，見ていくことにする。

9-2. 今日の貸借対照表の出現前夜

運河会社や鉄道会社で作成

　企業の財政状態や経営成績をわざわざ別の紙葉に作成して開示するシステムが形成されてくるのは，鉄道会社や製鉄会社等の出現によって，開示対象が非常に多くなってからのことである。時代的には，18世紀後半から19世紀前半にかけてである。当時の大企業は，巨額の資本調達の必要性から，将来株主に対して，投資の有利性や安全性を広く周知させる必要に迫られていた。しかし，膨大な帳簿そのものを開示することは，インターネット等による通信手段がなかった当時においては，物理的に困難であったため，別の紙葉によって財政状態や経営成績が判断できる財務表，すなわち貸借対照表と損益計算書を，投資誘因の一つの手段として作成し開示する方法を考え出したのである。

　従来までの研究では，その形態上の類似性から，オランダのシーマン・ステフィン（1548-1620）の説く「状態表すなわち資本」とその証明表としての「損益表」が，時として，貸借対照表や損益計算書の萌芽的事例であると見なされることもあった。なぜなら，世界最初の株式会社であるオランダ東インド会社が設立されるのは，1602年であり，ステフィンは，当時のネーデルランド共和国（オランダ）の総督であり東インド会社の設立者でもあったオラニエ公マウリッツ（1567-1625）の少年時代に家庭教師を務め，後に財務監督官として仕えたからである。そのため，ステフィンの説く簿記法は，オランダ東インド会社（株式会社）を想定した方法で，そこで用いられた二つの表は，その形態の類似性から，財務諸表と見なされることもあった。

　しかし，ステフィンの説く状態表と損益表は，機能的に見る限り，決して財務諸表ではなく精算表の前身であることは，すでに明らかにした[3]。それでは，イギリスで貸借対照表や損益計算書が登場するのは，いつ頃のことであろうか。また，どのような必要性があって生成してきたのであろうか。始めに貸借対照表の生成から見ていくことにする。

貸借対照表の生成

　貸借対照表とは，ある一定時点における企業の資産，負債，純資産の状態を要約した一覧表である。一覧表として帳簿とは別の紙葉に作成するのは，自分のためではなく，何らかの目的があって，外部の関係者に自社の資産や負債や純資産の状態を開示する必要性に迫られたからである。もし一般への開示を前提にしないのであれば，わざわざ帳簿とは別の紙葉に作表する必要はない。決算残高勘定や試算表によって企業の財政状態の概要は，十分に把握できるからである。

　19世紀に入ると，東インド会社のように株主が限られた特権商人からなる勅許会社の場合とは異なり，不特定多数の株主を抱える巨大企業が出現してくる。そうなると，開示資料の中には，たとえ株主への開示といえども，競争相手等には公開を憚る企業秘密も含まれている。そのため，不特定多数の株主への開示は，必要最小限にとどめたいと判断するのは，ごく自然の流れであろう。しかし，それよりももっと大きな問題は，いかに投資を引き出すためとはいえ，膨大な会計資料を多くの株主に開示するのは，物理的に困難である。そのための創意工夫が帳簿とは別の紙葉に投資意思決定の判断材料に必要な財務的資料を開示するという考え方を生み出したといえる。財務諸表を出現させた最大の要因は，厖大な帳簿を開示する物理的な困難さと帳簿に記帳されている秘密漏洩の防止への対応であったといえる。

東インド会社とイングランド銀行の貸借対照表

　最も初期の貸借対照表として，オリバー・クロムウェル（1599-1658）の改組（1657年）後の1670年前後に作成されたイギリス東インド会社の半公表貸借対照表と1696年下院に提出するために作成されたイングランド銀行の貸借対照表が，一般にあげられる。ウィリアム・W・ハンターの研究によると，イギリス東インド会社の会計実務は，クロムウェルの特許状まで会社がとってきた簿記の秘密主義から脱却し，まさしく近代的株式会社の基礎となった公表会計の先駆けになったといわれている[4]。

　いくら先駆けとはいえ，クロムウェル当時のイギリス東インド会社の貸借対

照表もイングランド銀行の初期の貸借対照表も，今日の貸借対照表とは，その目的と役割において，大きく異なっていた。前者は，株主への元帳上の資本勘定の閲覧権を単に認めたものに過ぎず，一般の株主に企業の財政状態を開示するために作成されたものではない。また後者は，イギリス東インド会社のそれとは異なってはいたが，株主への報告のためになされたものではなく，当時のイギリス政府の要請にもとづき，不祥事の釈明のために下院への提出用として作成されたものに過ぎなかった[5]。

したがって，当時の貸借対照表は，今日われわれが一般に用いている貸借対照表と比較すれば，かなり大きな隔たりがあるといえる。その違いは，どんな目的で誰のために作成したかに起因している。報告する相手が企業内部の人間なのか，それとも外部の株主なのか，また外部であったとしてもごく限られた機能資本家や議会なのか，それとも不特定多数の無機能資本家であるのかによって，その形態や役割に大きな違いが見られるのは，当然である。これらが貸借対照表の萌芽的な形態であることには変わりはないが，決して今日と同じ目的と機能を持った貸借対照表ではなかった。

9-3. フィンレイ商会の残高帳

グラスゴー大学記録保管所の史料

今日の貸借対照表と同じ機能を果たす資産・負債・資本の一覧表を作成した最も初期の事例として，われわれは，グラスゴー大学の記録保管所に1789年から1935年にわたって残存するフィンレイ商会（1789-1972）の残高帳（バランス・ブック）をあげることができる[6]。創始者のジェームズ・フィンレイは，紡ぎ糸商人で，1793年にディーンストン製造工場の経営に際し，綿工業一家として知られていたブキャナン一家と組合を結成した。彼の息子カークマン・フィンレイは，1802年にデビッド・デイルからキャトライン工場，1808年にはバリンダロッホの製造工場の権利を譲り受け，企業を拡大させる手助けをなした。本社はグラスゴーにあ

（フィンレイ商会の帳簿の保管棚：
グラスゴー大学記録保管所）

り，織物製造工業をなす一方で茶の栽培と販売も手がけ，最盛時には2,000人以上もの手織りばたの織工を抱えていた[7]。

　残存している帳簿は，ほとんどが19世紀以降のものであり，18世紀の帳簿は，ここでとりあげる残高帳と個人の仕訳帳および元帳が残されているに過ぎない。最初の元帳は，1791年から1792年にわたる取引が記帳され，そこには，製造，原価，資本，組合員，商品，支払手形および受取手形に関する各勘定が含まれている[8]。

近代的貸借対照表の直接の前身

　残高帳に記帳された最も古い残高勘定には，1789年2月10日から1790年2月1日までの取引が1790年2月9日付で記録されている[9]。

　残高勘定に転記された勘定科目は，ほとんどが人名勘定であり，それ以外の勘定科目についても，18世紀の後半までに出版された簿記書で説明されているものと大きな相違はない。個々の詳しい内容については，残高帳に対応する仕訳帳と日記帳あるいは仕訳日記帳が残存しないため，明らかではない。

フィンレイ商会の残高帳の特徴

　例示した残高帳の残高勘定には，当該期間の利益1,600ポンドが表示されて

いる。いうまでもなく，残高勘定には，期末資本が表示されるだけで，ある1期間の期末の残高勘定だけでは利益はわからない。しかし，この残高勘定には利益が表示されているため，単に元帳勘定の資産・負債・資本を締め切るための決算残高勘定ではなく，明らかに財政状態の一覧を通して，1年間に獲得した利益を開示する目的で作成されている財務報告資料である。

貸倒引当金68ポンド14シリング1.5ペンスも計上されている。利益の約4.3％に相当する額が貸倒れの予想額ということになる。翌年度（1790年2月1日－1791年2月1日）では，利益が1,800ポンドと前年度とほぼ同程度であるのに対して，貸倒引当金が267ポンド13シリングと4倍近くにもなっている[10]。さらにその翌年では，925ポンドの利益に対してなんと1,637ポンド15シリング9ペンスの貸倒れ額が設定されている[11]。このように，その年々によって貸倒れの予想額が大幅に異なっているのは，当時の政治・経済事情が不安定であった状況の反映であろうか。

残高帳に転記された各年度ごとの残高勘定は，利益が表示され会計担当者のサインがなされているという点を除けば，元帳勘定における残高勘定と同一内容であり，その内容が帳簿記録にもとづいて作成されているは言うまでもない。

この残高帳の最大の特徴は，数年間にわたる残高勘定のみの写しが一冊の帳簿に集められ，1年間に獲得した利益の総額が明示されている点にある。従来

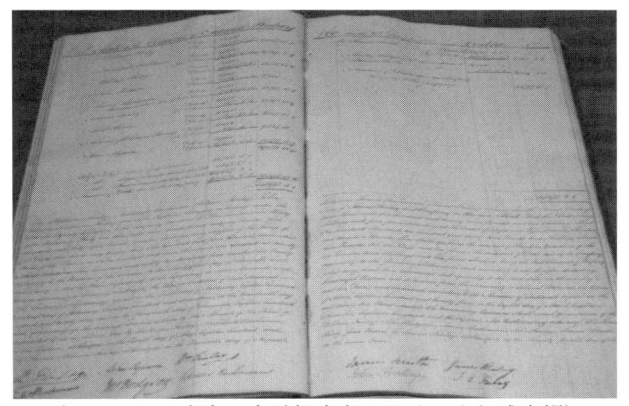

（フィンレイ商会の会計担当者のサイン入り残高帳）

[図表 9 - 1] フィンレイ商会の残高帳, 1789

残高借方				残高貸方			
製造	1,361	16	6	ジェームズ・フィンレイ	606	8	6
現金	96	8	1	ジェームズ, ジョージ・ブキャナン	1,459	14	10
商品	3,882	4	8	クリスティー, スミス会社	85	19	1
K・フィンレイ	605	12	3	シャドウィック, セドン	564	15	9
ジョン・ライト	78	16	5	ブラム・フィールド, スラック	89	11	9
アンドリュー・ステフィンソン	260	-	10	ボイロダイルス会社	58	7	1
ミラー, ユーイング	17	10	-	支払手形	1,127	-	-
ユーテンシル	210	1	-	ウィリアム・ジレスピィー会社	22	6	10
受取手形	704	9	6	ジョン・マンティース会社	13	7	
⋮	⋮	⋮	⋮	⋮	⋮	⋮	⋮
ジョン・パードン	33	11	5	ジョン・ミリケン	39	7	-
クレメント・ベリネイ	2	16	-	損益の貸方への誤謬	13	8	9
ドゥバライアード, フィリッポン	67	17	-	貸倒引当金	68	14	1½
J.A.ウィルソン	6	8	-	資本金	2,600	-	-
D.W.ハーパー	354	14	6	同上今期の利益に対し	1,600	-	-
バートン, ブルーム会社	6	5	-	ジェームズ・フィンレイの貸方£738.9			
キニバーグ, ブレアー会社	3	2	2	K.フィンレイの貸方369.4			
D.マーシャフィー会社	10	16	6	ジョン・ライトの貸方123.2			
マッカラム,モンロウ会社	5	8	-				
グレイ, ラウリー	9	12	10				
	11,784	19	10½		11,784	19	10½

われわれはここに, 上記のものが, 1789年2月10日から1790年2月1日までのジェームズ・フィンレイ商会の公正かつ真実な残高の状態であることを証明します。
1790年2月9日, 立会人自らの手で
ジェームズ・フィンレイ
K.フィンレイ
ジョン・ライト

(UGD 91/3 pp.1-6)

の複式簿記による帳簿組織のなかでは見られない帳簿である。もちろん，貸借対照表でもない。少なくとも，19世紀前半までのほとんどの簿記書で，われわれは，この残高帳の例示や説明を見出すことはできない。おそらく，株主への会計情報の開示機能をより合理的に遂行して行くために，実務のなかで考え出されたものであろう。その意味で，われわれは，このフィンレイ商会の残高帳を今日の貸借対照表の前身と位置づけることができる。

記帳責任者の証明付きの残高勘定

この残高帳に集められた残高勘定が元帳内の決算残高勘定と異なるところは，利益が表示されている他に，この残高帳が元帳の残高勘定と同一内容であることを証明するための署名が見出せるところにある。すなわち，フィンレイ商会の残高帳は，記帳責任者や経営責任者のサインがなされた証明つきの決算残高勘定なのである。

この証明のための署名入り残高勘定は，外部への開示という点では，単なる残高勘定ではなく，まさしく今日の貸借対照表と同じ機能を果たしていたとみなすことができる。元帳そのものを開示することは，株主が多くなればなるほど，物理的に困難になる。それと同時に経営上の秘密を保持するという政策的な観点からも，経営者は，帳簿自体の開示には慎重にならざるをえなかったのであろう。

そのため，証明のためのサイン入り残高勘定だけを一冊の帳簿に集めて，株主や他の利害関係者に開示するという工夫がなされたのが残高帳である。元帳とは別の帳簿に，報告目的のために残高勘定の写しを記載するのであれば，この残高帳における残高勘定の数字が元帳における残高勘定の数字と同じであるという証明が必要になる。利益額の表示とともに，この証明が付け加えられている点が，決算残高勘定と異なるフィンレイ商会の残高帳の大きな特徴の一つである。

キャロン・カンパニーの残高帳

スコットランドのフォーカーク近郊キャロン川の堤に，1759年に設立された

キャロン・カンパニーの残存する帳簿のなかにも，「残高帳」を見出すことができる。この残高帳は，1766年から1767年と1768年5月から1769年4月までの2冊，ならびに1773年から1867年までの6冊の合計8冊が残存している。リチャード・マクベーは，初めの2冊の残高帳は，おそらく，実質的には仕訳帳であろうと推論している。そこには，月ごとに分けられた仕訳帳と損益勘定を含んだその期間の試算表も含まれている[12]。キャロン・カンパニーの膨大な史料は，現在，エディンバラにあるスコットランド国立古文書館に保管されている。

名前は同じ「残高帳」であるが，実質的には仕訳帳であるキャロン・カンパニーの残高帳と数年間の決算残高勘定を集めた利害関係者への報告の役割を果たしたフィンレイ商会の残高帳とでは，すぐ後で見る初期の鉄道会社で作成された残高勘定と同様，その実質的な中身には大きな違いがある。

9-4．鉄道会社の残高帳とフィンレイ商会の残高帳の相違

鉄道会社における残高帳

この残高帳という名前が付けられた帳簿は，リバプール近郊のマーシー湾を挟んだバーケンヘッドとランカスター，チェスターとを結んだバーケンヘッド・ランカシャー・チェッシャー間鉄道会社の1846年から1866年の間の半年ごとにまとめられた帳簿の中やグレート・ウェスタン鉄道の半期ごとの帳簿の中にも見出すことができる[13]。これらの史料は，現在，ロンドンの南西キューにあるナショナル・アーカイヴスに保管されている。この時代にはすでに，貸借対照表が出現していたため，両者の役割分担がどのように認識されていたかは，検討課題として残される。

企業が多くの株主や債権者に自らの財政状態や経営成績を報告するためには，企業をとりまく利害関係者が多くなればなるほど，帳簿とは別の紙葉にそれらの概要を要約し，一覧表として開示していくのが最も自然な一つの帰結であろう。なぜなら，第1に，ネットでの開示などの手段のなかった当時において，

膨大な会計帳簿そのものを多くの利害関係者に開示するのは物理的に困難であり，第2に，会計帳簿そのものを開示することは，帳簿に記載された様々な企業秘密を公開することにもなる。経営者たちが可能な限りそのような秘密の漏洩を回避しようとするのは，当然である。

（ナショナル・アーカイヴス正面入口）

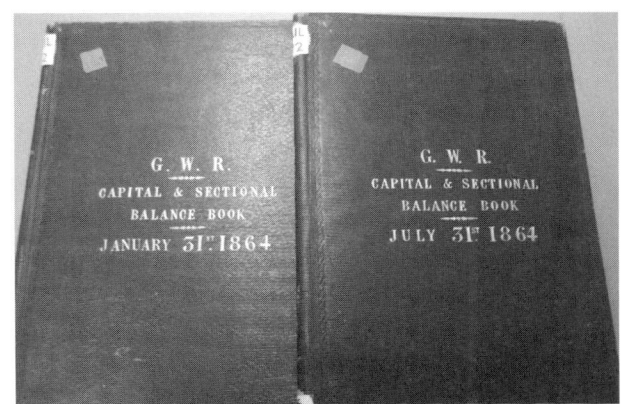

（グレート・ウェスタン鉄道の1864年1月31日と7月31日付の残高帳）

(ナショナル・アーカイヴス2階インフォメーション)

(ナショナル・アーカイヴス2階閲覧室)

ベアリング・ブラザーズ商会の証明の署名入り試算表

　いわば，転記ミスや脱漏がないという証明付きの勘定の写しは，この残高帳だけではなく，18世紀後半から19世紀前半にかけてのベアリング・ブラザーズ商会（後のベアリングス投資銀行）の1781年から1805年にかけて残存する試算表や19世紀前半のバーミンガム運河会社の試算表の中にも見出せるところである。これらの紙葉は，残高勘定ではないが，記帳責任者による証明付きの会計資料という点では，フィンレイ商会の残高帳と同様，外部への開示を目的とし

第 9 章　財務諸表の生成　217

（ベアリング・ブラザーズ商会の帳簿が保管されているキルド・ホール図書館）

（ギルドホール図書館の入口）

て作成されたものであろう。なお，ベアリング・ブラザーズ商会は，1762年にフランシス・ベアリングと弟のジョン・ベアリング，それに娘婿のチャールス・ウォールの3人で設立され，女王陛下の取引銀行としてもよく知られていた銀行である。このメガバンクが1995年にシンガポール支店のわずか1社員のデリバティブの失敗によって倒産したのは，あまりにも有名である[14]。

試算表は，元帳記帳の正否を検証するための内部資料であるが，このような記帳責任者や経営責任者の証明を付したというのは，恐らく外部への開示書類としてこれらの試算表が利用されたためと推測される。産業革命期に入り，株主や債権者からの情報開示に関する要求が強まってきたことを反映しているのであろう。

イギリス最初の会社法（1844年）

　イギリス最初の会社法が制定されたのは，18歳で即位しイギリスの黄金時代を築いたヴィクトリア女王（1819-1901, 在位：1837-1901）の時代であった。フランスとの植民地争奪戦に勝ち抜くためには，投資を拡大させ，資本の集積が急務とされた。そのため，一方では，1720年の泡沫会社禁止条例を廃する泡沫会社禁止条例廃止法（1825）を制定させると同時に，他方では，南海泡沫事件（1720）で莫大な損害を被った人々の記憶がまだ冷めやらぬ末裔たちに，投資の有利性と安全性を強くアピールする必要があった。

　これらの結果が，1844年登記法（会社法）における会計の公開性ないしは開示の法制化に繋がる第一歩となった。1844年登記法において初めて，貸借対照表の作成が規定され，つづく1856年会社法で，貸借対照表の雛型が例示された。ここに，法制史上，貸借対照表が初めて登場することになる[15]。

　少し余談になるが今日のイギリスの貸借対照表は，借方に負債と資本が，貸方に資産が記帳され，われわれが慣れ親しんでいる貸借対照表と借方と貸方が反対になっている。この貸借が逆のイギリス式貸借対照表のひな型が，1856年法で初めて例示された。英蘇合併は，1707年のことであるが，同じイギリスでも旧教の強いスコットランドの貸借対照表は，新教（国教）の国イングランドとは異なり，イングランドへの反発からか，借方に資産，貸方に負債と資本が記載される大陸式の貸借対照表であった。スコットランドで大陸式貸借対照表がイギリス式貸借対照表に切り替わるのは，会社法が施行されていたにもかかわらず，1861年頃になってからのことである。

9-5. 損益計算書の登場

損益計算書の初期の事例

　19世紀に入ると，主として鉄道業を中心に，損益計算書が作成されるようになってくる。

　最も初期の損益計算書は，リバプール・マンチェスター鉄道会社の1831年1月1日から同年6月30日に至る会計報告書の中に見出せる。そこには，今日の損益計算書と同じ役割を果たす収入と支出に関する計算書が作成されている。しかし，まだ貸借対照表はない。しかも，ここで表示された会計報告書は，損益計算書とは言い切れず，「本質的に［は］収支計算書であり，期中における現金収支の内訳一覧表である。［そこで行われていた損益計算が－渡邉注］厳密な意味での現代の期間損益計算であったかどうかは極めて疑わしい[16]」ともいわれている。しかし，19世紀前半になって，費用と収益あるいは収入と支出の比較によって，いわば原因の側面から企業損益を計算し，その内訳明細を元

（ロケット号のレプリカ：ヨーク鉄道博物館）

帳諸勘定とは別の紙に作成して，報告しようとする新たな動向が生じてきたことを見逃すことはできない。世界最初の鉄道会社の会計報告といわれるリバプール・マンチェスター鉄道の1831年6月30日の収益勘定表(レベニュー・アカウント)は，企業のフローの側面からの損益計算を外部の株主に報告するために作成されたものであり，機能的には，今日の損益計算書の初期の事例として位置づけることができよう。しかし，貸借対照表は，まだ作成されていない[17]。

19世紀イギリスの実務で損益計算書の作成が先行した理由

　貸借対照表の作成に関する法規程は，1844年会社法で明確に定められ，1929年会社法で初めて作成が義務づけられた損益計算書に先行していた。しかし，実務上では逆に，損益計算書が先行したのは，鉄道会社のもつ極めて高い公益性と実際の資金調達の必要性によるものではないかと推測される。

　鉄道会社への具体的な法規制は，鉄道法等によって行われた。例えば鉄道会社は，鉄道法により投下資本に対し10％以上の配当金を2年以上継続した時は，運賃の引下げが義務づけられていたという[18]。そのため，初期の鉄道会社の経営者達は，当期の利益を料金算定基準の基礎とすると同時に配当可能利益の算出のためにも，貸借対照表よりもむしろ損益計算書を重視していたものと思われる。

　ただし，この規定も実質的には，どれほどの効果を持ったのかに関しては，疑問の残るところのようである。なぜなら，当時の市場金利は，ほぼ4％程度であり，1842年から1873年にかけてのイギリス鉄道会社の資本利益率，すなわち払込資本に対する当期純利益の百分比率は，一番低いときで1850年の2.2％，一番高いときでも1845年の8.5％であり，10％を超える配当を可能にさせる純利益を獲得していたことは，32年間で一度もなく[19]，したがってまた，現実には，10％を超える配当がなされたこともなかったからである。1842年から1873年までで最も高い配当率は1844年と1872年の7.4％で，最も低いそれは1850年の2.2％，32年間の平均配当率は5.1％に過ぎなかったといわれている[20]。

　ロンドン・バーミンガム鉄道会社の1838年の支出・収入ないしは費用・収益を比較一覧したものが，リバプール・マンチェスター鉄道の収益勘定表と同様，

厳密な意味での損益計算書であったのかどうかは別にして，利害関係者への開示を目的に元帳とは別の紙葉に作成し，外部へ開示するために作成されたという点では損益勘定とは明確に区別されなければならない。今日の損益計算書の初期の事例としてあげることには，なんら異存はないであろう。

1844年会社法による準則主義への移行

1844年登記法の特徴は，「第1は社員数をもってpartnershipとjointstock - companyとを法律上区別したことであり，第2は単なる登記によって法人格ある会社を設立しうるとしたこと，第3は公示主義を推進したこと[21]」をあげることができる。とりわけ第3の点は，詐欺や破産を防止する手段として，年次貸借対照表の作成が義務づけられたという点で極めて重要な役割を果たした。1844年法の主眼は，「詐欺に対する保障として公示主義を強化する」ことにあり，これによって，「年次貸借対照表の報告と検査の公開がはかられた[22]」ということができる。

貸借対照表作成の義務づけ

グラッドストーン委員会の勧告にもとづき，会社を助成するために制定され，特許主義から準則主義に移行した1844年登記法は，第43条において，株主総会終了後14日以内に，貸借対照表を作成することを義務づけた。それだけではなく，取締役は，総会の10日前までにすべての社員に貸借対照表や会計検査役の報告書と取締役の報告書の送付をも義務づけている。総会後に，これらの書類は，登記官吏に届出られて閲覧に供されることになる。もっとも，そこでは貸借対照表の作成が規定されただけで，実際の貸借対照表の雛型の例示は，任意規程ではあり，1844年登記法と1855年有限責任法に代えて制定された1856年会社法の付表B（後に1862年法の付表A）まで待たねばならない[23]。

そこでは，今日一般に用いられている大陸式貸借対照表とは逆に，借方（左側）に負債と資本が，貸方（右側）に資産が記載されるいわゆるイギリス式貸借対照表であった。なお，1856年法は，第72条および第73条で毎年株主総会までに貸借対照表を作成し，総会の7日前までに全ての株主に送付しなければな

らないとし，第70条で少なくとも年1回，3カ月以内に作成された収支計算書を株主総会に提出しなければならないとしている[24]。もちろん，収支計算書は，損益計算書とは異なるが，これを損益計算書の前身とみなすならば，1866年法ですでに損益計算書規程の先駆けがなされていたとの解釈も可能になる。

貸借対照表は損益計算書よりも重視されたのか

1844年法のなかに損益計算書の作成に関する規程を見出すことはできない[25]。損益計算書の作成が明確に義務づけられたのは，会計と監査規程に関する世界的規範といわれる1929年会社法が最初である。では，なぜ，貸借対照表に関する規程が損益計算書のそれに先行したのであろうか。単純に解釈すれば，当時の商人達の間では，損益計算書よりも貸借対照表の方が重視されたためと推測される。そのため，先ず，貸借対照表の作成が義務づけられ，損益計算書の作成が遅れて義務づけられたものと思われる。しかし，1830年代のイギリスの鉄道会社では，今日の損益計算書にあたる収益勘定表が作成されていたのは，すでに明らかにされたところである。もしそうだとすれば，法律によって貸借対照表に関する規程が損益計算書に関する規程に先行したのは，当時の商人達や企業経営者あるいは企業をとりまく利害関係者達の間で，貸借対照表が損益計算書よりもより重視されていたからである，との単純な解釈だけでは説明のつかない問題が残される。

損益計算書の法規程が遅れた理由

損益計算書は，フローの側面から企業損益を計算し，貸借対照表は，ストックの側面から企業損益を計算する。それと同時に，損益計算書は，一面では，費用と収益の発生の事実を原因の側面から抽象的に計算し，貸借対照表は，企業財産の一括的な大きさを結果の側面から具体的に計算していく。これら二つの計算方式を一つの組織的体系として組み込んでいるのが複式簿記の損益計算システムである。しかし，企業経営者達は，フローの側面からの損益計算の内容をそのまま外部の利害関係者に報告することには恐らく躊躇を覚えたのではなかろうか。なぜなら，結果としての企業成果の報告は止むを得ないとしても，

その成果を生み出した原因のプロセスには多くの企業秘密も記されており、そのままの形で開示したくないと願ったとしても、ある意味では、当然のことであったのではなかろうか。

1929年会社法の損益計算書規程

　1856年法では、少なくとも年に一度、株主総会の3カ月前までに収支計算書および貸借対照表の作成が規程に盛り込まれている[26]。しかし、この収支計算書は、損益計算書ではない。1844年法では、貸借対照表の作成が義務づけられただけであり、損益計算書については、まだない。損益計算書の作成が義務づけられるのは1929年法まで待たねばならない。

　1929年の会社法では、第123条において、いかなる会社の取締役も、遅くとも会社設立後18カ月以内に、そしてその後毎年1回、定時株主総会の前に損益勘定表すなわち損益計算書、あるいは営利活動を行っていない企業の場合には、収支計算書を作成し、最初の計算書の場合は会社設立後、他の場合は株主総会後9カ月以内に、あるいは現在営業中または海外に利害を有する企業においては、12カ月以内に作成しなければならないと規定している[27]。しかし、損益計算書の雛型は示されていない。

　産業革命期に相次いで設立された運河、鉄道、製鉄、石炭等に代表される巨大企業にとっては、多額の資本を調達することが極めて重要な課題であった。そのため、各企業は、自社への投資を誘引させるための様々な工夫をすると同時に、経営状態がいかに優良でありかつ安全であるかを具体的な数値によって広く株主に開示する必要に迫られた。

ディスクロージャーへの動き

　この開示への要求は、早くは、フィンレイ商会の残高帳（1789）に見られるが[28]、今日のように、資金調達の目的で企業の財務内容や経営状態を計算書類によって一般の株主に開示するために作成されたのは、主として19世紀に入ってからのことである。とりわけ、製鉄会社や鉄道会社を中心に形成されてくる。すでに繰り返し述べているように、実務上では、損益計算書の作成は、貸借対

照表にわずかに先行したが，法制史上では，逆に貸借対照表に関する規程が損益計算書のそれに先行したのである。

　貸借対照表の規程が損益計算書のそれに先行したのは，一つには，損益計算書は，損益勘定によって代行できたが，貸借対照表は，帳簿上で残高勘定が〔借方：諸口，貸方：諸口〕と記帳されてしまうと，その具体的な内容を残高勘定だけで知ることができなくなる。そのため，決算残高勘定に代わる内容の明細を示した一覧表が要求された。実務上では，残高勘定が必ずしも貸借対照表における財政状態の一覧機能を代行することが出来ないことがあったのも一つの理由ではなかろうか。

19世紀は会計にとってまさにエポック
　19世紀初めの鉄道会社の場合は，鉄道法の規程によって，様々な拘束が伴い，経営者は，絶えず企業利益に関心を払い，時には益出し，時には利益の圧縮ないしは平準化をはかる必要にせまられた。その上で，安定した料金収入を得るためには，必然的に，ストックの側面からの利益計算よりも，フローの側面からの損益計算が重視されたものと思われる。企業における損益計算の重心が，ストックからフローに漸次移行していったとみなすことができる。さらに，19世紀後半には，損益勘定上で表示された利益の中身を知るためにキャッシュ・フロー計算書の前身である比較貸借対照表も登場してくる。

　産業革命を期に，多くの巨大な株式会社が出現し，資金調達のために様々な創意と工夫が生まれてくる。財務諸表のディスクローズ，減価償却という新しい費用配分法の考案，優先株式の発行，後入先出法，比較貸借対照表等多くの新しい会計実務が次々と登場し，多くの会計にまつわる新しい制度や規制あるいは法律を生み出してくる。18世紀後半から19世紀に前半にかけてのイギリスは，まさしく会計進化の過程で大きなエポックになった時代である。

【注】
　　1）AAA［1966］, p.1. 飯野訳［1969］2頁。

2）AAA［1966］, p.4. 飯野訳［1969］5-6頁。
3）渡邉［1993］第3章を参照。
4）Hunter［1912］, pp.276-277. 高寺［1974］431頁。
5）高寺［1974］436-438頁。
6）Glasgow University Archives ed., *Business Records Guide*, UGD 91, p.59.
7）フィンレイ商会の残高帳は，他の諸帳簿と一緒に，現在，グラスゴー大学のスコティッシュ・ブリューイング・アーカイヴスに保管されている。分類番号は，《UGD 91/3》である。以下，本帳簿の引用にあたっては，UGD 91/3 と略記して示す。
8）Moss［1984］, p.360.
9）フィンレイ商会の残高帳については，渡邉［1993］74-83頁を参照。
10）UGD 91/3, p.10.
11）UGD 91/3, p.14, 16.
12）Macve［2005］, pp.10-12, p.16.
13）Public Record Office, Rail 35, no.60 and 61.
14）Yamey［1989］, p.33, p.36. 渡邉［1993］83-86頁。
15）Edwards［1980］, p.23.
16）中村［2001］56頁。
17）渡邉［2005］149-152頁。
18）中村［2001］56頁。
19）Broadbridge［1970］, p.62.
20）Broadbridge［1970］, p.65.
21）星川［1960］260頁。
22）星川［1960］263-264頁。
23）Edey and Panitpakdi［1956］, p.362.
24）Edwards［1980］, p.21.
25）Edey and Panitpakdi［1956］, p.366.
26）Edwards［1980］, p.21. なお，1856年法は，その適用をスコットランドにまで及ばせた最初の会社法である（本間［1963］152頁）。付言すれば，1844年法ではまだ有限責任に関する規程は見られず，有限責任法が明確に規定されたのは，1855年法に至ってからのことである。
27）Edwards［1980］, p.50.
28）渡邉［1993］78-83頁。

第 10 章

キャッシュ・フロー計算書の登場

(ダウライス製鉄会社の帳簿が保管されているグラモーガン・レコード・オフィス)

10-1. 発生主義会計からキャッシュ・フロー会計へ

比較貸借対照表の登場

　キャッシュ・フロー計算書は、ごく最近に作成され始めたと思われがちであるが、その萌芽的な形態は、すでに150年ほど前のイギリスに登場している。その原点は、1852年11月と1863年3月の資産と負債の一覧表として作成されたダウライス製鉄会社（Dawlais Iron Co.）の比較貸借対照表である。商売や事業をする者にとっては、資金の調達や運用をしっかりと掴んでおくことは、死活問題である。キャッシュ・フロー計算書といわれるものそれ自体の出現は、比較的新しいが、現金の流れを捉える出納帳は、複式簿記の発生と共に誕生している。お金の大切さは、複式簿記が生まれるよりもはるか以前から認識されていたのはいうまでもない。おそらく現金の収支記録は、貨幣の出現とともにつけられていたものと思われる。しかし、今日言われているキャッシュ・フロー計算書それ自体は、現金出納帳よりもずっと新しく、その萌芽的形態である比較貸借対照表が作成されたのも、19世紀半ばを過ぎてからのことである。

発生主義の矛盾－利益はどこに消えたのか

　現在のイギリスのウェールズにあったダウライス製鉄会社の工場責任者が経営者に1863年7月18日付の手紙を書き送っている。その中で、「私は、この7年間で獲得された『利益』と呼ばれているものが、原材料や製品の在庫の巨大な蓄積であることに気がつきました。昔からの言葉の意味での『利益』とは、企業が健全で順調にいっている状態のもとで、設立の時から［いつでも］引き出すことができ、多くの他の資産、土地、鉄道あるいは同様のものに投資することのできる収入として自由に使える余剰金のことで［あると理解していま］した[1]」と書き送っている。発生主義会計にもとづいて作成した損益計算書や貸借対照表ではかなりの利益が出ているにもかかわらず、現実に設備投資を行おうとした時、手持ち資金が不足していることに気がついたわけである。

利益はどこに消えてしまったのか。利益とは一体何であるのか。利益とは自由に使えるお金のことではなかったのか。この疑問に応えるために作成されたのが，比較貸借対照表であった。ダウライス製鉄会社の工場責任者が本社の経営スタッフに1863年7月18日付で「一体，利益は，どこに行ってしまったのか？」と書き送った手紙のなかに自らが作成した比較貸借対照表を同封している。

トヨタの「かんばん方式」と同じ手法

一世を風靡したトヨタのジャスト・イン・タイム方式，あるいは看板方式で知られる「トヨタ生産方式」等に代表されるように，在庫管理の重要性は，今も変わらぬ永遠のテーマである[2]。売手市場であれば，多少の在庫は次期に直ちに収益として実現し，企業利益の増加に寄与する。しかし，逆に買手市場の時は，在庫は，次期に収益として実現しにくく，単に不良資産として資金繰りを圧迫する要因になるだけである。恐らく，在庫管理の問題は，いつの世でもすべての商人にとっての永遠のテーマであろう。

この在庫管理の重要性を会計帳簿によっていち早く明確にさせたのがダウライス製鉄会社の会計実務に見出せるところである。損益計算書上では，利益が創出されていても，実はそこでの利益が単に在庫の増加によるものであるなら，それは決して真の利益ではない。むしろ，キャッシュ・フローの側面から見れば，原材料の購入時点ではキャッシュ・アウト・フローはあるが，たとえその原材料を使って製品を完成させたとしてもそれが在庫として眠っている限りキャッシュ・イン・フローはなく，反ってマイナスになる。そういった観点から，在庫をいかに少なくするかは，いつの時代においても，経営にとって最大の課題である。在庫管理は，トヨタのジャスト・イン・タイムでよく知られているのはすでに述べたが，近年では，単に在庫を少なくするというだけではなく，生産管理そのものに及んでいる[3]。

ダウライス製鉄会社の沿革

ダウライス製鉄会社は，南ウェールズ，グラモーガンシャーのマーサー・テ

ィドヴィル近郊ダウライスに，1759年9月19日に8人の仲間とともにトーマス・ルイスによって，総額4,000ポンドの出資額で組合として設立された[4]。1763年に，溶鉱炉設置のための土地を，85年間，年5ポンドないし26ポンドでリースしている[5]。その後同組合は，1782年には，出資額を20,000ポンドに増額し，1787年には資本金38,000ポンドをもって株式会社に改組した。1899年9月27日に，ダウライス製鉄・石炭株式会社として，資本金1,100,000ポンドで再編された[6]。

19世紀に入ると，ダウライス製鉄会社は飛躍的な発展を遂げ，19世紀前半には，ついに，それまで銑鉄（ビッグ・アイアン）の生産高では最大のシェアーを誇っていた中部イングランドのシュロップシャーやスタフォードシャーを抜き，最高40％のシェアーを占め，最盛期には，8,500人を超える従業員を抱えた世界最大の製鉄会社にまで成長するに至った。その主力商品は，鉄道建設に伴う練鉄製のレールであった。1805年までには，ダウライス製鉄会社の溶鉱炉での生産高は，年間ほぼ2,100トンを超え，この数字は，当時のイギリス国内の平均量を十分に上回っていた。1815年に5基目の溶鉱炉が操業されたときには，銑鉄の生産高は，年間15,600トンにも達した。1810年に9,846ポンドであった利益は，1814年の決算では大幅に増益し，16,528ポンドにのぼった[7]。この増益の要因は，鉄道を始めとする産業界からの需要とともに7年戦争（1756-1763），フランス革命（1792-1802）あるいはナポレオン戦争（1803-1815）等の戦争特需が大きく影響したものと思われる。

比較貸借対照表が作成された時の利益額

ダウライス製鉄会社の比較貸借対照表は，1852年と1863年の2時点間の資産負債の比較であるが，その間の利益の推移は，次頁の図表10-1の通りである。

比較貸借対照表は，業績が落ち込み始めた頃から比較的回復し安定し始めた頃の2時点間の資産負債の増減変化を比べたものである。

業績悪化の要因はストライキ

1850年代前半は業績不振に陥り，1851年から3年連続で損失を出している。

[図表10-1] 1840－1865年のダウリィス製鉄会社の利益の推移

	£	調整後		£	調整後		£	調整後
1833	21,652	24,438	1844	31,157	38,418	1855	16,916	16,749
1834	50,097	50,183	1845	59,039	71,330	1856	(52,908)	(52,384)
1835	51,836	61,344	1846	159,070	184,965	1857	12,416	11,868
1836	67,711	71,125	1847	172,747	178,848	1858	(41)	(45)
1837	129,160	136,967	1848	104,827	128,150	1859	17,940	19,085
1838	77,413	79,154	1849	15,768	21,337	1860	30,882	31,194
1839	85,024	74,848	1850	3,778	*5,140	1861	8,832	9,012
1840	78,066	76,162	1851	(32,036)	(42,715)	1862	3,059	3,029
1841	47,293	48,406	1852	(19,720)	(25,282)	1863	36,572	35,507
1842	55,206	62,169	1853	(96)	(101)	1864	82,110	78,200
1843	15,335	19,240	1854	44,029	43,166	1865	104,843	103,805

(Jones [1987], p.60, p.108 and p.265.)

【注1】「調整後」というは，Sauerbeck-Statistの指数によって調整された数字である。
【注2】（ ）内の数字は，損失を表す。
【注3】＊を付した本文108頁の5,140ポンドは，265頁では4,906ポンドになっている。

　損失を出した一因に，数カ月間に及ぶ石炭部門のストライキがあげられ，その結果，石炭採掘が中止に追い込まれたのが大きく影響した模様である[8]。設備の修繕に100,000ポンド，新しいプラントのための支出がそれと同額以上，併せて200,000ポンドものコストをかけている。クリミア戦争（1853-1856）の勃発が，それまで非常に負担になっていた対ロシア政府との鉄道用のレールの低価格での契約を破棄させ，一時的に，業績の改善に結びつけたようである。1854年には業績が回復し，修繕と新プラントと機械の購入のために2年間で30,000ポンドを超える投資をしている。1856年には多額の支出により，52,908ポンドもの損失が生じたが，戦争によるインフレを利用し，翌年以降には業績は，漸次，改善されている[9]。

　このような状況下で，業績が改善してきた1963年に新たに設備投資をしようとしたとき，財務諸表上では利益が出ているにもかかわらず，代金の支払いに際して現金がないことに気がついたのである。「利益があるのに支払資金がない。

利益はどこに消えたのか」。この利益が消えた原因と利益の行く先を求めて作成されたのが比較貸借対照表であった。

10-2. 資金計算書の萌芽：ダウライス製鉄会社の比較貸借対照表

発生主義による損益計算の限界と資金計算書

たとえ損益計算書や貸借対照表上で利益が出ていたとしても，それだけでは，新たな設備投資をするにしても実際に配当金を支払うにしても，これらの要求に応えうるだけの現実の現金資金を確保している保証にはならない。なぜなら，売上として収益に計上されていたとしてもその売上が掛売りであるなら，代金はまだ回収されておらず，したがって利益として計上されていたとしても，売上収益に該当するキャッシュは，手元にはないからである。利益が出ているからといって設備投資をしても，その代金を支払うだけのキャッシュがなく銀行からお金を借りてこないと支払いができない状況が生じてくる。ダウライス製鉄会社の場合がまさにこれである。

これが発生主義にもとづく損益計算ではなく，現金なしは資金をベースにした損益計算，すなわち資金計算書の原点である比較貸借対照表を誕生させた最大の要因である。時まさに，産業革命真っ只中のことである。このような要求がやがて19世紀の半になって資金計算書の原点であるダウライス製鉄会社の比較貸借対照表を誕生させることになる。

ダウライス製鉄会社の比較貸借対照表の例示

このように，われわれは，比較貸借対照表の最も初期の事例として，1759年に組合として設立されたダウライス製鉄会社の1852年と1863年との資産・負債を比較した財務表をあげることができる（次頁の図表10-2を参照）[10]。このことは，19世紀半のイギリスで，すでに企業損益の計算だけではなく，企業資金の計算も極めて重要になっていたことを窺わせるものである。

[図表10-2] 資産－1852年11月と1863年3月の比較表

	1852.11			1863.3			増加			減少		
1. J.J.ゲスト卿	39,697	3	1	72,469	6	5	32,772	3	4			
1a. 管財人				1,173	2		1,173	2				
2. 鉱山	275,388	7	3	278,870	7	3	3,482					
3. 現金	197	8	4	1,307	11	2	1,110	2	10			
4. 在庫品	107,092	17	10	255,134	4	3	148,041	0	5			
5. 高地への支線	6,798	2	11							6,798	2	11
6. 低地への支線	33,308	13	5	33,640	19	1	332	5	8			
7. セールス a/c, (ロンドン)	63,596	18	9	13,296	19	9				50,299	19	
8. D社への債権	11,013	13		6,156	5					4,857	8	
9. E.I.ハッチンズ				10			10					
10. 会社の石炭債権				7,538	17		7,538	17				
	537,093	4	7	669,597	11	11	194,459	17	3	61,955	9	11
				537,093	4	7	61,955	9	11			
				£132,504	7	4	132,504	7	4			

負債－1852年11月と1863年3月の比較表

	1852.11			1863.3			増加			減少		
1. 債務一般	990	18	5							990	18	5
2. 資本金	503,200			503,200								
3. 所得と未税税金	132	3	8							132	3	8
4. E.L.ハッチンズ	69	5	9							69	5	9
5. D会社への債務	32,700	16	9	39,747	8	4	7,046	11	7			
6. C.ゲスト婦人				3	3	9	3	3	9			
7. 会社の石炭債務				240	2	2	240	2	2			
	537,093	4	7	543,190	14	3	7,289	17	6	1,192	7	10
				537,093	4	7	1,192	7	10			
				£6,097	9	8	6,097	9	8			
							資産の増加			132,504	7	4
							控除・負債の増加			6,097	9	8
										126,406	17	8

(Glamorgan Record Office, D/DG, E8)

ダウリィス本社への手紙

　決算の結果報告について，工場長が本社に送付した手紙は数多く残されているが，1863年7月18日付の手紙の中で，「私は，この7年間で獲得された『利益』と呼ばれているものが，原材料や製品の在庫の巨大な蓄積であることに気がつきました。昔からの言葉の意味での『利益』とは，企業が健全で順調にいっている状態のもとで，設立の時から［いつでも］引き出すことができ，多くの他の資産，土地，鉄道あるいは同様のものに投資することのできる収入として自由に使える余剰金のことで［あると理解していま］した[11]」と書き送っていたのは，すでに述べた通りである。その手紙には，次のような簡単な資産・負債の増減比較から利益を求めた一覧表が書き込まれている。

[図表10-3] ダウリィス本社宛ての手紙

1862年（£78,519.19.6. カーディフ・ヤード）		
と比較した1863年の諸資産の増加		£81,814. 6. 1.
資産の減少分の控除	38,354. 4. 7.	
（£27,542. 7.10. 工場在庫の減少）		
負債の増加分の控除	6,887. 12. 3.	45,241. 16. 10.
1863年の利益		£36,572. 9. 3.

(Glamorgan Record Office, D/DG, E3(ii), pp.1-7.)

　1860年3月に30,882ポンドあった利益は，1861年に8,832ポンド，翌1862年には3,059ポンドとわずか2年間で10分の1にまで落ち込んだ。この手紙を送った1863年は，業績が回復し，利益も36,572ポンドにまで回復した時に経営者に送付されたものである[12]。

　工場長は，損益計算書では業績が回復し，かなりの利益が出ているにもかかわらず，現実に設備投資をしようとしたとき，手持ち資金が不足していることに気がついた。一体利益はどこに消えてしまったのか。現金の残高は一体どうなったのだ，という素朴な疑問が生じ，この利益の行先を知るために比較貸借対照表を作成したのであった[13]。比較貸借対照表を作って初めて，利益とばか

り思っていたものが実はそのほとんどが在庫になっていたことに気がついたのである（234頁の図表10-2を参照）。今では当たり前のことかも知れないが、比較貸借対照表を作ったのは、まさしくコロンブスの玉子であったといえよう。

10-3. 比較貸借対照表から資金運用表（運転資本計算書）へ

グリーン、コールの比較貸借貸借対照表

従来までの研究では、一般的には、1897年にニューヨークで著されたトーマス・L・グリーンの『企業財務』ないしは1908年にボストン等で著されたグレート・イースタン鉄道の2年間の貸借対照表の増減を比較し、その変動状態を要約した一覧表とW. M.コールの『勘定：その構成と解明』で提示された「資金の運用」と「資金の源泉」を一覧にした要約表であるといわれていた[14]。

これらの資金計算書が、アメリカで広く一般に普及し始めるのは1900年以降のことである。当時の実務界には、2種類の資金計算書が存在していた。一つは、比較貸借対照表ないしは財政状態変動表としての資金計算書であり、もう一つは、運転資本計算書としての資金計算書の二つのタイプである。前者の事例としてグリーンやコールの比較貸借対照表ないしは財政状態変動表があり、後者の事例として、ハリー・アンソン・フィニー（1886-1966）の資金運用表（Statement of Application of Funds）をあげることができる[15]。

フィニーの資金運用表（運転資本計算書）

フィニー等のいう運転資本計算書は、企業を運営していくために必要な資金を求める計算書であり、基本的には、流動資産の総額から流動負債の総額を控除して算出される。すなわち、短期に換金化しうる資金から短期に返済しなければならない資金を控除した短期活用可能資金が運転資本として捉えられている。その上で、フィニーは、流動資産と流動負債の差額として算出した運転資本の増加額を、資金の運用欄に表示している[16]。したがって、ここでの資金は、

比較貸借対照表によって表示される総資産としての資源と大きく異なる。

18世紀後半に登場した比較貸借対照表は，19世紀末から20世紀初頭にかけて，従来までの利益の中身ないしは利益の質を求める財務表から企業の運転資本（working capital）を算出する資金運用表へと展開して行くことになる。すなわち，発生主義にもとづく財産の変動によって利益の中身を捉えようとした最も原初的な比較貸借対照表としての資金計算書からいわば資金主義とでもいえる基準にもとづいて作成された資金計算書へと進化し，その事例として，われわれは，フィニーに代表される資金運用表をあげることができるのである[17]。20世紀前半に相次いで提唱されたフィニーの説く資金運用表は，当時の過熱した投資競争への対応であり，それは同時に，来るべき世界大恐慌を予感させるものでもあった。

比較貸借対照表と資金運用表の違い

フィニーによれば，資金運用表は，単に運転資本の期首と期末の比較分析ではなく期中の増減を総括的に表示する一覧表である。しかも，「この資金運用表は，当該事業のためにそこから追加の資源が調達された［資金の］源泉とこれらの追加の資源からもたらされた［資金の］運用を示す［ことが可能な］方法によって，比較貸借対照表の情報と他のデータを分類しようとする一つの試みである[18]」と説明し，資金運用表と比較貸借対照表を明瞭に区別している。フィニーの説明では，資金運用表は，比較貸借対照表に利益と配当に関する付加的な情報を加えたものになる[19]。もっとも，ここに示された資金運用表は，極めて単純で初歩的な例示のため，減価償却等については別の例示をあげて説明している[20]。なお，フィニーの提示する資金運用表については，渡邉［2005］200-201頁を参照されたい。

比較貸借対照表だけでは不十分

またコールは，比較貸借対照表を作成すれば，資産と負債の2時点間の比較によって資金ないしは資源の動きを掴むことができるという。資産の増加と負債の減少は資金の運用（where-gone）を，その逆の資産の減少と負債の増加は

資金の源泉（where-got）を示している。コールは，ある期間と他の期間における貸借対照表項目の変化を"where-gone"と"where-got"に分類し，資金の流れを表示した[21]。他方，フィニーの説く運転資本とは，すでに述べたように，企業を運営していくために必要な資金を指し，短期に換金化しうる資金から短期に返済しなければならない資金を控除した短期活用可能資金として捉えられている。その上で，フィニーは，流動資産と流動負債の差額として算出した運転資本の増加額を，資金の運用欄に表示している。したがって，ここでの資金は，比較貸借対照表によって表示される内容とは，大きく異なっている。

18世紀後半に登場した比較貸借対照表は，19世紀末から20世紀初頭にかけて，従来までの「利益の行き先」や「利益の中身」を問う財務表から企業の運転資本を算出する資金運用表へと大きく変貌して行くことになる。

資金運用表の登場

資金運用表は，2時点間の資産と負債の増減比較計算によって利益の中身や利益の行き先を知ろうとするためというよりもむしろ運転資本の調達とその運用について明らかにしようというのが主たる目的である。そこでの計算は，発生主義会計にもとづく損益計算ではなく，いわば資金主義とでもいう尺度にもとづく資金の運用計算なのである。発生主義会計のもとで算出された損益には，いうまでもなく，未回収の掛売代金や未収収益あるいは棚卸商品が含まれ，また未払費用への考慮等がなされないレベルでの企業損益であるため，現実の投資可能資金とは大きな落差がある。この落差を埋めるために，発生主義とは異なる基準で計算する必要が生じてきた。このような要求にもとづいて作成されたのが，資金運用表である。

18世紀後半に登場した比較貸借対照表は，19世紀末から20世紀初頭にかけて，従来までの利益の中身ないしは利益の質を求める財務表から企業の運転資本を算出する資金運用表へと展開して行くことになる。フィニーの説く資金運用表は，発生主義会計にもとづく損益計算の矛盾を追跡するために作成された比較貸借対照表とは異なり，いわば資金主義とでもいえる基準にもとづいて作成された資金計算書の初期の事例と位置づけることができる。

10-4. 資金運用表からキャッシュ・フロー計算書へ

比較貸借対照表の本来の目的

　最も初期の資金計算書は，ダウィリス製鉄会社の比較貸借対照表として出現した。その最大の目的は，損益計算書では利益が出ているにもかかわらず，設備投資や配当を行おうとした時，それを実現するための実際の資金が手元になかったため，獲得したはずの利益がどこに行ったのか，あるいはそもそも利益とは一体何であったのか，すなわち利益の質ないしは利益の中身を知るために作成された一覧表であった。

　比較貸借対照表は，もともと資金計算のためというよりもむしろ損益計算によって算出された企業利益の行先とその実質的な中身を分析するために作成されたものである。キャッシュ・フロー計算書や資金計算書の原点を比較貸借対照表に求めるのであれば，その本来的な役割は，企業にどれだけの資金があるのか，その資金がどのように使われたのか，あるいは企業のキャッシュ・フローがどのようになっているのかを知るためのものではなかった。資産と負債の2時点間の増減を比較することによって企業利益がどこから発生し，どこに行ったのかを知るために作成されたのがダウィリス製鉄会社の比較貸借対照表である。したがって，この比較貸借対照表の作成目的は，運転資金の計算ではなく，いわんやキャッシュ・イン・フローやキャッシュ・アウト・フローを明らかにするものでもない。あくまでもフローの側面からの損益計算の欠陥を補完する目的で作成されたものであったといえる。

資金概念の相違による役割の違い

　等しく資金計算書と呼ばれる計算書も，そこで用いる資金概念の違いによって，その機能自体に大きな相違が生じていることに気がつく。資金計算書の本質そのものが異なってくるのである。資金を資源（総資産），運転資本（流動資産－流動負債）あるいは当座資産（流動資産－棚卸資産）と規定する場合と

今日のように極めて狭義にキャッシュ（現金＋現金同等物）そのものと規定する場合とでは，同じく資金計算書と呼ばれていたとしても，そこには大きな違いがある。前者の場合は，作成時点における企業の運転資本ないしは投資可能資本を指しているのに対して，後者の場合は，企業経営にとって必要な現金資金，すなわち，一つには資金繰りのための支払手元現金在高の確認，二つには，配当可能資金としての実際手元現金在高の確認，三つには再投資のための投資可能自己資金の確認といった意味合いが強くなってくる。企業の現金創出能力の測定が重視されてきた結果である。

キャッシュ・フローという用語の登場

　キャッシュ・フローという用語を使用して資金計算書を説明し，企業資金の流れを解説しようとする動きは，20世紀後半，とりわけ1950年代に始まった。しかし，初期におけるキャッシュ・フロー計算書は，名前こそキャッシュ・フロー計算書ではあったが，そこでのキャッシュは，必ずしも現金あるいは現金同等物ではなく，現金以外の流動資産も含めた広く運転資本一般を示すことが多く，FASBでいう今日のキャッシュ・フロー計算書とは，まだ大きな隔たりがあった。

　キャッシュ・フローという用語を用いた最も初期の文献として，エヴァレット・マンやペリー・メイソンあるいはE. B. ウィルコックスの著作があげられる。しかし，この時代のキャッシュ・フローは，名前こそキャッシュ・フローであるが，その中身は，広い意味での資金，したがって運転資本を指している場合が多い。メイソンは，1961年に発表した論文で，「『キャッシュ・フロー』という用語が会計や財務用語としてつけ加えられたのは，比較的最近のことである。おそらく，ここ10年ぐらいのことであろう[22)]」と述べている。しかし，名前こそキャッシュ・フローであるが，その実質的な内容は，純利益に減価償却費を加えた額として捉えている。

ヒースの資金計算書

　資金概念は，総じて，総資産や資源あるいは運転資本といった貸借対照表の

借方項目の総てないしは一部を含んだものとして捉える考え方と，極めて狭義に現金ないしはその同等物のみをもって資金と捉える考え方の二つに大別することができる。

　FASBのいうキャッシュ・フロー計算書と同様，資金概念を狭義に捉えて資金計算書を説明したのが，ロイド・C・ヒースの現金収支計算書，財政活動計算書，投資活動計算書の三つの計算書である。このヒースの説く三つの計算書がキャッシュ・フロー計算書の直接の前身である。ヒースは，「利益は，貨幣単位で測定された財産の変動であって，［決して］お金ではない[23]」と述べている。その上で，ヒースは，従来までの資金計算書の作成目的が「『基本的な』財務諸表の情報を解釈し，説明すること」であり，初期における資金計算書の本質は，「単に貸借対照表の変動計算書」であり，「それらは財務諸表［そのもの］というより［むしろ財務諸表の］分析手段であり，これには貸借対照表に表示されていない情報は，何も含まれていなかった」と述べ，従来までの資金計算書に代わる新しい資金計算書の必要性を強く説いている。それが彼の説く現金収支計算書，財政活動計算書および投資活動計算書の三つの計算書なのである[24]。彼の説く三つの計算書は，企業の現金獲得能力を提示した財務表であり，これまでの資金計算書と比較すれば，その役割と目指すところに大きな違いがあることになる。

返済能力の指標から現金獲得能力の分析へ

　この点に関して，ヒースは，「会社の運転資本の変動にもとづく資金計算書は1920年代に発展したが，当時，運転資本は債務返済能力の主要な指標であると一般に考えられていた。財務諸表利用者の情報要求は過去50年間に著しく変化してきている。投資家および債権者は，もはや運転資本を支払能力分析の関心の中心とはみなさなくなってきている。今日の彼らの主たる関心は，必要な支払をまかなうため，適切な額の現金を獲得する能力に向けられている[25]」と述べ，債務返済能力の測定から現金獲得能力の測定へと移行してきていると主張する。そして，新たな利害関係者の要求に応えるためには，1963年に発表された全ての財務資源を資金概念とする会計原則審議会（APB）意見書第3号，

ならびに1971年に公表された財政状態変動表をもって資金計算書とするAPB意見書第19号では，もはや株主や債権者の現実の要求に応えられないのではないかという見解を明示し，自ら新しい資金計算書の作成を提唱している。

ヒースの資金概念

　ヒースは，これまで資金という概念が様々な意味に解釈され，様々な内容で用いられてきたことが大きな混乱をもたらしていると考え，ロバート・スプローズの言葉「一般に資金という用語はすべての人にすべての意味でもちいられているようなので，資金という用語は『剰余金』とか『積立金』とかいった用語と一緒にゴミの山へでも捨ててしまうべき時期にきているようである」を引用しながら，誰にでも容易に理解でき，混乱することのない現金の収入と支出をもって資金概念とする現金収支計算書の作成を提案したのである[26]。とりわけ，減価償却費を純利益に加えて資金の源泉とする考え方に対しては，「信じ難い考え方」として強く批判している[27]。

　なお，ヒースは，APB第19号が選択適用を認めた間接法に関して，単に精算表を修正することによって損益計算書の利益と資金計算書の利益を一致させたに過ぎず，結果的には，損益計算書の利益や減価償却費が現金の源泉であるという従来までの運転資本計算書や財政状態変動表に見られた資金概念の混乱を強化させるだけに過ぎないと批判している[28]。ヒースは，現金の収支から直接に作成する直接法を推奨している。

10-5. キャッシュ・フロー計算書の登場

キャッシュ・フロー計算書の本質

　アメリカの財務会計基準審議会（FASB）による「財務会計諸概念に関するステートメント」第5号（ASBC, no.5：1984年12月）では，キャッシュ・フロー計算書は，「一会計期間中において主要な源泉別に分類された企業の現金収

入額および主要な使途別に分類された企業の現金支出額を直接的または間接的に示すものである。キャッシュ・フロー計算書は，営業活動を通じて債務の弁済を行い，配当金の支払を行い，または営業能力の維持もしくは拡大を図るために再投資を行う企業の現金創出活動に関する有用な情報，借入および拠出の両者による企業の資金調達活動に関する有用な情報ならびに企業の現金投資および支出に関する有用な情報を提供する[29]」と述べている。それと同時に，「発生主義会計によって測定される稼得利益および包括利益は，いずれも営業活動から得られるキャッシュ・フローとは同一ではないので，キャッシュ・フロー計算書は，稼得利益および包括利益と現金収支額との間の金額，原因ならびに期間的ズレに関する重要な情報を提供する。……キャッシュ・フローの報告には，キャッシュ・フロー計算書における分類に関するものを除き，見積りも配分も伴わなければ，また，いかなる判断もほとんど伴わない[30]」とその見解を明確に示している。

FASBのキャッシュ・フロー計算書

　FASBのいうキャッシュ・フロー計算書は，最も単純にいえば，企業資金の流れを特に現金同等物[31]に限定して，それらの変動をインとアウトに分類して示す一覧表を指している。われわれは，このキャッシュ・フロー計算書の直接的な前身をヒースが主張した現金収支計算書，財政活動計算書および投資活動計算書の三つの計算書に求めることができる。キャッシュ・フロー計算書もその生成当初には，資金計算書ないしは運転資本[変動]計算書あるいは財政状態変動表などと様々な呼ばれ方をしていた。

　しかし，1987年11月にFASBが基準書第95号を公表して以来，わが国では，従来までの資金計算書を一般に片仮名でキャッシュ・フロー計算書と呼ぶに至った。実質的な内容は別にして，キャッシュ・フロー計算書という名称それ自体は，1963年に出版されたエリック・L・コーラー（1892-1976）の『会計学辞典』の第3版でも項目に取り上げられている。会計学辞典において，すでにその名称の説明がなされていたという事実は，当時のアメリカの実務界や学会レベルでは，すでにキャッシュ・フロー計算書という用語が一般的に広く用いら

れていたことを示している。

わが国の資金収支表

わが国では，キャッシュ・フロー計算書の作成が義務づけられる以前においても，有価証券報告書の提示が義務づけられている企業においては，企業内容の開示に関する従来までの大蔵省令にもとづいて，資金収支表を作成していた。この従来までの資金収支表は，①事業活動に伴う収支，②資金調達に伴う収支，の2区分で表示していたが，キャッシュ・フロー計算書では，企業資金の流れを，①営業活動によるキャッシュ・フロー，②投資活動によるキャッシュ・フロー，③財務活動によるキャッシュ・フロー，の三つに分類している。

キャッシュ・フロー計算書は，作成方法等においても資金収支計算書とはいくらかの相違はあるが，基本的には，資金収支表と同じ考え方であるといえよう。両者の最も大きな相違は，2000年3月期より連結会計制度が導入されたことに伴い，前者が基本財務諸表に加えられ，それによって，公認会計士による監査対象になったことである。

資金計算書とキャッシュ・フロー計算書の資金概念

キャッシュ・フロー計算書の萌芽は，比較貸借対照表であるが，そこから運転資本計算書に至るまでの資金計算書とFASBのいうキャッシュ・フロー計算書との間には，その機能と本質に大きな隔たりがある。ヒースが登場する以前の資金概念は，原則的には，既存の損益計算書上の利益や貸借対照表上の資産に依存した考え方であった。これに対して，ヒース以降の資金概念は，発生主義にもとづいて計算される損益計算制度とは別の基軸，すなわち現金という最も具体的な視角から投資可能資金や配当可能資金，あるいは支払資金の計算を行っている。

資金計算書の違いは，資金概念の相違に大きく依存している。この資金概念は，次頁の図表10-4のように様々な変遷を経ながら展開し，その実質的機能を，時代の要請に呼応しながら，変貌させてきた。

ダウラィス製鉄会社の比較貸借対照表で求められたものは，投資可能資金で

[図表10-4] 資金概念の変遷

年度	提唱者	資金概念	資金計算書の名称
1863	ダウライス製鉄会社	発生主義による利益の中身の見直し（投資可能資金，配当可能資金）	比較貸借対照表（Comparative Balance Sheet）
1897	T. L. グリーン	資源（resources）または価値（value）＝総資産（assets）	財政状態変動表（The Summary of changes in the position of the company）
1915	W. M. コール	資源（resources）または価値（value）＝総資産（assets）	どこから得てどこに使われたかを示す計算書（"Where got where gone" Statement）
1923	H. A. フィニー	運転資本（working capital）＝流動資産－流動負債	資金運用表（Statement of Application of Funds）
1943	M. ムーニッツ	正味当座資産（net current assets）＝当座資産－流動負債	資金計算書（Funds Statement）
1951	L. ゴールドバーク	資源（resources）または価値（value）＝総資産（assets）	資金計算書（Funds Statement）
1952 & 1957	E. L. コーラー（辞典初版および2版）	運転資本（working capital）＝流動資産－流動負債	資金計算書（Funds Statement）
1961	D. A. コービン	資産あるいは資源＝すべての購買力	改良資金計算書（Improving Funds Statement）
1961	P. メイソン	営業活動によってもたらされたすべての財務資源（funds）	資金計算書（Funds Statement）
1962	H. R. アントン	当座資産（current assets）＝流動資産－棚卸資産	資金計算書（Funds Statement）
1963	会計原則審議会意見書（APB）第3号	すべての財務資源。減価償却費等＋収益によってもたらされた企業の資源，あるいはキャッシュ・フロー（純利益＋減価償却費）。	資金源泉運用表（The Statement of Source and Application of Funds）。資金計算書に関する最初の公式のアナウンスメント
1963	E. L. コーラー（辞典3版）	運転資本（working capital）	資金運用表（Statement of Application of Funds），キャッシュ・フロー計算書（Cash-Flow Statement）
1971	会計原則審議会意見書（APB）第19号	明確な規定はないが，運転資本に近い。	財政状態変動表（Changes in Financial Position）
1978	L. C. ヒース	現金フロー（Cash Flow）	現金収支計算書（Statement of Cash Receipts and Payments），財政活動計算書（Statement of Financing Activities），投資活動計算書（Statement of Investing Activities）
1987	FASB第95号	現金（Cash）＝現金＋現金同等物	キャッシュ・フロー計算書（Cash Flow Statement）

あり，グリーンやコールの場合は，総資産であった。その外の場合も，そこでの資金概念は，運転資本（流動資産−流動負債）や当座資産（流動資産−棚卸資産）を指すこともあり，ヒースになるとキャッシュ・フローという具体的な用語を使っている。FASB第95号に至り，ようやく今日の現金および現金同等物になった[32]。

[図表10-5] 資金計算書の発展過程の類型

発展段階	計算書の名称	提唱者	資金概念
第1形態 (1863-1915)	比較貸借対照表	ダウラィス製鉄会社，グリーン，コール	持分の変動原因資源
第2形態 (1923-1963)	運転資本［変動］計算書	フィニー，コーラー辞典，マントン	運転資本
第3形態 (1961-1971)	財政状態変動表（実質的には運転資本計算書に近い）	メイソン，APB第3号・第19号	すべての財務資源
第4形態 (1978-1987)	現金収支計算書，キャッシュ・フロー計算書	ヒース，FASB第95号	キャッシュ・フロー，現金＋現金同等物

キャッシュ・フロー計算は，フロー計算かストック計算か

　キャッシュ・フロー計算書の原点が比較貸借対照表であるなら，それは，資産・負債・純資産の増減比較計算であり，ストックの側面からの計算ということになる。しかし，この比較貸借対照表は，すでに見てきたように，発生主義会計にもとづく実現利益計算の欠陥を補完するために作成された計算書である。もしそうであれば，フローの側面からの計算ということになる。キャッシュ・フロー計算書は，単に現金および現金同等物の増減比較に焦点を合わせるのではなく，2時点間の変動運動を重視した計算書である。その意味でも，キャッシュ・フロー計算書は，フローを重視した計算といえるのではなかろうか。

　このような考え方とは別に，キャッシュ・フロー計算書の作成方法の違いによって，フロー計算とストック計算に分ける見方がある。今日，ほとんどの企業は，キャッシュ・フロー計算書を間接法によって作成している。なぜなら，

間接法は，貸借対照表を中心に，財務諸表をもとづいて比較的簡単に作成できるからである。したがって，直接取引から導かれることのない間接法にもとづくキャッシュ・フロー計算書は，有高比較によるストックの側面からの計算書であるといえる。

それに対して，日々の取引から直接作成していく直接法にもとづくキャッシュ・フロー計算書は，個別の対応関係を原因別に比較することが可能であるため，フローの側面からの計算書であるということができるかも知れない[33]。

【注】
1) Glamorgan Record Office, D/DG, E3 (ii), pp.1-7.
2) トヨタの「ジャスト・イン・タイム方式」，あるいは「かんばん方式」の解説書には枚挙にいとまがないが，一例として，門田 [1985] をあげておく。また，鳥取三洋電機の1人屋台生産方式もまた，在庫管理を重視した生産方式である（山田，片岡 [2001] を参照）。「かんばん」というのは，生産工程において各工程間で取り交わされる伝票のことを指し，そこでの材料の運搬方法や数量，あるいは時期や順番等を指示することである。
3) この点については，藤本 [2001] を参照されたい。
4) Jones [1987], p.3.
5) Glamorgan County Record Office [1960], p.2.
6) Edwards and Barber [1979], p.139.
7) Jones [1987], pp.41-42. ここでの本文中の説明では，1814年の利益額は16,528ポンドとなっているが，そこに掲示されている図表の1814年のそれは16,538ポンドとなっている。この点については，渡邉 [2005]176頁の図表1を参照。
8) Jones [1987], pp.264-265.
9) Jones [1987], p.267.
10) この点については，渡辺 [1984] を参照。
11) Glamorgan Record Office, D/DG, E3 (ii), pp.24-25.
12) Glamorgan Record Office, D/DG, E3 (ii), pp.1-7.
13) Glamorgan Record Office, D/DG, E3 (ii), p.3.
14) Greene [1897], p.110.

15) 佐藤［1993］38頁。Finney［1923］, p.461, p.468, p.472.
16) 渡邉［2005］200, 201頁の図表4, 5の資金欄を参照。
17) Finney［1923］, p.461, p.468, p.472.
18) Finney［1923］, p.461.
19) Finney［1923］, pp.460-462. Finney［1938］, pp.497-515.
20) Finney［1923］, pp.464-467.
21) Cole［1908］, p.101.
22) Mason［1961］, p.59.
23) Heath［1978］, p.18. 鎌田・藤田訳［1982］21頁。
24) Heath［1978］, p.99-100. 鎌田・藤田訳［1982］125頁。
25) Heath［1978］, p.110. 鎌田・藤田訳［1982］137-138頁。
26) Heath［1978］, p.113-114. 鎌田・藤田訳［1982］142-143頁。
27) Heath［1978］, p.127. 鎌田・藤田訳［1982］158頁。
28) Heath［1978］, p.126-127. 鎌田・藤田訳［1982］158-159頁。
29) FASB［1980］, p19. 平松・広瀬訳［1994］235-236頁。
30) FASB［1980］, p19. 平松・広瀬訳［1994］236頁。
31) 現金同等物には，換金可能で価格変動リスクの僅少な短期投資－具体的には，取得日から満期日または償還日までの期間が3カ月以内の短期投資である定期預金，譲渡性預金，コマーシャル・ペーパー，売戻し条件付現先，公社債投資信託等が含まれる。
32) 渡邉［2005］207頁を参照。
33) 石川［1996］1-22頁を参照。

第 11 章

現代会計の落とし穴

(ナショナル・アーカイヴスの検索問い合わせカウンター)

11-1. 経済事象の写像としての取引

会計記録の本来的意味

　会計の計算構造を支える複式簿記の中心的な役割は，経済事象すなわち会計的取引を記録し，期間損益を計算し，それを利害関係者に報告する行為である。なかでも，発生した取引の期間帰属を明確に識別・記録して，発生基準にもとづいて期間損益を計算する行為が中心である。すなわち，経済事象である取引を仕訳という会計の特殊言語を通して，写し出していく行為である。

　したがって，最も重要なことは，そこで写し出された姿すなわち仕訳から，元の姿すなわち取引をもう一度連想ないしは復元することができるか否かにかかっている。写し出された姿から元の姿を導き出すことが出来るからこそ，現実の経済事象の写像に過ぎない会計的記録＝仕訳の信頼性が確保できるのである。もし，この復元可能性が担保されていなければ，会計的記録への信頼が崩壊し，記録する意味が無くなる。何のための記録なのか，会計的記録の本来的な意味が問い直されることになる。裏を返せば，信用を必要としない取引では，簿記などつける必要は，まったくないのである[1]。

本来的意味を担保するもの

　遅くとも14世紀の前半までに完成した当時の複式簿記の本来的な役割は，実地棚卸にもとづくビランチオで求めた企業全体の総括的な利益を信頼できる継続的な記録によって証明するための手段であった。この点を考慮するとき，証明される数字（ビランチオで求めた利益）と証明する数字（複式簿記で算出した利益）の間に，いわばクリーンサープラス関係が成立しなければ，証明行為自体に意味がなくなる。複式簿記は，ストックの側面から資産負債（中心）観にもとづいて求めた利益とフローの側面から収益費用（中心）観によって算出した利益が一致してこそ，複式の複式たる根源的な意味が存在する。このことを否定し，会計の計算構造を支える複式簿記を単に取引の二重性すなわち借方

と貸方への複記に限定してしまうならば，その本質を取り違えることになる。

利益計算システムとしての複式簿記

　それと同時に，意思決定有用性という視点からのみアプローチするなら，果たしてそのような利益計算システムが複式簿記と言えるのであろうか。現代の複雑な社会状況の中で，意思決定に有用な情報は，会計以外の情報の方がむしろ多く存在するからである。それと同時に，複式簿記は，単なる意思決定に有用な情報を作成するための道具だけではない。それよりもさらに重要な役割，すなわちその根底には，提供される情報の信頼性や正確性や透明性を担保するという役割を担っている。ストックで求めた利益情報とフローで求めた利益情報の非対称性は，まさに，この複式簿記を生成せしめた根源的な役割を否定することになる。これは極めて重要なことである。

　もし，フローの側面からの利益とストックの側面からの利益の非対称性が認められるならば，現実に見ている知覚表象としての写像あるいは見えていると思っている想像表象としての写像は，そこから実像を復元することができず，それらの取引として写し出された経済行為は，いずれも単なる蜃気楼に過ぎないことになる。原取引を復元できないような仕訳によって構成された会計情報は，利害関係者の判断を誤らせる結果に終わってしまうだけである。

市場のノイズと現実の姿

　もし市場がかなりの厚みを持ちかつ容易に現金化できる状態ならば，市場価値も信頼できる尺度になるかも知れない。しかし，市場に不完全さが存在する限り，市場価格が資産の「真実かつ公正な」価値を表していないことがしばしば生じてくる。それ故，歴史的原価による測定体系と比較して，市場価値による測定体系が必ずしも優れているということはできないのである[2]。市場のノイズによってかき乱された取引の写像としての記録は，極論すれば，意思決定に有用な情報どころか反って多くの利害関係者の判断を誤らせてしまう有害な情報にもなりかねないということを認識しなければならない。

　この復元可能性の判断にとって最も重要な基準になるのは，市場の変容を測

定できる客観的な手法ないしは基準の有無である。当初の取引実態が時間の経過によってその姿を変えていくとき，どの程度の変化までなら，その変貌した姿から原取引を復元することが出来るか否かである。通常，われわれの経験則から得た変化の範囲であれば，たとえその姿が変容したとしても元の姿をたぐり寄せることは可能である。しかし，その変化が市場のノイズによってまったく無法則的にまた経験則による推定の枠からも大きく外れ，過去の事例によって元の姿を想像することが極めて困難なレベルの変化であれば，そのような転換は，現実の姿を正確に写像したものとは言えなくなる。

取引の真の復元

　取引を復元できない仕訳は，単に利害関係者の判断を誤らせるだけではなく，意思決定のための情報価値としては，むしろ有害とさえ言えるのではなかろうか。意思決定に有用な情報は，予測や期待が多く混入される公正価値（未来価値）ではなく，原取引への追跡が可能な測定価値，すなわち取得原価（過去価値）にもとづく情報こそが真に有用な情報なのである。われわれは，現在の真の価値を反映しているとごく当然のように思っている時価という価値の実態，あるいは本質をしっかりと見極めておく必要がある。

　言うまでもなく，会計は，意思決定に有用な情報の全てを提供できるわけではない。あくまでもそのうちの財務にかかわる情報のしかもそのごく一部を提供できるに過ぎない。経営者は，意思決定にあたって細心の注意と直感的な臭覚によって決断していくわけであるが，その決断にあたっては，可能な限りの情報を収集することが極めて重要になる。情報は全てを制するからである。しかし，会計情報は，それらの情報のうちの単なる一つの財務情報に過ぎないことを今一度明確に自覚しておくことが重要である。

時価の位置づけ

　近年，貸借対照表は，企業の現在価値を表示するものであり，取得原価で評価された価額で表示された資産は，現在の正しい企業価値を表示していることにならないという考え方が支配的になってきた。そのため，取得原価による表

示では，当該企業に投資するか否かの判断材料としては不十分であるため，現在価値を表示した財務諸表が要求されるに至ってきたのは，周知の通りである。時間のずれによって，取得時点（大過去）と現在（近過去）との間の当該資産の価値に相違が生じているのは，事実として否定されるものではない。したがって，現在の取得原価にもとづく情報価値に問題があるのは言うまでもない。しかし，それ以上に，時価と称される測定基準をどのように規定し，時価の客観性をどのようにして担保していくかがより重要になる。現在の価値が時価であるというのであれば，現在をどう捉えるかを明確にしておくことが重要になってくる。

11-2. 公正価値の問題点

「現在」の意味

われわれは，時間ないしはその経過というものについて，何らの疑問を挟み込むことなく，それを動かしがたい所与の前提として受け入れている。しかし，現在という時間をある瞬間の点として捉えるのか，例えば「今日」というようにある程度の間隔を持った幅ないし帯として捉えるのかということに関して，明確に認識しておく必要がある。

有価証券の市場価値といったとき，その日の終値で貸借対照表価額としたとき，そこに表示された価額は，一体何を意味しているのであろうか。昨日の価額とは大きく異なり，翌日にはまた大きく変動している。しかも，そこには何らの法則性もない。株主総会当日に目にする財務諸表上の価額は，時の経過によって取得時の価額とは大きな価額差が生じているとはいえ，決して株主総会当日の価額ではなく，すでに過去の価額，いわば取得原価と質的には同質のものになっていると言うことができる。したがって，有価証券の貸借対照表価額は，たとえそれを取得原価で表示したとしても市場価額で表示したとしても，本質的には何ら変わるところはない。むしろ，情報価値としては，3カ月前の

市場価額で表示しながら，あたかもその価額がまるで現在の価値であるかのように提示する情報の方が利害関係者に判断をより誤らせる結果に陥りやすく，取得原価で表示するよりもむしろ有害とさえ言えるのではなかろうか。

固定資産の時価評価と減価償却

それに対して，土地などの固定資産の場合は，同じく市場価値といっても有価証券の場合とは異なる。固定資産の場合は，3カ月といった短期間の間における取得原価と時価の価額差は，一般的にいって，有価証券に見られるほど大きくはない。したがって，市場価値をある瞬間の時点で切り取って表示したとしても，3カ月後の価額と大きなズレが生じることは少ない。万一重要なズレが生じた時は，後発事象として貸借対照表上で情報提供すれば済むことである。市場価値をある瞬間の価値として認識するのではなく，ある程度の幅を持って捉えたとしても，特殊な場合を除き，意思決定の判断を誤らせるほどの大きな矛盾が生じることは少ない。また，同じく固定資産でも，建物の場合は，減価償却の登場以前では評価替えや時の経過が原因で生じる価格差を修正してきたが，今日では減価償却によって取得原価と現在価値との差異は，ある程度修正されていると見なすこともできる。

結論的には，有価証券の評価は，その市場性や取得目的の相違に関係なく取得原価で表示し，どの企業の株式を何株有しているか等の情報は，脚注で表示すれば良い。それに対して固定資産のうち非償却性資産については，市場のあるものは時価で，無いものは取得原価で表示し，償却性資産については，その償却額（減価償却累計額）を控除した取得原価で表示するのが好ましい。

16－17世紀の時価評価実務

すでに第5章の5－4で述べたように，例えば，簿記書の上でも，決算時に固定資産を時価で評価替えする取引例示は，すでに16世紀に出現している。16世紀後半に出版されたジョン・メリスの『勘定記帳の簡単な教示と方法』（1588）では，決算時点での建物の評価額が取得原価で次期に繰り越されている[3]。しかし，ほぼ1世紀後に出版された17世紀後半のスティーヴン・モンテージの『や

さしい借方と貸方』(1675) では，決算にあたり，船を時価(プレゼント・バリュー)によって評価替えしている[4]。

17世紀では，概して取得原価による評価と時価による評価が併存していた。当時の固定資産勘定のほとんどは，減価償却が登場するまでは，本書の122,123頁の図表5－2および5－3に見られるように，混合勘定として用いられるのが一般的であった[5]。いわば14世紀前半までのヴェネツィアで見られた荷口別損益勘定における会計処理と同様である。したがって，ここでは，実現損益として，評価損益も含めた損益が集合損益勘定に振り返られることになる。所得税が現実に施行される19世紀初頭以前では，評価損益を損益勘定に含めたとしても，それほど大きな矛盾はなかったからであろう。

いつでも取引可能な市場が存在し，いつでも取引の実現可能性が担保されている時価情報ならいざ知らず，会計とはかかわりのない政治的あるいは社会的情報等によって大きな影響を受けて絶えず変動を余儀なくされている企業価値情報が会計にとって果たしてどれだけ信頼のおける情報になるのであろうか。

予測の世界は会計とは無縁

会計の目的が取得原価にもとづいて計算された配当可能実現利益情報を提供するのではなく，瞬間，瞬間で変化する時価，すなわち公正価値で測定された企業価値情報を提供するのであれば，一体われわれは，そんな情報のどこに，信頼性や証拠性，確実性や正確性を求めることができるのであろうか。将来キャッシュ・フローを予測し，その予測された数値を予測の金利によって現在価値に割引く価額のどこに信頼性や正確性が存するのであろうか。そんな数値は，会計とは無縁の世界の数値である。客観性の乏しい，信頼性に裏づけられることのない得体の知れない測定基準によって計算された瞬間的な企業価値情報を会計情報と混同してはならないのである。

その発生以来，800年もの近くにわたって脈々と継承されてきた会計的手法，すなわち取得原価にもとづき発生基準によって求められた配当可能な実現利益こそが本来の会計情報であり，これこそが，会計が提供できる意思決定に有用な情報であることを再認識する必要があるのではなかろうか。

一般的には，公正価値が時価として捉えられている。この時価としての公正価値は，市場がある物に関しては市場価値，市場のない物に関しては将来キャッシュ・フローの割引現在価値として測定されるのは，周知の通りである。

市場価値と時価との関係
　まず，市場価値を時価とする考え方について検討してみよう。確かに特定の資産に対して市場が存在するというのは，その市場価額によって取引が可能であるため，一般的には，その価額が実現可能価額とみなされがちである。しかしながら，すでに言い古されたことであるが，所有株式を一時にしかも大量に売却するとき，果たして売り進めていく中で，当初の価額がずっと維持されるであろうという仮定は，現実的には意味のないことである。また，貸借対照表作成日という時間を切った時点での価額は，あくまでもその時点での価額であって，そこから3カ月経過した株主総会直前の今現在の価値を表しているわけではない。市場価値というのは，絶えず変化しており，連続したところにこそ意味があるわけであり，ある瞬間の時を切り取って当該資産の価値を表示しても，そこで表示された価額は，すでに過去の価額に過ぎないのである。

11-3. 現在価値の「現在」の意味

ゼノンのパラドクス
　もし，現在という時間を切り取られた瞬間の連続として捉えるならば，会計もまたゼノンのパラドクスに陥ってしまう。飛んでる矢は止まってしまい，アキレスは永久に亀を追い越すことが出来なくなるのである。貸借対照表は，企業の真の財政状態を表示しているのか，それとも単なる蜃気楼に過ぎないのか。「飛んでる矢はどの瞬間をとっても，その瞬間には静止している。つまり，矢はあらゆる瞬間に静止している。だが，静止している矢を無限にかき集めても，無限の静止した矢が得られるだけで，飛ぶ道理がない[6]」のである。貸借対照

表が資産のある瞬間の時価を集めて表示したとしても，決してそれらの資産の貸借対照表価額が現在価値を表示していることにはならないのと同じ理屈である。現在価値をある瞬間の切り取られた時点での価値と考えるならば，そのような価値は，当該資産の真の価値を表しているとは言えないだけではなく，価値それ自体が存在しないということにもなりかねない。

取得原価は市場価値

時価と称する価値がある特定の時点での価値を示すものであるなら，それが今期の貸借対照表作成日の公正価値であったとしても，また購入時点での取得原価であったとしても，両者の間には，測定のための切り取り時点をどこに置いたかの違いがあるだけであって，決して本質的な違いは存在しない。その違いは，単に無限を有限の点で分割しているに過ぎず，時間のずれから生じてくる違いに過ぎないのである。このように見てくると，取得原価（過去価値）も時価（現在価値）も両者は同質であり，決して本質的な違いを示しているとはいえなくなる。取得原価は，まさに取得時点での市場価値なのである。いわば，取得時の価格も現在の価格も両者は本質的には同じであり，単に時間の経過による相違に過ぎないということになる。もし両者に違いがあるとすれば，それは測定する時間の相違ではなく，いかなる測定手段によって，すなわち当該資産の価値を測定するのにどのような「物差し」を使ったかによって生じる違いなのである。実際の取引価格で測定するのかそれとも将来のキャッシュ・フローによって予測した価格で測定するのかによる違いである。

時価とはいつの時価か

最も確かであると思われる市場価値の客観性は，その実現可能性という側面からは，極めて疑問になってくる。なぜなら，時価を市場価値とするなら，市場の価値は絶えず変動するものであり，そこで示された価値は，どこの時点で切り取ったかによって，その価値を大きく変動させることになるからである。したがって，時価を現在価値と定義するなら，その現在をいつの時点の価値と見なすのかが重要になってくる。その意味では，取得原価は，購入時点の時価，

すなわち取得時の市場価値（公正価値）と言うことになる。では，その公正価値に一体どれだけの現実性，信頼性があるのであろうか。あるいはまた，この公正価値会計を基盤に据えた企業価値計算に一体どれだけの真実が隠されているのであろうか。

割引現在価値の信頼性

会計とはかかわりのない政治的あるいは社会的情報等によって大きな影響を受けて絶えず変動を余儀なくされている株価情報や割引現在価値情報が果たしてどれだけ信頼のおける正しい会計情報として認知することが可能であろうか。こうして見てくると，客観的と思われている市場価値での評価にもいくらか問題が残るが，それよりもさらに大きな矛盾を抱えているのが割引現在価値である。将来キャッシュ・フローを予測し，将来金利を予測し，いわば予測の二乗によって算出されるのが割引現在価値である。一体，このような価値のどこに客観性があるというのであろうか。どこに客観性を求めればよいのであろうか。極めて危険な測定手段である[7]。もし，現在の価値がいくらであるのかという情報価値に力点を置くのであれば，このことによって生じる未実現利益を日常の営業会計の計算構造の枠組みの中に取り入れずに，それとは別の情報として，例えば脚注として表示すれば済むことではなかろうか。

11-4. 資産負債観への転換と公正価値基準

純利益情報の有用性の低下

近年，会計学における情報価値を重視する会計思考，すなわち意思決定有用性アプローチが大きく取り上げられるにつれて，従来までの発生主義で求められた利益情報の有用性が相対的に低下してきたといわれている。とりわけ，GDPに占める金融資本からの影響の割合が増大するにつれて，この傾向は，ますます大きくなってきた。

周知のとおり，FASBは，1976年の討議資料において，従来までの損益計算書を中心にしたフローの側面から企業利益を計算する伝統的な会計観を「収益費用観」と位置づけ，これに対して，貸借対照表を中心にしたストックの側面から企業利益を計算する考え方を「資産負債観」と規定した[8]。すなわち，FASBは，企業利益の測定にあたり，ある特定期間の日々の営業活動の成果を重視するか，ある特定時点の企業の正味財産の変動を重視するかによってこの二つの考え方があることを提示した[9]。

財産法の本質

　企業利益の計算方法として，伝統的に，損益法と財産法の二つの方法が存在するのは広く知られたところである。継続記録計算を前提にする損益法は，その測定基準を原則的に取得原価に依拠している。それに対して，実地棚卸計算を前提にする財産法は，時価による評価が基準になり，「本来的には……資産・負債のすべてを期首および期末において一斉に実地棚卸をすることによって算出されたとみるべきであろう。……したがって，増減等についての部分的な記録は不可欠であるとしても，継続的組織的な記録計算は必要ではなく，また損益計算書も作成できない……。棚卸法と結びついたこの財産法については，①1時点の実地棚卸による純財産額の決定，および②2時点比較による損益額の決定というふたつの特質に注意[10]」することが重要になる。

財産法と資産負債観の違い

　損益法と収益費用観による測定思考には，基本的に大きな違いはない。なぜなら，両者とも継続記録にもとづく原因の側面からの収益・費用の対応計算が基礎になるからである。しかし，財産法と資産負債観の測定思考には，幾分の相違が見られる。すなわち，純粋な財産法による測定基準は，本来，時価をベースに行われるが，資産負債観のもとでの測定基準は，必ずしも時価を前提にする必然性はない[11]。なぜなら，複式簿記完成以降においては，企業の総括的な損益計算は，基本的には帳簿記録が前提になり，たとえ生成当初においても，資産の中で債権・債務の占める割合が極めて大きかったため，継続的記録を前

提にしなければ，損益計算は，成立し得なかったからである。なお，勘定間の閉ざされた体系的組織が形成されるまでの14世紀前半のフィレンツェの期間組合においても，損益計算は，時価評価をベースにした実地棚卸計算によるビランチオ（利益処分結合財産目録）によってなされてはいたが，債権と債務は，帳簿記録によって計算されていたのは言うまでもない。

ビランチオと資産負債観

すでに述べたように，厳密な意味で実地棚卸にもとづき時価で資産を評価しビランチオによって組合員相互間で利益分配を行った事例は，すでに複式簿記発生以前のゼノアの公証人ジョバンニ・スクリーヴァの3枚の計算書類（1156-1158）の中に見出せる[12]。しかし，複式簿記の発生以降では，繰り返しになるが，たとえ未だ勘定間の閉ざされた体系的組織が形成されるに至っていなくても，債権債務は，帳簿に記録された原始価額である取得原価にもとづいて行われたのは言うまでもない。

ビランチオに代表される財産法的な利益計算思考の根幹は，帳簿記録にもとづかない損益計算が前提になっている。したがって，そこでの測定基準は，当然のことながら，売却時価であるか再調達原価であるかを問わず，時価に拠らざるを得ない[13]。それに対して，複式簿記完成後の継続的な記録計算による資産負債観のもとでは，評価基準は，必ずしも時価に依存しなければならない必然性はない。なぜなら，決算残高勘定において，取得原価で期首と期末の資産・負債の増減を比較し，2時点間の正味財産の差額をもって企業の総括的な損益として求めることができるからである[14]。もちろん，コンピュータを用いれば，決算日のみを想定したある特定時点の損益だけではなく，期中のあらゆる時点で取引時点の取得原価による時点損益計算を行うことは，可能である。

利益は資産負債の従属変数

この場合の取得原価は，まさしくその時点の時価（市場価値）と一致することになる。したがって，取得原価（歴史的原価）というのは，歴史的市場価値ともいうことができる。事実，資産負債観のもとでは，収益を認識すること

は，資産の増加ないし負債の減少を認識することと同義であり，費用を認識することは資産の減少ないしは負債の増加を認識することと同義である。したがって，利益は，資産負債の従属変数になるのである[15]。

　しかしながら，多くの金融（派生）商品を有する企業のある瞬間における財産価値を知りたいという要求に対しては，取得原価では，必ずしも十分に対応できるものではない。さらに，そこで求められる利益がどのような利益であるのかによって，当然のことながら，測定基準が異なってくる。資産負債観のもとでは，利益は，一期間における企業の富（純財産）の変動として測定されると同時に，企業の経済的資源またはその引渡し義務の財務的表現として，したがって資産・負債の変動にもとづく正味財産の増加分として測定される。そのため，それに適応する測定基準としては，取得原価よりも時価の方がより適合性が高いといえる。

公正価値評価の根拠

　配当可能性を重視し，発生主義にもとづく実現収益を企業損益と考えるならば，債権債務の備忘録として発生し，ビランチオの証明手段として完成した複式簿記によって算出された利益は，集合損益勘定によって計算される当期純利益（≒稼得利益）になる。継続的な記録計算を前提にした複式簿記の測定基準は，それが持つ証拠性ないしは検証性から，必然的に取得原価がベースになるのは，言うまでもない。

　それに対して，ある特定時点における瞬間の正味の企業価値こそが企業利益であると考える立場に立てば，そこでの利益は，未実現の資産の評価損益も含めた包括利益になり，測定基準は，時価（公正価値ないしは割引現在価値）の方が好ましい。しかし，収益費用観と取得原価，資産負債観と時価との結びつきが，必ずしも，絶対的なものではないことは，すでに1976年12月のFASB概念フレームワークの討議資料において明確に述べられている。

収益費用観と資産負債観の関係

　FASBは，「各会計アプローチ（収益費用観と資産負債観－渡邉注）とある

特定の測定基準とを明確に結び付ける自動的な連結環は存在しない。いずれの会計アプローチも，財務諸表の構成要素のいくつかの異なった属性の測定と両立する。取引実務は，40年近くの長きにわたって収益費用観を一般に強調してきた一連の権威あるプロナウンスメントにもとづいて発展してきたものであるが，当該実務のほとんどは資産負債観と両立し，しばしば当該アプローチにもとづいて記述され，あるいは定義されている。収益費用観は収益と歴史的費消原価との対応に限定されるものではないのであって，現在取替原価を販売収益と対応させることは可能である。現在市場価格での測定を擁護する代表格論者の何人かは資産負債観の支持者であり，現行の取引基準会計を擁護する代表的論者の何人かは収益費用観の支持者であるが，そうした組合せは不可避的なものではない。財務諸表の構成属性に関する見解の不一致は，実際のところ，2つのアプローチの間に存在する実質的な相違の原因ではない[16]」と言いつつ，この二つの会計観が利益測定における実質的な相違につながる可能性があるとも述べている。

会計の目的は純利益の計算かそれとも企業価値の計算か

　なぜなら，資産負債観のもとでは，利益は，資産・負債の変動の結果に過ぎないものと見なされ，企業活動の目的は，企業の富（正味財産）を増大させることにあるのに対して，収益費用観のもとでは，資産・負債の変動は，単に収益と費用の変動の結果に過ぎず，利益測定の目的は，企業ないしは経営者の業績を測定することにあるからである[17]。この点は，重要である。まさしく，会計の本質的機能に対する会計観そのものが会計の目的によって異なってくることを示している。換言すれば，会計の本質は，企業の目的とするところが利益測定かそれとも企業価値（株主価値）測定かによって異なってくるということである。

　しかしながら，いま少し厳密に検討していけば，企業価値を判断する最も重要な構成要素は，企業利益である。そのため，そこでの利益が発生主義にもとづく配当可能利益であるのか評価損益まで含めた包括利益であるのかを別にすれば，両会計観とも企業利益の測定ないしは増大を目的にしているという点で

は，何ら異なるところはない。利益測定を重視するという同一目的を有している点では同じであり，単にそこで志向される利益の測定基準ないしは測定方法に相違が見られるだけに過ぎないのである。

発生基準で求めた利益の問題点

　発生基準にもとづいて算出された実現利益の中身ないしは質を見ていこうとした会計実務は，既に見たように，1759年に組合としてスタートし，1787年に株式会社に改組されたイギリスのダウライス製鉄会社の比較貸借対照表に見出せる。キャッシュ・フロー計算書（資金計算書）の萌芽的形態であるダウライス製鉄会社の比較貸借対照表は，損益計算書，貸借対照表に次ぐ第三の財務諸表として位置づけられるものではない。この比較貸借対照表は，発生主義にもとづいてフローの側面から作成された損益計算書を補完する財務表として位置づけられるものである。そこでは，決算の結果多くの利益を計上することができたにもかかわらず，新たに溶鉱炉を建設しようとしたとき，投資資金の不足に直面した。すなわち，財務諸表上に利益が計上されながら，手元に投資可能な現金資金が不足していた。その結果，工場長は，一体利益はどこにいってしまったのか，利益とは何であるのかという素朴な疑問が生じた。この疑問に応えるための，したがって利益の中身あるいは利益の本質を知るための欲求が比較貸借対照表を誕生させたのである[18]。

投機家への有用性

　資産負債観のもとでは，投資家の意思決定に有用な情報を提供するのが目的の一つである。この目的は，一般的には，時価（公正価値）による資産負債の現在価値情報によって充足されると考えられている。しかし，通常の商品市場とは異なり，株式市場では，リスクを伴うのが前提であるため，「株式市場に参加する株主は投資家としてよりもむしろ投機家として株価変動にまつわる局所化された不確実性に価格差利得の源泉を見出す（マネーゲームに走る）行動類型（様式）をみせるようになる[19]」といわれる。すなわち，現代会計における会計システムが発生主義を基準にした取得原価会計から資産負債の公正価値

を重視した時価会計へと転換するに伴い，分配可能な当期純利益計算から企業の現在価値を示す包括利益計算にその重点をシフトさせてきたといえる。このことは同時に，現代会計が発生主義会計から公正価値会計に，あるいは投資家のための会計から投機家のための会計に変容してきたことを物語っている[20]。しかしながら，企業価値測定と公正価値会計が必ずしも適合していないのではないかという指摘を受けるとき[21]，時価による資産評価を中心に企業利益を測定する現代の資産負債観にもとづく会計観は，その目的適合性の立場から再吟味する必要も生じてきた。

検証可能性にもとづく信頼性が会計の命

　繰り返し述べてきたように，本来，会計の計算構造を支える複式簿記は，実地棚卸計算によって作成されたビランチオにもとづく利益計算の証明手段として生成した。財産法によって作成されたビランチオの利益を損益法によって作成された集合損益勘定の利益で証明ないしは検証するために登場してきたのが複式簿記である。したがって，そこでの測定基準は，必然的に，取得原価になると同時に，収益・費用の対応計算は，まさしく純資産を増減させる原因の側面からの計算なのである。発生史的にはここに，会計の本質が存在することを忘れてはならない。

11-5. 時価と公正価値

絵に描いた餅では意味がない

　最も根源的であるが，われわれは，時価とは一体何であるのかということを今一度問い直す必要がある。一般には，時価とは公正価値のことであり，現在の市場価値ないしは割引現在価値を指している，と言われている。しかし，時価と公正価値は，根本的に異なる概念だと私は理解している。時価というのは，現在の市場価格であり，価格というのは，言うまでもなく会計上の概念である。

それに対して価値というのは，経済学上の概念である。会計の世界では，たとえそれがいくら価値のあるものであったとしても，現実に売却できて，手元にその対価を手に入れることができなければ意味を持たない。実現しなければそんな収益は，絵に描いた餅に過ぎないのである。換言すれば，会計上の測定にとって重要なのは，価値があるかないのかではなく，いくらするのか，いくらで売れるのかにある。すなわち，会計上の利益にとって最も重要なのは，将来の期待利益ではなく現時点で実現した利益である。この実現概念こそ会計にとって最も重要な要素なのである。

過去・現在・未来
　また，現在の価値と言ったときの現在という時間が果たして実在しているのであろうか。時間を過去，現在，未来という連続の帯で考えたとき，時間の経過を3者の融合した連続として捉えるのか，切り取ったある点の単なる残映と見なすのかが問題である。現在は，次の瞬間に過去になっていく。したがって，現在という時間は実在せず，近過去の連続ないしは結合に過ぎないのではないかという疑問が生じてくる。もしそうだとすれば，時価会計というのは，過去会計の中に包摂されるか，あるいは現在という時間を例えば「今日」といった帯でくくり，その帯の範囲を便宜的に現在と呼び，その間の価値の変動を無視してある瞬間の価値をあたかもその期間のすべての価値であると位置づける会計処理が時価会計であると評価すべきなのかも知れない。
　会計の役割は，情報提供機能にある。私は，その情報の中心が，複式簿記の発生以来今日に至るまで，配当可能実現利益情報にあると考えている。この実現可能性を前提にした利益計算が会計にとって最も根源的な役割である。会計の計算構造を支える複式簿記は，その発生以来800年近くにもわたって，発生基準にもとづく実現利益計算を行ってきた。歴史的には，会計の計算構造を支える複式簿記は，実地棚卸しによってビランチオで求めた利益を継続記録によって証明するための道具として完成した。そこで求められた最も重要な要因は，客観性であり信頼性であった。そのためには，検証可能性と透明性，あるいは実現可能性が担保されていなければならないのである。

行き過ぎた有用性は会計を破壊する

　複式簿記の本質は，もし会計がストックによる利益をフローによる利益で検証することによって完成したという歴史的事実を忘れて客観性や信頼性あるいは検証可能性や透明性を遠く彼方に追いやり，社会科学の本質を忘れて，単に実利的な有用性ということばかりに気を取られているならば，われわれは，大きな落とし穴にはまり込んでしまうことになる。会計ならびにその計算構造を支えている複式簿記の本質や本来の役割を今一度じっくりと考えてみなければならないのではなかろうか。

会計は当て物の世界ではない

　繰り返しになるが，会計は，決して意思決定に有用な情報の全てを提供できるものではない。有用性という考えがひとり歩きを始めると，価格計算（過去・現在計算）という会計学の本来的役割を忘れて価値計算（未来計算）という経済学の分野に大きく踏み込んでしまう恐れが生じる。その結果，現実の数字にもとづく損益計算（実現した当期純利純計算）が予測の数値にもとづく価値計算（未実現の包括利益計算）へと変容し，会計の本質から乖離した世界に陥ってしまう恐れが生じてくる。われわれ会計学徒は，このことをしっかりと自覚しなければならない。会計の研究領域は，決して当て物の世界であってはならないのである。

　紙の上の世界では，予測が外れれば「想定外でした」で済まされるかもしれない。しかし，現実の世界では，「想定外でした」などという無責任な言葉では決して済まされないことが起きているのである。安易で無責任な予測ほど恐ろしいものはない。

【注】

1) Defoe [1727], A Supplement to the Complete Trademan, p.33.
2) 髙寺 [2008] 236-237頁。
3) Mellis [1588], The Third Chapter, "The forme and maner of keeping a

solempne Inventorie.（メリスの簿記書には通しページが付されていないため，引用章のタイトルを示した。）

4）Monteage [1675], "Here followeth the Balance of the whole Leidger", L2. （モンテージも通しページが付されていないため，項目のタイトルと分類記号を記した。）

5）渡邉 [2008a] 132, 141頁。

6）野矢 [2007] 200-201頁。

7）Thomsen [1984], pp.37-39.

8）FASB [1976], par.25-44, pp.35-41. 津守監訳 [1997] 49-58頁。1976年にFASBの討議資料が公表されて以来今日に至るまで，わが国において，この二つの会計観に対して，多くの先行研究が公表されている。例えば，藤井 [1997]，山田 [1999]，斉藤編著 [2002]，松本 [2002]，徳賀 [2002]，石川 [2004]，草野 [2005] 等を参照。

9）FASB [1976], par.46, pp.41-42. 津守監訳 [1997] 56頁。この点については，藤井 [1997] 45-46頁参照。

10）笠井 [2000] 227頁。

11）FASB [1976], par.47, pp.41-42. 津守監訳 [1997] 58-59頁。

12）Alvaro [1974], p.115.

13）筆者がここで時価というのは，公正価値を指している。すなわち，市場で測定できる商品については市場価値，市場が存在していない商品に関しては割引現在価値を指す。

14）いうまでもなく，2時点間の正味財産の差額すべてが利益と定義されるわけではない。資本拠出や資本の引き出しあるいは過年度損益修正は，1期間の資本の増減であるが当該期間の利益とはならない（FASB [1976] par.36, p.38. 津守監訳 [1997] 54頁）。

15）FASB [1976], pars.36, 37, pp.38-39. 津守監訳 [1997] 54頁。

16）FASB [1976], par.47, pp.41-42. 津守監訳 [1997] 58-59頁。

17）FASB [1976], par.48, pp.45-46. 津守監訳 [1997] 59-60頁。

18）この点については，渡邉 [2005] 第6章を参照。

19）高寺 [2002] 111-112頁。

20）高寺 [2002] 112頁。

21）高寺 [2005] 182頁。

第 12 章

彷徨する現代会計

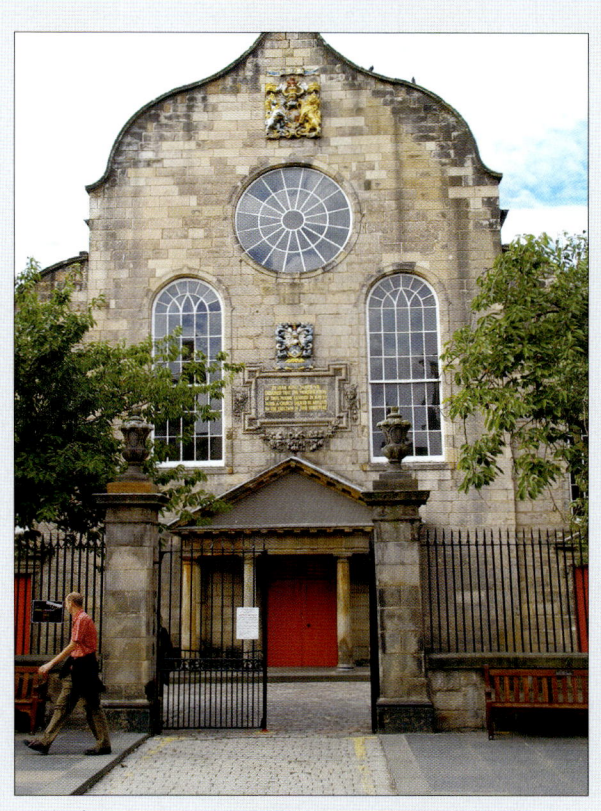

(アダム・スミスが眠るキャノンゲート教会)

12-1. 行き過ぎた有用性アプローチ

発生主義と取得原価のほころび

　アメリカ財務会計基準審議会（FASB）によって展開された資産負債観にもとづく会計観は，今まさに現代会計を席捲し，会計が800年もの長きにわたって継承してきた発生主義を基軸にした取得原価主義会計にコペルニクス的な転換を突きつけたといって過言ではない。

　現代会計の最も基本的な役割は，情報提供機能にあるといわれている。しかし，伝統的な発生主義にもとづく取得原価会計によって提供される会計情報にいくつかのほころびが露呈してきている事実も否定できない。その最大の原因

［図表12-1］　発生基準会計と取得原価会計のほころび

```
                        現代会計学
                           ↑
                           
  信頼性・検証可能性  ⇔  有用性・目的適合性
    （複式簿記）           （会計）
           
     ( 認識 )                    ( 測定 )
        ├── 発生（実現）主義／取得原価 ──┤
        ↓                              ↓
     ( 不具合 )                    ( 不具合 )
        ↓                              ↓
     キャッシュ主義              公正価値評価
  （キャッシュ・フロー計算書）    （包括利益計算書）

  ①投資資金不足，黒字倒産      ①利益測定から情報提供へ
  ②利益とは何か（利益の質）    ②当期純利益から包括利益へ
  ③P/L, B/SからB/S, C/Fへ      ③収益費用観から資産負債観へ
```

は，利益測定の基準が過去価値である取得原価に依拠しているためであり，現在価値，すなわち公正価値で評価しなおすことが重要であるとの主張が大きなウェートを占めるに至った。

近年，意思決定に有用な情報という側面が過度に強調されたため，財務会計は，その本来の計算構造の枠組みを超えて，事実にもとづく結果の提示から乖離した，予測あるいは期待という禁断の実を口にしてしまったように思えてならない。なぜなら，投資家とりわけ投資ファンドに代表される投機家にとっての有用な情報は，過去の取引事実にもとづく信頼される情報ではなく，たとえそれが実現されなくても，期待に満ちたバラ色の数字に満たされた世界の方がはるかに魅惑的に思えるからである。その結果，単なる過去の事実情報よりも市場で推定できる将来の予測情報が意思決定により有用であるという錯覚に陥ってしまうことになる。

財務会計の管理会計化（包括利益の歪）

FASBは，1997年に包括利益の開示を義務づける財務会計基準書（SFAS）第130号を発表したが，「SFAS130の構成要素である『その他の包括利益』は，単に包括利益にノイズを加えているに過ぎない[1]」という実証研究による指摘も同時になされているのは興味深い。本来，過去会計である財務会計に将来の予測を見込む管理会計的な現象が生じてきた[2]。その結果，財務会計の事実にもとづく客観性と検証可能性に裏打ちされた信頼性に大きな歪が出てきているといえよう。

会計の計算構造を支えてきた複式簿記が13世紀の初めから今日に至るまでの800年の長きにわたり，脈々と継承されてきたのは，取引事実にもとづく正確で誰によっても検証可能な信頼できる利益計算システムであったからである。有用性や目的適合性という名のもとに，極論すれば継続的な記録を前提にしない，本来の役割からはみ出した行き過ぎた資産負債観のもとでは，会計は，投資家や与信者たちに果たして真に有用な情報を提供することができるのであろうか。会計を誕生せしめた収益費用観を片隅に追いやった公正価値会計は，それを会計の本質に照らし合わせて見たとき，果たしていかなる，そしていかほ

どの理論的根拠を持ちうるのであろうか。

　ここ最終章では，情報提供機能を第一義的とする現代会計の役割に照らし合わせながら，会計とその損益計算構造を支えてきた複式簿記がどのような役割を担って歴史の舞台に登場してきたのかを再吟味し，これを通して，会計の本質がどこにあるのかを再検討するところにある。会計の重心を信頼性から有用性に，あるいは検証可能性から目的適合性にシフトさせてきた現代会計が目指す方向性の危うさに歴史というフィルターを通して警鐘を打ち鳴らしたい。

会計の本質－証拠性の担保としての取得原価

　アメリカ会計学会（AAA）によると，会計は，「情報の利用者が判断や意思決定を行うにあたって，事情に精通したうえでそれができるように，経済的情報を識別し，測定し，伝達する過程である[3]」と定義されている。言うまでもなく，会計は，英語でアカウンティングと言われるように，その意味するところは，企業の1年間の営業活動の成果を利害関係者に説明する行為である。したがって，会計の役割は，一般に情報提供機能と利害調整機能の二つがあると言われているが，とりわけ財務会計の第一義的な機能は，外部の利害関係者に期首から期末までの1年間に企業が獲得した期間損益情報を投資家や与信者に提供するところにある。財務会計が外部報告会計ないしは過去会計と言われている所以である。

　決算時点から遡及して過去1年間に実現した配当可能な期間損益を算出し，それを利害関係者にディスクローズするのが財務会計の本来的な役割であり，発生主義にもとづく配当可能な実現利益を意思決定にとって有用な情報と位置づけていたのが，いわゆる伝統的な会計の枠組みであった。

予測の誘惑

　しかしながら，将来への投資，将来への意思決定に有用な情報という側面に力点を置いて考えるならば，これまでに獲得した利益がいくらであったかという過去情報よりも，これからいくらの利益を獲得する見込みがあるのかという未来情報の方がより魅力的になってくる。多くの投資ファンドや一般の株主た

ちの要望に応えたアナリストといわれる人たちは，こぞって企業の将来の獲得利益の予測を行い，将来キャッシュ・イン・フローを推測することによって企業価値（株価総額＋負債）を判断し，その予測数値が投資意思決定の決断に役立つ情報であるという錯覚に陥っている。投資ファンドにとっては，過去1年間で獲得した配当可能な実現利益情報よりも未実現利益をも含めた包括利益や株価総額を基準にして求められる企業価値情報がより魅力的になってきた。なぜなら，彼らの目的は，企業の成長を見守りながら安定した配当を受け取ることではなく，たとえ倒産したとしても，できるだけ安値で買い取り，少しでも高値で売り抜けて利益を得ることができれば，それで良いからである。

　会計ビッグバン以降の公正価値測定による新しい会計観は，会計が利害関係者に提供する情報の中身を当期純利益から包括利益，あるいは企業価値に，したがって測定の物差しを取得原価から公正価値へとパラダイム転換させてきた。果たしてこれでよいのであろうか。会計が800年もの長きにわたって継承されてきたのは，そこで求められた利益情報が事実にもとづく正確で信頼のできるものであったからである。この事実を忘れてはならない。

有用な情報の質的転換

　もし会計の目的が企業価値情報を提供するのであれば，800年近くも会計の計算構造を支えてきた複式簿記は，不要になってしまう。なぜなら，企業価値計算には，必ずしも，継続的な記録が前提にされるわけではないからである。企業価値計算は，会計の枠組みを超えたいわばファイナンスの研究領域の問題である。いうまでもなく，伝統的会計のもとでは，そこで提供される意思決定に有用な情報というのは，取得原価をベースにした発生主義にもとづいて計算された当期純利益，すなわち配当可能な実現利益である。それがここに至り，1960年代以降，とりわけわが国では，1999年の金融商品に係る会計基準の制定以降になって，投資意思決定にとって有用な情報は，単なる過去情報ではなく，たとえ予測を含んだ不確実な情報であったとしても，未来情報がより重要であるという考え方が強く登場してくる。アメリカの金融資本主義のもとにおける株主至上主義の考えの台頭である。

12-2. 虚偽・粉飾への落とし穴

実際数値を予測数値に改ざん

　ここに，虚偽や粉飾といった現代会計の陥りやすい大きな落とし穴が存在する。なぜなら，予測と実際に差異が生じた時，自らの予測を正当化させ，自らの責任を回避するために，実際を予測に近づけようとする意図が必ずや強く働くからである。粉飾ないしは逆粉飾という事実の改ざん行為である。将来の当てものの世界である予測情報に，もっともらしい説明や数字によってまやかしの客観性や正確性や信頼性を付与するために作り上げられたのが，まさに，将来キャッシュ・フローとか割引現在価値と言った得体の知れない数字なのである。このような数字がいくらディスクローズされたからといって，真に会計の透明性が確保されたと言うことにはならない。われわれは，こうした実証という統計数字のまやかしに惑わされないようにしなければならない。

　近年，有用性のために信頼性が足かせになってくると，財務報告のための会計基準の基本的な質的特性からこの信頼性や検証可能性を大きく後退させ，忠実な表現という新たな概念を持ち出してきている。信頼性を後退させた大義を求めようとしているのであろう。果たして会計は，このような方向に進んで行ってよいのであろうか。

会計の計算構造を支える複式簿記の根源的役割

　会計の利益計算構造を支えてきた複式簿記は，発生以来，その測定手段を現実に取引した時点の市場価値，すなわち取引価格（時が経過すると取得原価に変容）にその客観性を求めてきた。取引価格による測定の最大の利点は，事実にもとづいて測定された価額の正確性あるいは客観性をいつでも誰によっても検証可能にさせるところにある。

　ここにこそ複式簿記のレーゾンデートルがあり，会計に対する信頼性を確固たるものにした最大の要因がある。会計ないしはその計算構造を支えてきた複

式簿記が中世より今日に至るまでの800年にも及ぶ長きにわたって継承されてきたのは，まさにこの事実性と検証可能性に裏づけられた正確性と透明性，すなわち信頼性が担保されていたからである[4]。会計の根源的な役割は，まさしく社会からの信頼に応えることなのである。そして，この信頼に応えることができるのは，事実にもとづく正確な記録で，いつでも誰によっても検証することのできる数値にもとづく計算技法であることが前提になる。この要件を適えたのが実際の取引が行われた時の取引価格，すなわち取得原価（＝取引時点の市場価値）であった。

時間軸の相違に過ぎない取得原価と時価

　取得原価というのは，取引時点の時価（取引価格＝市場価格）である。取引が実際に行われた時点の価格が時の経過した決算時点で過去の価値を示す取得原価に変容するに過ぎず，その実態には少しの違いもない。取引が行われた時点の市場価格（取得原価）と決算時点での価格（時価）は，単に時間軸がずれることによって生じる違いに過ぎない。時価と取得原価は，全く別の物差しと思い込んでいる人がいるが，それは間違いである。時価（市場価格）は，本質的には取得原価と同じである[5]。単に，測定する時間が違うだけである。

　一般的には，公正価値（フェアー・バリュー）という用語は，時価と訳されており，具体的には，現在の市場での価格（市場価値）を指している。ただし，市場にないものもあるので，それらを測る物差しとして，当該資産が将来どれだけのキャッシュ・フローを企業にもたらすかを予測し，その総額から将来予測される利子率で現在の価値に割り引いた価格を指す場合がある。割引現在価値といわれる測定手段である。

現在価値という時の現在とはいつのことか

　突き詰めて考えると，現在の価値と言ったときの現在という時間をどのように理解するかが重要である。そう考えていくとき，前章の11－2でも少し触れたが，果たして現在という時間は，実在しているのであろうか，という疑問にぶつかる。時間を過去，現在，未来という一般的な時系列で捉えたとき，現在

はまさに瞬間の今であり，あっという間に過去になってしまう。「本来的な『今』は，時間の部分ではなく，過去と未来を分割し，両者を区別するだけの『長さも幅もない点』である[6]」。もしそうだとすれば，時間は，現在と過去との単なる関係に過ぎず，未来という時間は，「言葉のあらゆる意味で『ない』のであり，それは，過去と現在に吸収されてしまう[7]」ことになる。

　われわれは，将来キャッシュ・フローという実在しない未来という時間で測定された価額のどこにその実在性を求めればよいのであろうか。会計ならびにその利益計算構造を支える複式簿記は，正確性や検証可能性に裏打ちされた利益情報を提供することによってその信頼を勝ち取ってきた。実在する現在価値で評価する市場価値は別にしても，この信頼性を最も重視しなければならない会計的測定にとって，果たして実在しない未来という時間によって測定する得体の知れない将来キャッシュ・フローやその割引現在価値のどこにわれわれは，信頼を置くことができるのであろうか。

市場価値と割引現在価値の違い

　同じく公正価値といっても，市場価値と割引現在価値では本質的にはその次元を異にしている。時間の時系列で見ていくと，現在という時間を一定の幅をもった帯として捉えるか瞬間の今として捉えるかによって違いが生じてくるが，「瞬間の今」という時間は，すぐに過去へと吸収されていく。この「瞬間の今」が現在だとすれば，現在における市場価値は，瞬きをした次の瞬間に過去価値，すなわち取得原価に変わってしまっている。現在を過去と未来との単なる接点として見ていけば，市場価値と取得原価には，本質的な違いはない。

　過去が「かつての現在」であるように[8]，取得原価は，「かつての市場価値」なのである。公正価値測定のうち市場価値（現在価値）による評価は，それが単に時間の経過によって取得原価（過去価値）に変容するだけである。すなわち，公正価値会計は，取得原価主義会計の枠組みの中に位置づけることができるのである。会計ならびにその計算構造を支える複式簿記は，生まれた時から時価会計と取得原価会計との併存会計，近年とみに主張されるようになってきた混合測定会計であったといえる[9]。事実，時価で資産を再評価する実務は，

複式簿記の発生と同時に行われており，18-19世紀イギリス出版された多くの簿記書でも，評価基準を時価（現在価値）と取得原価（過去価値）の両方で説明している。それに対して，公正価値を構成する割引現在価値（未来価値）という考え方は，20世紀の後半から21世紀になって登場してくる。ごく最近のことである。

12-3. 取引価格会計としての取得原価と市場価値

公正な価値の落とし穴

公正価値（フェアー・バリュー）という考えは，2006年9月に発表されたアメリカ財務会計基準書（SFAS）第15号のパラグラフ5で，「測定日における市場参加者間の秩序ある取引において，資産の売却によって受け取った，あるいは負債の支払いや移転のために支払った金額」であると定義されている。わが国では，一般的に時価（出口価値）を指している。アメリカ財務会計概念書（SFAC）あるいはSFASや国際財務報告基準（一般的には国際会計基準：IFRS）の規定によると，資産の価値を測定する公正な物差しは，時価ということになる。公正な価値で測定することに異存のある者は，誰もいない。

しかし，一体誰が公正な価値を時価と決めたのであろうか。この最も肝心な問題を掘り下げて論ずることなく，公正な価値が時価であるということを所与のものとして決めてしまっているところにこそ，今日の測定問題の大きな落とし穴があるように思われてならない。重要なのは，公正な価値の具体的な測定属性を何に求めるかにある。経済学の分野であれば，公正な価値で測定するで終わっていても問題がないかもしれない。しかし，会計の分野では，公正な価値を測る具体的な物差し，すなわち測定基準を明確にしなければ，貸借対照表の価額を決めることができないのである。経済学は抽象的な価値の世界で片付くが，会計学は具体的な価格の世界である。しかも，市場において，その価格で実際に取引されなければ意味がない。会計上の利益を測定するにあたって，

実現という概念が最も重要なキーワードになる理由である。

会計上の公正価値は真に公正なのか
　公正価値によって測定された価値こそが完全で正しく，いかなる物差しよりも客観的であるという一種の神話が蔓延しているように思われてならない。ここでいう公正価値は，市場価値と割引現在価値の二つで構成されている。たしかに，市場で取引されている価格には，たとえその市場が必ずしも完全なものでなくても，それなりの客観性が担保されていると言えるかも知れない。しかし，すべての資産や負債に市場が存在しているわけではない。市場のない資産や負債は，どのように決められるのであろうか。その資産が将来どれだけの利益を企業にもたらすかは，将来キャッシュ・イン・フローという予測の価額で決められる。これもまた公正な価格だというのである。公正な価格で評価したのだと言われれば，誰も反対はできない。まさしく「公正な（フェアー）」という言葉の持つ魔術であろう。欧米社会におけるフェアーという言葉の意味するところは，われわれ日本人が受け取る感覚とその比重の度合いに大きな落差があることを認識しなければならない。

フェアーの本来の意味は
　会計の分野で慣習的に用いられている公正という概念は，表現の公正さ，特に財務報告における表現の中立性を含んだものである。それに対して，一般に公正というのは，本来，いわばどのような考え方にも偏らない中立的な考えを意味する言葉である。それは同時に，結果として出てきたものに対する公平さないしは正義という考え方が包括されたものでもある。したがって，財務諸表における表現ならびに宣誓における専門的な知識と注意深さが企業の財務活動の公正さを保証することになる。公正という言葉は，会計においては極めて重要な役割を担っており，それは，元来，「表現における公正」を意味し，アメリカにおいては公正な教義として，またヨーロッパ社会では，「真実かつ公正な」（トゥルー・アンド・フェアー）教義を意味している[10]。

　したがって，フェアーを否定するということは直ちにアン・フェアーである

ことを意味し，アン・フェアーな人間とは，特定の予断を持った偏った人間を指し，その結果，人格すべてが否定されることになる。この魔術を利用して，会計がその生成以来800年にわたって用いてきた，一部に時価による修正をも含んだ，取引価格による測定を「なぜなしに」公正価値による測定に変換させようとしているのがアメリカ基準であり，かつ国際会計基準であるといっても過言ではなかろう。

アン・フェアーな人は人にあらず

ここに，基準設定者の巧妙な意図，ないしは世界戦略が窺えるのではなかろうか。この公正価値が当初から単に時価とか市場価値，あるいは割引現在価値と呼ばれていたならば，時価が公正な価値であるといった神話がこれほど広くかつ強く多くの人々の心を支配していたかというと，はなはだ疑問である。重要なのは，公正な価値を測定する具体的な物差しを何に求めるかにある。繰り返しになるが，経済学の領域ならば，物の価値を市場における公正な価値で測定するということに誰も反対しないし，何の問題もないかも知れない。しかし，会計の領域では，その公正な価値の具体的な測定属性を明確にしなければ，貸借対照表の価額を決定することができず，したがって利益を確定することもまたできない。

将来キャッシュ・フローという禁断の実

すでに言い古されたことであるが，例えば市場性のある有価証券一つをとっても，そのマーケットでの市場価値は，客観性がありその市場価額でキャッシュを手に入れることができると思われている。しかし，1,000株や10,000株の程度の持ち株数であればともかく，何百万株と言った巨額の株式をいっときに現金化するに際しては，その市場価値は，頭の中で思っているほど実現可能な価額とはいえない。売り進めていく中で市場は敏感に反応して株価は下落し，当初の価額で全てを売り尽くすことはできなくなる。そのような市場価額のどこに，実現可能で信頼できる根拠を求めることができるのであろうか。

会計記録は，経済事象の反映である。そのため，取引として認識された事象

（仕訳）から元の姿（取引）に復元できる手法によって表現されているか否かが極めて重要になる。きまぐれな時価の変動によって企業利益そのものに目まぐるしい変動をきたすような情報のどこに，一体われわれは，信頼できる価値を見出せるというのであろうか。現代会計は，将来キャッシュ・イン・フローというばら色の期待でカモフラージュされた禁断の実を口にしてしまったのではなかろうか。

想定外は必ず起きる

国境を挟んだ国家間の緊張関係や大災害によるエネルギーのパイプラインのストップ等によって市場に大きなノイズが生じ，そのことが企業損益に大きな影響を与えるとき，会計がこのような状況を事前に織り込んだ有用な情報をどこまで提供できるというのであろうか。会計が提供できる意思決定に有用な情報に限界があるのは，いうまでもない。

とりわけ地震や津波といった自然災害は，ある程度の発生の確率は予測できたとしても，その正確な年を予測することは，現在の科学では，不可能に近い。いわんや，その損害額を正確に予測するのは，極めて困難なことである。災害は，突然に襲ってくるのである。このような事態になったとき，多くの場合，関係者は，「想定外でした」という。しかし，この想定外がいつも起きているのである。いつも起きているのであれば，この想定外のことをも織り込まなければ，有用な情報にはならない。しかし，これは，過去の事実を正確に叙述し，それを情報として提供する財務会計の研究領域だけでは，とてもカバーしきれる問題ではないことは明らかである。

市場への過度の依存に対する警鐘

2001年12月のエンロン，2002年7月のワールドコムの経営破綻，あるいは2006年末のサブプライムローンの焦げ付きに端を発し，2008年9月のリーマン・ブラザーズの金融破綻によって，市場神話は，もろくも崩れ去ってしまった。ついこの前のことである。この市場に過度に依存する危険性をマイケル・ブロミッチは，すでに1980年代半ばに，警鐘を鳴らしている。「実社会においては，

すべての資源や投資の機会が完全な市場で取引されているわけではない。完全な市場が損なわれている事例としては，'人的'資産を市場に売り込んだり，他の資産と切り離して企業'暖簾'を［適正に評価して］販売することの困難さがあげられる。……［すなわち］完全な［市場が担保されている］一連の先物市場や保険［投資］への機会が不足［している状況］は，市場が不完全であるという更なる事例を提示している。資産の実現可能価格ないしはその再調達原価と現在使用中の価値との落差は，不完全な市場で予測される［であろう］結果に一般的でかつ重要な事例を会計に提供している［ことになる］。……これらの市場が抱える諸問題は，［とりわけ］高額な商品に［対して重要な］会計情報をもたらすかも知れない[11]」と。

このように，市場に不完全さが残されている限り，実際に取引した時に市場価値で測定するのは別にして，決算に際して資産を市場価値によって評価替えする行為は，取得原価による測定と比してどれだけ優れているということができるのであろうか[12]。

公正価値の登場

時価によって取得原価を補正する方法は，複式簿記の発生と同時に登場している。債権の時価評価，すなわち貸倒損失の計上，あるいは備品や棚卸商品の評価損の計上は，最古の勘定記録を始め13－15世紀のイタリア商人の帳簿の中に散見されるのは，すでに見てきた通りである。複式簿記は，生まれながらにして時価と原価の併存会計（混合測定会計）である。

それに対して，公正価値という用語は，1950年代に登場する将来キャッシュ・フローを基軸に据えた割引現在価値を原点にして，1973年にAPBオピニオン29「非貨幣性取引の会計」において初めて完全な定義がなされた[13]。しかしながら，同じく公正価値と呼ばれたとしても，一般に時価と呼ばれる市場価値は，1950年代以降に登場する将来キャッシュ・イン・フローを基軸に据えた割引現在価値を原点に置く公正価値とは，その本質において大きく異なる。

12-4. 割引現在価値の非現実性

取引価格会計と公正価値

　取引時点においては，すべてが市場価値（現在価値）で取引され，その価格は，時間の経過した決算時点で取得原価（過去価値）に変容する。その意味で，市場価値測定会計は，広義の取得原価主義会計（過去会計と現在会計の両者を含む混合測定会計），すなわち取引価格会計の枠組みの中で捉えられることができる。しかしながら，同じく公正価値会計の範疇に属する未来会計としての割引現在価値会計とは，その本質を異にしている。なぜなら，事実にもとづく実際の取引価格による記録なのか，それとも推測にもとづく仮想の取引価格による記録なのか，両者がよって立つ時間軸が根本的に異なるからである。取引価格会計と公正価値会計を区分する基軸は，単に現在か未来かといった時間概念による区分だけではなく，実現概念が重要になる。この実現を踏まえなければ，どんな利益も絵に描いた餅になる。絵に描いた餅では，空腹は，決して満たされない。会計は，絵空事の世界ではないのである。

[図表12-2] 取引価格会計と公正価値会計の関係

測定区分	価値区分	会計区分
取引価格による測定	取得原価　過去価値（取得原価主義会計）	取引価格会計（実現利益会計）
時価による測定	市場価値　現在価値（市場価値会計）	
	割引現在価値　未来価値（割引現在価値会計）	公正価値会計（未実現利益会計）

　取引価格，したがって取得原価による測定の最大の利点は，そこで測定された価額が歴史的な事実として，いつでもその価額の客観性と透明性，すなわち取引事実による検証を可能にさせるところにある。事実にもとづく検証可能性，ここにこそ実地棚卸しで求めた利益の証明手段として完成した複式簿記の原点

があり，会計に対する信頼性を確固たるものにした最大の要因が存するのである。

実現の重要性

今日の公正価値会計の最大の課題は，実現概念をどのように捉えるかにかかっている。物の価値それ自体を測定するのは経済学の世界であり，会計学にとって重要なのは，保有する商品にいくらの価格がつくのか，現実にいくらで売却できるかにある。会計事象（取引）は，現実の経済事象の写像であり，決して予測や期待の世界を映し出すものではない。実現した事実にもとづく利益計算こそが，幾多の不易流行を繰り返しながらも，その発生以来会計が変わらずに果たしてきた役割であり，それゆえにこそ800年もの長きにわたって信頼され続けてきたのである。われわれは，絵に描いた餅を食べて生きていくことは，できない。実現という物差しを棚上げして，保有利益や評価利益によって利益を求めたとしても，それは，決して会計上の真の利益を意味していることにはならないのである。会計上の利益の本質は，配当可能な実現利益であり，決して保有しているだけの評価損益を含んだ包括利益ではなく，経済学上の価値でもない。

割引現在価値の問題点

市場のないものを市場価値で測定するわけにいかない。その測定のためには，類似の資産の市場価値で類推するか（レベル2），あるいは当該資産や負債の将来キャッシュ・フローを予測し，そこから将来利息を現在価値に割り引いた価額をもって時価と見なす（レベル3）かのいずれかである。とりわけレベル3と言われている評価方法は，いわば予測の二乗である。予測というのは，外れるから予測であって，このように予測に予測を掛け合わせた割引現在価値のどこにわれわれは，会計的真実や取引の客観性を求めればよいのであろうか。数学の世界ではマイナスにマイナスを乗ずればプラスに変わるが，会計の世界では予測に予測を乗ずれば現実になるとでもいうのであろうか。

このような，割引現在価値という得体のしれない評価手段は，信頼性を基軸

に置く会計の世界の物差しとしては，不適切である。測定の原点は，あくまでも取引価格（市場価値＝取得原価）である。取得原価の最大の特徴は，それが現実に取引された客観的な価額であるということに加えて，その価額が現実の証憑書類によって検証可能なところにある。この事実性（客観性）と検証可能性（透明性）に支えられた信頼性こそが会計ないしはその計算構造を支えてきた複式簿記の原点なのである。信頼できるからこそ，会計ないしは複式簿記は，800年もの長きにわたり継承されてきた。ファイナンスの世界ならいざ知らず，会計学の世界は，決して目的適合性や有用性を第一とした今日の行き過ぎた意思決定有用性アプローチが大手を振ってのし歩く世界ではないのである。

FASBの心変わり

FASBは，1980年5月に発表したSFAC第2号「会計情報の質的特性」で，会計情報を有用なものとするための必要な質的特性について述べている。そこでは，「財務報告は，現在および将来の投資者，債権者その他の情報利用者が合理的な投資，与信およびこれに類似する意思決定を行うのに有用な情報を提供しなければならない[14]」とし，その有用性を担保するものとして，目的適合性と信頼性の二つを対等な関係で位置づけていた[15]。この段階では，いわば信頼できる情報でなければ有用でないということをまだ明確に認識していたはずである。

しかし，安定的な配当を期待する一般の株主ではなく，投機的利潤を期待し膨大な資金力を有するごく一部の投機家からの企業への要求ないしは圧力が強まってくると，必然的に，経営者たちは，彼らの要求に応えざるをえなくなる。投機家の関心は，正常な経営活動にもとづいて獲得される成果がいくらあるのかではなく，今保有している株式を売り抜ければいくらの投機的利潤を得ることができるのかにある。彼らの求める情報は，いわばM&Aを前提にした企業の清算価値情報なのである。しかし，経営者にとって最も重要なのは，いかにして企業を倒産の憂き目から回避させるか，いかにして企業をゴーイングコンサーンさせていくのかにある。決して，清算を前提にした企業価値を算出するのが目的ではないはずである。

会計が成立する前提はゴーイングコンサーン

　会計を成立させる基礎的な前提に継続企業の公準（ゴーイングコンサーン）というのがある。会計は，あくまでも企業の継続性が前提であって，明日倒産するかも知れないという事を前提にしては，成立しえない。清算を前提した企業価値計算は，本来，会計の学問領域ではない。

　ヘッジ・ファンドに代表される投機家たちは，この継続企業を前提にした，複式簿記にもとづいて算出される当期純利益にはほとんど関心がなく，今まさにその瞬間における企業価値がいくらであるかに最大の関心を払う。1年間でいくらの成果を上げたかといった，過去ないしは現在の情報ではなく，将来どれだけのキャッシュ・イン・フローを生み出すことができるのかといった未来情報こそが彼らの意思決定にとって重要な情報になる。

　その結果，大株主である投機家の要求にもとづいて，企業は，取得原価による当期純利益情報ではなく公正価値によって測定された包括利益情報，ないしは企業価値情報の開示を優先するに至った。すなわち，ゴーイングコンサーンを前提にしない損益計算（企業価値計算）である。とりわけ金融商品の世界では，貸借対照表に重点が置かれ，損益計算書の役割は，大きく後退していくことになる。極論すれば，損益計算書は，企業価値計算のもとでは，もはや不要な計算書になる。

信頼性の後退と忠実な表現

　会計の有用性が過度に主張されてくると，当初は，信頼できる情報こそが有用であると言っていたSFASあるいはIFRSであったが，有用な情報を提供するためには，かえってこの信頼性が足かせになってきた。そのため，近年では，信頼性や検証可能性を会計基準設定の基本的特性から後退させ補正的特性へといわば降格させるに至ったのである[16]。会計をなんと心得ているのであろうか。乱心としか思えない転換である。

　測定の信頼性に関して，2010年のIFRSは，「ある項目を認識するための第2の基準は，当該項目が信頼性をもって測定できる原価又は価値を有していることである。多くの場合，原価又は価値は見積らなければならない。合理的な

見積もりの採用は，財務諸表の作成に必要不可欠であり，信頼性を損なうものではない[17]」とし，新しい概念フレームワークから信頼性を排除し，それに代わって「忠実な表現（フェイスフル・リプレゼンテイション）」という用語を登場させたのである。「その理由の一つは，『信頼性』の曖昧さに起因する公正価値評価批判がしばしば起こったからであった[18]」と言われている。まさしく，詭弁であり，主客転倒である。いかなる情報にとっても，最も重要なのは，信頼性である。一体，信頼できない情報のどこに価値があるというのであろうか。

12-5. 現代会計への歴史からの警鐘

会計の原点はどこに

　複式簿記を完成させた第一義的な要因は，実地棚卸で求めた利益を日々の取引事実にもとづく正確で継続的な記録によって証明するところにあった。会計の原点は，この事実にもとづく正確で誰でもが検証できる透明性が担保された信頼性の高い継続記録（複式簿記）にある。事実性にもとづく正確性（客観性）と誰にでも担保された検証可能性（透明性）に裏づけされた信頼性こそが会計の利益計算構造を支えてきた複式簿記の出発点であり，同時にまた到着点でもある。この点を忘れては，会計は，その存在意義を失くしてしまう。

　事実にもとづく正確な記録は，実際に取引された時の市場価値で記帳される。その意味では，時価で記録されていることになる。この取引時点の市場価値が時を経て決算を迎えたとき，決算時点の市場価値と異なっていることがある。この購入時点の価額を取得原価と呼ぶが，その際取得原価が現在価値と異なるとき，一体どちらの価額で評価するのが情報の利用者に有用な情報を提供することになるのかが問題になる。

　しかし，取引時点の市場価値は取得原価であり，決算時点の市場価値は時価である。いずれの価格も予測ではなく事実にもとづく価格である。より重要なのは，両者の価格の違いではなく，その価格差をどのように解釈するかにある。

実現利益と未実現利益

　100で購入した土地の現在価値が120になったとき，資産の現在価値が100なのか120なのかという問題と，その差の20が利益なのかそうではないのかというのは，別の問題である。前者については，いずれの価額が適正な評価額であるのかについて，いずれもそれなりの根拠があるものと思われる。しかし，後者は，問題になる。一般に利益というのは，現実に獲得したものが利益であって，単に紙の上で計算しただけのものは，会計上の利益とは言えないのである。たとえ利益であると見なしても，問題は，その利益を実現した利益とみなすのか，単に未実現の利益として，配当可能な利益と区別して考えるのかにある。

　会計が信頼を勝ち得てきたのは，事実にもとづく正確で現実的な利益情報を提供してきたからである。会計上の配当可能利益というのは，単なる紙に書いた未実現の利益ではなく，またこれから起きるであろう予測によって計算された利益でもない。あくまでも，現実に生じた実際に手に取ることのできる実現利益である。それゆえにこそ，会計は，800年もの間，信頼を勝ち取ってきた。事実にもとづく正確で誰でもが検証できる方法によって算出された実現利益こそが，会計の利益なのである。

企業価値情報へのシフト

　ではなぜ，事実にもとづく信頼性を第1に考えてきた会計に予測の世界が持ち込まれるようになってきたのであろうか。恐らく1番大きな原因は，GDP（国内総生産）を生み出す中心が産業資本から金融資本へと大きく変容してきたことに影響されているものと思われる。この経済構造の大きな転換が意思決定に有用な情報の中身を当期純利益情報から包括利益情報ないしは企業価値情報へとシフトさせてきた[19]。

　言い換えると，企業が情報提供者として見ている対象が一般の健全な投資家や債権者ではなく，今や大株主になった投機家に変わってきているのが原因であろう。なぜなら，金融資本の運用による利益は，株価の変動に大きな影響を受けるからである。投機家の目的は，1年間の企業成果の正当な報酬ではなく購入した株価の値上がり益にある。企業価値の増大にのみ関心があるといえよう。

投機家にとって有性な情報

　投機家が企業に求める情報は，この１年間でいくらの成果を上げたのかではなく，今この瞬間の企業価値がいくらであるかにある。そのような投機家にとって有用な情報は，今ある現在の財政状態や経営成績ではなく，将来どれだけのキャッシュ・イン・フローを企業にもたらす可能性があるかという未来情報である。その結果，過去ならびに現在の財務情報を提供する会計に将来の予測という不確実の未来情報の提供への要求が強まってきた。過去会計としての事実のみを提供してきた財務会計が，当てものの世界である予測という禁断の実を口にしてしまったのである。

　いつでも取引可能な市場が存在し，いつでも取引の実現可能性が担保されている時価情報ならいざ知らず，会計とはかかわりのない自然現象や政治的あるいは社会的情報等によって大きな影響を受けて絶えず変動を余儀なくされている株価情報や割引現在価値情報が果たしてどれだけ信頼のおける正確な情報になるのであろうか。

意思決定有用性アプローチの落とし穴

　現代会計の役割は，利害関係者の意思決定に有用な情報を提供することにある。しばしば，意思決定有用性アプローチといわれるところである。近年，この有用な情報として，取得原価にもとづき発生基準によって算出された配当可能実現利益ではなく，公正価値によって求められた純資産の増加分としての企業価値を重視する傾向が支配的になってきた。しかしながら，重要なのは，投資家や与信者が企業に投資ないしは貸付をする際，会計情報は，単にそのうちの一つの情報に過ぎないということである。会計が意思決定に必要なすべての情報を提供できるという錯覚が大きな落とし穴になっている。

　会計の命は，それが提供する財務情報の事実にもとづく正確性と誰でもがその事実を確認できる検証可能性に支えられた信頼性にある。予測に予測をかけた割引現在価値といった不確実な得体の知れない評価基準によって測定された利益のどこに客観的な信頼性を求めることができるというのであろうか。われわれ会計に携わる者は，この点に特に留意しなければならない。会計を成立さ

せた根源的な要因が信頼できる記録にもとづく損益計算であったことを忘れてはならない。

　会計の目的が取得原価にもとづいて計算された配当可能実現利益情報を提供するのではなく，瞬間瞬間で変化する時価によって測定された企業価値情報を提供するのであれば，一体われわれは，そのような情報のどこに，信頼性や証拠性，確実性や正確性を求めることができるのであろうか。大切なことは，われわれは，予測による客観性の乏しい，得体の知れない測定基準によって計算された瞬間的な企業価値情報を会計情報と混同してはならないことである。

金融資本主義の台頭と金融破綻

　エンロン（2001年12月），ワールドコム（2002年7月）に始まった不正会計処理事件は，わが国にも飛び火し，カネボウの粉飾決算（2005年4月），日興コーディアルの不透明な会計処理（2005年12月），ライブドアの虚偽の決算（2006年1月）など市場に大きな衝撃を与えた。しかし，これは，決して会計に関する問題だけではない。

　食の信頼と安全を根本から破壊してしまった雪印食品（2001年9月），関西ミートセンター（2002年1月），不二家（2007年1月），ミートピース（2007年6月），白い恋人（2007年8月），赤福（2007年10月），あるいはその後も有名デパートやレストラン等の次から次に明るみに出た材料やその産地の偽装事件，表示改ざん等に関する社会問題は，金儲け至上主義の企業体質を露呈させたと同時に，経営者のあまりの倫理感の欠如を改めて問い直す結果になった。こんなにも立て続けに不祥事が起きるということは，一体何がどうなっているのか。企業だけの問題ではなく，まさしく日本人の品性そのものが地に落ち，日本人の心が大きな音をあげて瓦解してきているとしかいいようがない。拝金主義の悲しい結末である。8年以上も経過した今日でもなお，食品の産地偽装は，後を絶たない。

信頼性が会計の命のはずなに

　一体，会計の計算構造を支える複式簿記は，事実にもとづく正確性と誰もが

いつでも記帳の正否を確認できる検証可能性，この二つに支えられた信頼性こそがその生成の第一義的な要因であった。まだ取引の記録が不完全であったころ，損益勘定で企業全体の総括損益を計算するまでに至っていなかった時代に，組合員に分配するための利益は，実地棚卸によるビランチオによって求められた。この利益の正当性を証明するために，資本勘定を中心に据えたみごとなまでの完璧な記録体系としての複式簿記が完成する。記録によらない損益計算の正否を検証するために完成したのが会計の損益計算構造を支えてきた複式簿記である。事実にもとづく正確さと検証可能性，そして両者に支えられた信頼性が複式簿記ないしは会計の原点なのである。

　近年，その会計が有用性という名のもとに，事実にもとづく正確で誰からも信頼される計算手法を捨て去って，予測という不確実な手法によって企業損益を計算しようとしている。まさに乱心としかいいようのない状況である。今一度，われわれは，企業利益とは何かということを，その計算属性との関連において，問い直す必要がある。

真に公正な価値とは－会計の目指すところ－

　会計の原点は，事実にもとづく正確性と検証可能性に担保された信頼性の高い継続記録で計算された利益情報の提供である。この会計の信頼性を担保してきたのがまさしく発生（実現）基準を基軸に据えた取得原価にもとづく損益計算である。そこで算出された企業全体の総括損益が信頼できる利益情報であったからこそ，複式簿記は，800年もの長きにわたって，会計の利益計算構造を支え続けることができたのである。

　しかし，時が移り，保有する資産の価値が取得時の価額との間に大きな落差が生じてくると，損益計算上に様々な矛盾を生みだしてきた。取得原価による測定で果たして正確な利益計算が行われるであろうかという疑義である。このような問題を解消するために，当該資産を現在価値で再評価する会計処理法が登場してくるのは，しごく当然のことである。今日，この現在価値の測定手段が公正価値なのである。

　一般に，フェアー・バリュー（公正価値）は，時価と訳されている。したが

って，時価が公正な価値ということになる。市場のあるものを市場価値で評価するというのは，まだ理解できる。しかし，市場のないものに対して，一体どのようにして客観的な価値を決めることができるのであろうか。

会計の本来的役割

　会計の役割は，情報提供機能にある。私は，その情報の中心が，複式簿記の発生以来今日に至るまで，配当可能実現利益情報にあると考えている。この実現可能性を前提にした利益計算こそが会計にとって最も重要で根源的な役割であるのは，歴史の教えるところである。会計の計算構造を支える複式簿記は，その発生以来800年近くにもわたって，発生基準にもとづく実現利益計算を行ってきた。歴史的には，会計の計算構造を支える複式簿記は，実地棚卸しによってビランチオで求めた利益を継続記録によって証明するための道具として完成した。そこで求められた最も重要な要因は，正確性であり信頼性であった。そのためには，検証可能性と透明性，あるいは実現可能性が担保されていなければならない。

　もし，会計がストックによる利益をフローによる利益で検証することによって完成したという歴史的事実を忘れて，正確性や信頼性あるいは検証可能性や透明性を遠く彼方に追いやり，社会科学の本質を忘れて，単に実利的な有用性ということばかりに気を取られているならば，われわれは，大きな落とし穴にはまり込んでしまうことになる。会計ならびにその計算構造を支えている複式簿記の本質や本来の役割を歴史というフィルターを通して今一度じっくりと考えてみなければならない。

【注】
1）Dhaliwal, Subramanyam and Trezevant [1999], p.47.
2）なお，財務報告の内容が財務会計における過去情報から管理会計の未来情報や内部情報の開示にまで及んできている状況に関しては，安藤 [2012]，松本 [2008] を参照。

3) AAA［1966］,p.1. 飯野訳［1969］2頁。
4) 会計における信頼性の原点は，その計算構造を支えている複式簿記が中世イタリアで完成する際，実地棚卸による有高計算を継続記録によって証明する道具として用いられたところに求められる。
5) 渡邉［2010］2-3頁。
6) 入不二［2008］21頁。
7) 中島［2007］194頁。
8) このような考え方は，時間における運動，すなわち「時間の流れ」の錯誤を明らかにした結果の産物である（大森［1996］89-90頁）。
9) 混合測定会計については，徳賀［2012］を参照。
10) Monti-Belkaoui and Riahi-Belkaoui［1996］,p.1.
11) Bromwich［1985］,p.57.
12) 高寺［2008］236-237頁。
13) Bromwich［2007］,p.49.
14) FASB［1980］,p.9. 平松・広瀬訳［1994］70-71頁。
15) FASB［1980］,p.15. 平松・広瀬訳［1994］77頁。
16) 岩崎［2011］31-34頁。藤井［2011］32頁。津守［2012］21-22頁。
17) IASB［2010］,Chapter 4, F4-41.『国際財務報告基準（IFRSs)』［2011］第4章 4-41, A48頁。
18) 徳賀［2012］32頁。
19) 包括利益＝当期純利益＋その他の包括利益，企業価値＝株価総額＋負債。その他の包括利益とは，ごく単純にいえば資産の評価損益のことである。

【参考文献】

AAA [1957], "Accounting and Reporting Standards for Corporate Financial Statements 1957 Revision", *The Accounting Review*, Vol.32, No.4.
―――[1966], *A Statement of Basic Accounting Theory*, Illinois. 飯野利夫訳 [1969]『アメリカ会計学会基礎的会計理論』国元書房。
Alvaro, Martinelli [1974], *The Origination and Evolution of Double Entry Bookkeeping to 1440*, Part 1 and Part 2, Denton.
Anderson, Adam [1801], *An Historical and Chronological Deduction of the Origin of Commerce from the Earliest Accounts : containing an history of the great commercial interests of the British Empire*, Vol. 1, London.
Barth, Mary [2006], "Including Estimates of the Future in Today's Financial Statements", BIS Working Paper, No.208, August.
Beckman, John [1814], *A History of Inventions, Discoveries*, Vol.1, 2nd ed., London. 特許庁内技術史研究会訳 [1999]『西洋事物起源（一）』岩波文庫。
Booth, Benjamin [1789], *A Complete System of Book-keeping, by an improved Mode of Double-Entry*, London.
Broadbridge, Seymour [1970], *Studies in Railway Expansion and the Capital Market in England, 1825-1873*, Guildford and London.
Bromwich, Michael [1985], *The Economics of Accounting Standard Setting*, Prentice Hall.
―――[2007], "Fair Values: Imaginary Prices and Mystical Markets. A Clarificatory Review", Walton, Peter ed., *The Routledge Companion to Fair Value and Financial Reporting*, New York.
Brown, Richard ed. [1905], *A History of Accounting and Accountants*, Edinburgh.
Brown, R. Gene and Kenneth S. Johnston [1963], *Paciolo on Accounting*, New York, San Francisco, Toronto and London.
Bywater, M. F. and B. S. Yamey [1982], *Historic Accounting Literature : a companion guide*, Yushodo.
Carlill, John Albert [1896], *The Principles of Book-keeping*, London.
Carter, F. Hayne [1875], *Practical Book-keeping adapted to Commercial and Judicial*

Accounting, Edinburgh and Glasgow.

Chatfield, Michael [1974], *A History of Accounting Thought*, Illinois. 津田正晃・加藤順介訳 [1978] 『チャットフィールド会計思想史』文眞堂。

Cole, W. M. [1908], *Accounts: Their Construction and Interpretation*, Boston, New York and Chicago.

Dafforne, Richard [1635], *The Merchants Mirrour*, London.

Defoe, Daniel [1727], *The Compleat English Tradesman*, Vol.I, London, 2nd ed., (1st ed., 1725), Reprinted 1969 in New York.

De la Porte, Matthieus [1605] *Le Guide Des Negocians et Tenevrs de Livres*, Paris.

――― [1762], *Einleitung zur Doppelten Buchhaltung*, Wien, Prag und Triest.

De Roover, Reymond [1956],"The Development of Accounting Prior to Luca Pacioli According to The Account-books of Medieval Merchants", in Littleton, A. C. and B. S. Yamey, eds., *Studies in the History of Accounting*, New York.

――― [1974], *Business, Banking, and Economic Thought*, Chicago and London.

Dhaliwal, Dan, K. R. Subramanyam and Robert Trezevant [1999], "Is comprehensive income superior to net income as a measure of firm performance", *Journal of Accounting and Economics*, Vol.26, Nos.1-3.

Donn, Benjamin [1778], *The Accountant: Containing Essays on Book-keeping by Single and Double Entry*, 2nd ed., London.

Dowling, Daniel [1765], *A Compleat System of Italian Book-keeping*, Dublin.

Edey, H. C. and Prot Panitpakdi [1956], "British Compamy Accounting and The Law 1844-1900", in Littleton, A. C. and B. S. Yamey eds., *Studies in The History of Accounting*, London.

Edwards, John Richard [1980], *British Company Legistlation and Company Accounts 1844-1976*, New York.

――― [1985], "The Origins and Evolution of the Double Account System: An Example of Accounting Innovation", *ABACUS*, Vol.21, No.1.

Edwards, J. R. and C. Barber [1979],"Dowlais Iron Company : Accounting Policies and Procedures for Profit Measurement and Reporting Purposes", *Accounting and Business Research*, Vol.9, No.34, Spring.

Edwards, J. R. and Stephen P. Walker eds. [2009], *The Routledge Companion to Accounting History*, London and New York.

Ellsworth, H.W. [1875], *Single and Double Entry Bookkeeping and Business Manual*, New York.

Evans, George Heberton [1936], *British Corporation Finance 1775-1850: A Study of Preference Shares*, Baltimore.
FASB [1976], *An Analysis of Issues Related to Conceptual Framework for Financial Accounting and Reporting: Elements of Financial Statements and Their Measurement*, FASB Discussion Memorandum, USA. 津守常弘監訳 [1997]『FASB財務会計の概念フレームワーク』中央経済社.
―――[1980], *Statements of Financial Accounting Concepts*, No.2, "Qualitative Charac- teristics of Accounting Information". 平松一夫・広瀬義州訳 [1994]『FASB財務会計の諸概念 [改訳新版]』中央経済社.
―――[1984], *Statements of Financial Accounting Concepts*, No.5, "Recognition and Measurment in Financial Statements of Business Enterprises", New York. 平松一夫・広瀬義州訳 [1994]『FASB財務会計の諸概念 [改訳新版]』中央経済社.
―――[2000], *Statements of Financial Accounting Concepts*, No.7, "Using Cash Flow Information and Present Value in Accounting Measurements", New York.
Finney, Harry Anson [1923], "Student's Department-The Statement of Application of Funds", *The Journal of Accountancy*, Vol.36.
―――[1938], *Principles of Accounting, Volume 1, Intermediate*, 10th ed., (1st ed., 1923), New York.
Folsom, E. G. [1873], *Logical Bookkeeping*, New York.
Geijsbeek, John B. [1914], *Ancient Double-Entry Bookkeeping*, Denver.
Glamorgan County Record Office [1960], *Iron in The Making. Guide to Exhibition Held at County Hall*, Glamorgan County Records Committee.
Glamorgan Record Office, D/DG, E3 (ii).
Glasgow University Archives ed., *Business Records Guide*, UGD 91.
Goddard, Thomas H. [1834], *The Merchant, or Practical Accountant*, New York, 4th ed.
Greene, Thomas L. [1897], *Corporation Finance*, New York.
Hamilton, Robert [1788], *A Introduction to Merchandise*, 2nd ed. (1st ed. 1777), Edinburgh.
Hannaford, L. B. and J. R. Payson [1853], *Book-keeping by Single Entry*, Boston.
Haswell, Charles H. [1871], *Book-keeping by Double Entry*, New York.
Have, Onko Ten [1956], "Simon Stevin of Bruges", Littleton, A. C. and B. S. Yamey eds., *Studies in the History of Accounting*, London.
Hayes, Richard [1731], *Modern Book-keeping: or, The Italian Method Improved*,

London.

―――[1741], *The Gentleman's Complete Book-keeper*, London.

Heath, Loyd C. [1978], *Financial Reporting and Evaluation of Solvency*, AICPA. 鎌田信夫・藤田幸男訳 [1982]『ヒース財務報告と支払能力の評価』国元書房。

Hunter, W. W. [1912], *A History of British India*, Vol.1, New Impression, London.

Hutton, Charles [1771], *The School master's guide: or, A complete system of practical arithmetic and Book-keeping, both by single and double entry. Adapted to the use of schools*, 3rd ed., New Castle.

―――[1785], *A Complete Treatise on Practical Arithmetic; and Book-keeping Both by Single and Double Entry*, 7th ed., London.

―――[1840], *A Complete Treatise on Practical Arithmetic and Book-keeping*, New edition by J. Trotter, Edinburgh.

IASB [2010], *Conceptual Framework for Financial Reporting*. [2011]『国際財務報告基準 (IFRSs)』雄松堂。

ICAEW [1975], *Historical Accounting Literature*, London.

Ittner, C. D. and D. F. Larcker [1998], "Innovations in Performance Measurement: Trends and Research Implications", *Journal of Research, Management Accounting*, Vol.10.

―――[2001], "Assessing Empirical Research in Managerial Accounting: A Value-Based Management Perspective", *Journal of Accounting and Economics*, Vol.32, Nos.1-3.

Jackson, George [1843], *Jackson's Complete System of Practical Book-keeping, by Single and Double Entry*, London and Belfast.

Jäger, Ernst Ludwig [1876], *Lucas Paccioli und Simon Stevin, nebst einigen jüngeren Schrftstellern über Buchhaltung*, Stuttgart.

Jones, Edgar [1987], *A History of GKN (Vol.1:Innovation and Enterprise,1759-1918)*, Houndmills.

Jones, Edward Thomas [1796], *Jones's English System of Book-keeping, by Single and Double Entry*, Bristol.

Kats, P. [1926a] "Hugh Oldcastle and John Mellis-1", *The Accountant*, Vol.74, No.2677, 27 March.

―――[1926b] "Hugh Oldcastle and John Mellis-2", *The Accountant*, Vol.74, No.2682, 1 May.

Kelly, Patrick [1801], *The Elements of Book-keeping*, London.

Kohler, Eric L. [1963], *A Dictionary for Accountants*, New York, 3rd ed. 染谷恭次郎訳［1972］『復刻版コーラー会計学辞典』丸善。

Littleton, A. C. [1953], *Structure of Accounting Theory*, Illinois. 大塚俊郎訳［1955］『会計理論の構造』東洋経済新報社。

―――［1933］, *Accounting Evolution to 1900*, New York. 片野一郎訳［1978］『リトルトン会計発達史(増補版)』同文舘出版（初版1952年）。

Mace, J. Roger [1977], "Criteria for the Selection of Reporting Method", *OMEGA*, Vol.5 No.5.

Macghie, Alexander [1718], *The Principles of Book-keeping*, Edinburgh.

Macve, Richard H. [2005], "The Evolution of Carron's Accounting", LSE working paper.

―――[2014], "Fair Value vs Conservatism? Aspects of the history of accounting, auditing, business and finance from ancient Mesopotamia to modern China", *The British Accounting Review*, No. XXX.

Mair, John [1736], *Book-keeping Methodiz'd*, Edinburgh.

―――[1773], *Book-keeping Moderniz'd*, Edinburgh.

Malcolm, Alexander [1731], *A Treatise of Book-keeping, or Merchant Accounts*, London.

Mason, Perry [1961], "'Cash Flow' Analysis and Funds Statements", *The Journal of Accountancy*, March.

Mayhew, Ira [1856], *A Practical System of Book-keeping by Single and Double Entry*, New York.

Mellis, John [1588], *A Briefe Instruction and Maner hovv to keepe bookes of Accompts*, London.

Mepham, Michael [1988], *Acccounting in Eighteenth Century Scotland*, New York & London.

Monteage, Stephen [1682], *Debtor and Creditor made Easie: or A Short Balance of the whole Leidger*, 2nd ed., London.

Monti-Belkaoui, Janice and Ahmend Riahi-Belkaoui [1996], *Fairness in Accounting*, London.

Morrison, James [1808], *A Complete System of Merchants' Accounts, containing the Principles and Modern Improvements of Book-keeping*, Edinburgh.

Moss, Michael [1984], "Forgotten Ledgers, Law and The Business Historian: Gleanings from The Adam Smith Business Records Collection", *Archives*, Vol. 1, No.72.

Parker, R. H. [1986], *The Development of the Accountancy Professsion in Britain to the Early Twentieth Century*, Exeter. パーカー著，友岡賛・小林麻衣子訳 [2006]『会計士の歴史』慶應義塾大学出版局。

Parker, R. H. and B. S. Yamey eds. [1994], *Accounting History: Some British Contributions*, Oxford.

Paton, W. A. [1922], *Accounting Theory :with special reference to the corporate enterprise*, New York.

Peele, James [1553], *The Manner and Fourme how to kepe a perfecte reconyng*, London.

―――[1569], *The Pathwaye to perfectnes, in th'accompts of Debitor, and Creditour*, London.

Penndorf, Balduin [1933], *Luca Pacioli Abhandlung über die Buchhaltung 1494*, Stuttgart.

Peragallo, E. [1956], "Origin of the Traial Balance", Littleton, A. C. and B. S. Yamey eds., *Studies in the History of Accounting*, London.

Plantin, Guillaume, Haresh Sapra and Hyun Song Shin [2004], *Fair Value Reporting Standards and Market Volatility*, Working Paper, Carnegie Mellon University, University of Chicago and LSE, October, 2.

―――[2005],"Marking to Market, Liquidity, and Financial Stability", *Monetary and Economic Studies* (Special ed.).

―――[2007],"Marking-to-Market：Panacea or Pandora's Box?", *LBS*, Univ. of Chicago and Princeton University.

Porter, Roy [1982], *English Society in the Eighteenth Century*, (Revised edition 1990), London. 目羅公和訳 [1996]『イングランド18世紀の社会』法政大学出版局。

Public Record Office, Rail 35, No.60 and 61.

Sabine, B. E. V. [1966], *A History of Income Tax*, London.

Schmalenbach, E. [1939], *Dynamische Bilanz*, 7 Aufl., Leipzig.

Shires, John [1799], *An Improved Method of Book-keeping*, London.

Smart, Edward [1932], *History of Perth Academy*, Perth.

Sprague, Charles Ezra [1907], *The Philosophy of Accounts*, New York, Accountig Classics Series edited by Robert R. Stertling in 1972.

Stevin, Simon [1608], *Vierde Stvck Der Wisconstighe Ghedachtnissen Vande Weeghconst*, Leyden.

Taylor, E. [1944], "The Name of Pacioli", *The Accounting Review*, Vol.XIX, No.1.
Thomsen, C. Torben [1984],"Dangers in Discounting", *Management Accounting*, Vol. 65, No.7.
Watanabe, Izumi ed. [2014], *Fair Value Accounting in Historical Perspective*, Moriyama.
Weddington, John [1567], *A Breffe Instruction, and Manner, howe to kepe, merchantes bokes of accomptes*, London.
Yamey, B. S. [1956], "Edward Jones and the Reform of Book-keeping, 1795-1810", Liutleton, A.C. and B.S. Yamey eds., *Studies in the History of Accounting*, Illinois.
―――[1967], "Fifteenth and Sixteenth Century Manuscripts on the Art of Book-keeping", *Journal of Accounting Research*, Vol.5, No.1.
―――[1978], *Essays on the History of Accounting*, New York.
―――[1982], *A Further Essays on the History of Accounting*, New York & London.
―――[1986], *Arte e Contabilitá*, Bologna.
―――[1989], *Art and Accounting*, New Haven & London.
Yamey, B. S., H. C. Edey, and H. W. Thomson, [1963], *Accounting in England and Scotland: 1543-1800*, London.
Ympyn, Jan Christofells [1543], *Nouuelle Instruction*, Antwerpen.
―――[1547], *A notable and very excellente woorke*, London.

天川潤次郎［1966］『デフォー研究 – 資本主義経済思想の一源流 – 』未来社。
安藤英義［2010］「簿記の財務会計化と『資本』衰退への危惧」『會計』第177巻第6号。
―――「〈巻頭言〉企業会計は混乱期に突入か？」『産業経理』第70巻第3号。
―――［2012a］「財務会計と財務報告の間」『企業会計』第64巻第4号。
―――［2012b］「会計史研究と現代会計」『会計史学会年報』第31号。
石川純治［1996］『キャッシュ・フロー簿記会計論』森山書店。
―――［2004］「現代企業会計の全体的あり方 – 『配分』と『評価』の関連性を巡って – 」『経済学論叢』第36巻1号。
―――［2011］『複式簿記のサイエンス』税務経理協会。
泉谷勝美［1980］『複式簿記生成史論』森山書店。
―――［1997］『スンマへの経』森山書店。
伊藤宣広［2006］『現代経済学の誕生 – ケンブリッジ学派の系譜 – 』中公新書。

入不二基義［2008］『時間は実在するか』講談社現代新書。
岩井克人［1992］『ヴェネツィアの商人の資本論』講談社文庫。
岩井克人，佐藤孝弘共著［2011］『IFRSに異議あり』（日経プレミアムシリーズ）日本経済新聞社。
岩崎　勇［2011］「IFRSの概念フレームワークについて」『會計』第180巻第6号。
上野清貴［2006］『公正価値会計の構想』中央経済社。
宇佐川秀次郎訳［1875］『尋常簿記法 完』稿本。
大黒俊二［2006］『嘘と貪欲－西欧中世の商業・商人観－』名古屋大学出版会。
太田敬子［2011］『十字軍と地中海世界』山川出版社。
大塚久雄［1969］『大塚久雄著作集（第1巻）株式会社発生史論』岩波書店。
大戸千之［2012］『歴史と事実－ポストモダンの歴史学批判をこえて－』京都大学学術出版会。
大野真弓編［1973］『イギリス史（新版）第4刷』山川出版社。
大森荘蔵［1996］『時は流れず』青土社。
―――［1981］『流れとよどみ－哲学断章－』産業図書。
小栗崇資［2013］「貨幣資本・機能資本の分化と簿記会計の構造－単記式簿記から複式簿記への発展をめぐって－」『駒澤大学経済学論集』第45巻第1号別冊。
―――［2014］『株式会社会計の基本構造』中央経済社。
カー著，清水幾太郎訳［2011］『歴史とは何か』第79刷，岩波新書。
笠井昭次［2000］『会計の論理』税務経理協会。
―――［2005］『現代会計論』慶應義塾大学出版会。
片岡義雄［1967］『増訂パチョーリ「簿記論」の研究［第二版］』森山書店。
片岡泰彦［1988］『イタリア簿記史論』森山書店。
―――［2007］『複式簿記発達史論』大東文化大学経営研究所。
椛田龍三［2013］「会計における二重の受託責任概念（目的）について」『大分大学経済論集』第65巻第2号。
河原　温［2006］『ブリュージュ－フランドルの輝ける宝石－』中公新書。
岸　悦三［1975］『会計生成史－フランス商事王令会計規定研究－』同文舘出版。
―――［1983］『会計前史－パチョーリ簿記論の解明－』同文舘出版。
ギブニー編［1998］『ブリタニカ国際大百科事典』第8巻，ティビーエス・ブリタニカ。
木村　敏［1982］『時間と自己』中公新書。
木村和三郎［1933a］「複式簿記と企業簿記」『會計』第32巻第1号。
―――［1933b］「複式簿記と企業簿記（続）」『會計』第32巻第2号。
草野真樹［2005］『利益会計論』森山書店。

久野光朗［1985］『アメリカ簿記史－アメリカ会計史序説－』同文舘出版。
黒澤　清［1951］『近代會計學』春秋社。
小島男佐夫［1964］『簿記史論考』森山書店。
―――［1971］『英国簿記発達史』森山書店。
―――［1973］「商品勘定の統括化と分割」『商学論究』第20巻第1号。
―――［1978］『会計史資料研究』大学堂書店。
斎藤静樹［2012］「会計基準と基準研究のあり方－整合性・有用性・規範性」大日方隆編著『会計基準研究の原点』中央経済社。
斎藤静樹編著［2002］『会計基準の基礎概念』中央経済社。
―――［2007］『詳解 討議資料 財務会計の概念フレームワーク（第2版）』中央経済社。
齋藤寛海［2002］『中世後期イタリアの商業と都市』知泉書館。
佐藤倫正［1993］『資金会計論』白桃書房。
佐野善作［1897］『商業簿記教科書』同文舘出版。
清水廣一郎［1982］『中世イタリア商人の世界』平凡社。
―――［1990］『イタリア中世の都市社会』岩波書店。
下中直人編［2007］『世界大百科事典』平凡社。
社会科学大辞典編集委員会［1971］『社会科学大辞典』鹿島研究所出版会。
新人物往来社編［2011］『十字軍全史』新人物往来社。
末永國紀［1997］『近代近江商人経営史論』有斐閣。
杉田武志［2010］「17世紀イギリス東インド会社の会計帳簿の分析－売残商品の売価評価とその背景－」『會計』第178巻第1号。
鈴木俊夫［1976］「「泡沫会社禁止条令（Bubble Act）」に関する－考察」『三田商学研究』第19巻第4号。
曾田愛三郎編輯［1878］『學課起源畧説』東京。
高寺貞男［1974］『会計政策と簿記の展開』ミネルヴァ書房。
―――［1982］『会計学アラカルト』同文舘出版。
―――［1988］『可能性の会計学』三嶺書房。
―――［1999］『利益会計システムの進化』昭和堂。
―――［2002］『会計と市場』昭和堂。
―――［2005］「公正価値会計は株主価値を測定するためには不必要である」『大阪経大論集』第56巻第2号。
―――［2006］「利益保守主義の長所を再考する」『大阪経大論集』第57巻第5号。
―――［2008］「市場の不完全さと市場価値会計の適用限界」『大阪経大論集』第59巻第2号。

高山朋子［2002］『財務諸表の理論と制度』森山書店。
田中章義［2010］「アメリカ会計学会の反省と教訓－実証会計学をめぐる問題－」『會
　　　計』第178巻第1号。
玉木俊明［2009］『近代ヨーロッパの誕生－オランダからイギリスへ－』講談社選書。
辻山栄子［2013］「現代会計のアポリア－対立する二つのパラダイム－」『早稲田商学』
　　　第434号。
津守常弘監訳［1997］『FASB財務会計の概念フレームワーク』中央経済社。
津守常弘［2012］「現代会計の『メタ理論』的省察」『企業会計』Vol.64, No.8。
徳賀芳弘［2002］「会計における利益観－収益費用中心観と資産負債中心観－」斉藤
　　　静樹編著『会計基準の基礎概念』中央経済社。
─────［2012］『会計基準における混合会計モデルの検討』IMES Discussion Paper
　　　No.2011-J-19，日本銀行金融研究所。
友岡　賛［2005］『会計プロフェッションの発展』有斐閣。
─────［2012］『会計学原理』税務経理協会。
中島道義［2007］『「時間を」哲学する 過去はどこへ行ったのか』講談社現代新書。
中野常男［1992］『会計理論生成史』中央経済社。
─────［2007］「複式簿記と単式簿記：18世紀イギリスの簿記文献を中心に」中野常
　　　男編著『複式簿記の構造と機能－過去・現在・未来』同文舘出版。
中村萬次［2001］『英米鉄道会計史研究』同文舘出版。
西川孝治郎［1968］「パチョーリ簿記論について」『商学集誌』第38巻第1号。
─────［1982］『文献解題 日本簿記学生成史』雄松堂書店。
ニーチェ著，三島憲一訳［1984］「遺された断層」『ニーチェ全集』第2期 第9巻。
西村孝夫［1966］『イギリス東インド会社史論』啓文社。
野矢茂樹［1998］『無限論の教室』講談社現代新書。
─────［2007］『大森荘蔵－哲学の見本』講談社。
橋本武久［2008］『ネーデルランド簿記史論』同文舘出版。
原　征士［1989］『わが国職業的監査人制度発達史』白桃書房。
パーカー著，友岡賛・小林麻衣子訳［2006］『会計士の歴史』慶應義塾大学出版局。
東奭五郎［1903］『新案詳解商業簿記』大倉書店。
─────［1908］『商業会計第壱輯』大倉書店。
久野秀男［1979］『英米(加)古典簿記書の発展史的研究』学習院。
平井泰太郎［1920］「『ぱちおり簿記書』研究」神戸會計学会編纂『會計學論叢』第
　　　四集寶文館蔵版。
平林喜博［2007］『会計史への道－一つの覚書－』関西学院大学出版会。

平松一夫編著［2007］『国際財務報告論－会計基準の収斂と新たな展開－』中央経済社。
藤井秀樹［1997］『現代企業会計論』森山書店。
―――［2011］「FASB/IASB改定概念フレームワークと資産負債観」『国民経済雑誌』第204巻第1号。
藤本隆宏［2001］『生産マネジメント入門〔I〕生産システム編』日本経済新聞社。
ヘーゲル著，高峯一愚訳［1983］『ヘーゲル 法の哲学 自然法と国家学』論創社。
―――，長谷川宏訳［2013］『歴史哲学講義（上）』第26刷，岩波文庫。
星川長七［1960］『英国会社法序説』勁草書房。
本間輝雄［1963］『イギリス近代株式会社法形成史論』春秋社。
松本敏史［2002］「対立的会計観の諸相とその相互関係」『大阪経大論集』第153巻3号。
―――［2008］「財務会計と管理会計の新たな融合－JSOX法，減損会計，包括利益概念の特徴を考える－」『會計』第173巻第5号。
三代川正秀［2012］『会計史余滴』DTP出版。
森田義之［1999］『メディチ家』講談社現代新書。
門田安弘［1985］『トヨタシステム』講談社。
山下勝治［1950］『損益計算論－損益計算制度の発展－』泉文堂。
―――［1955］『會計學の一般理論』千倉書房。
―――［1959］『會計学一般理論』千倉書房。
―――［1963］『新版会計学一般理論』千倉書房。
山下壽文［2012］「Charles Huttonの『簿記書』初版をめぐって」『佐賀大学経済論集』第45巻第3号。
―――［2013］「Charles Huttonの『簿記書』分冊をめぐって」『佐賀大学経済論集』第46巻第2号。
山田日登志，片岡利文共著［2001］『常識破りのものづくり』NHK出版。
山田康裕［1999］「包括利益にかかる連携問題」『会計史学会年報』第18号。
渡邉 泉［1983］『損益計算史論』森山書店。
―――［1993］『決算会計史論』森山書店。
―――［2003］「16－18世紀イギリス簿記書にみる固定資産の評価方法」『大阪経大論集』第54巻第4号。
―――［2005］『損益計算の進化』森山書店。
―――［2008a］『歴史から学ぶ会計』同文舘出版。
―――［2008b］「現代会計の落とし穴－歴史からみる会計の本質－」『会計史学会年報』第27号。
―――［2009］「会計目的のパラドクス－信頼性と有用性の狭間－」『會計』第175巻

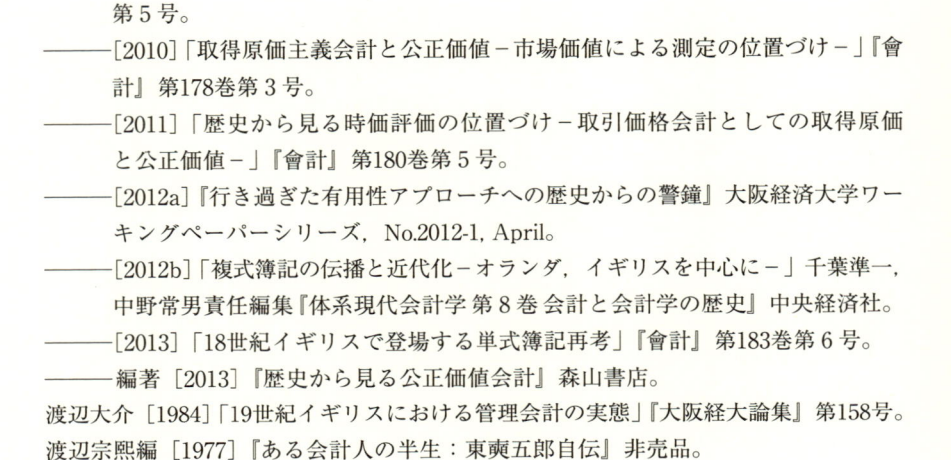

第5号。
─────［2010］「取得原価主義会計と公正価値－市場価値による測定の位置づけ－」『會計』第178巻第3号。
─────［2011］「歴史から見る時価評価の位置づけ－取引価格会計としての取得原価と公正価値－」『會計』第180巻第5号。
─────［2012a］『行き過ぎた有用性アプローチへの歴史からの警鐘』大阪経済大学ワーキングペーパーシリーズ，No.2012-1, April。
─────［2012b］「複式簿記の伝播と近代化－オランダ，イギリスを中心に－」千葉準一，中野常男責任編集『体系現代会計学 第8巻 会計と会計学の歴史』中央経済社。
─────［2013］「18世紀イギリスで登場する単式簿記再考」『會計』第183巻第6号。
─────編著［2013］『歴史から見る公正価値会計』森山書店。
渡辺大介［1984］「19世紀イギリスにおける管理会計の実態」『大阪経大論集』第158号。
渡辺宗熙編［1977］『ある会計人の半生：東奭五郎自伝』非売品。

あとがき

　本書のタイトルは，『会計の歴史探訪－過去から未来へのメッセージ－』である。2008年に『歴史から学ぶ会計』(同文舘出版)を上梓したがあっという間に6年という歳月が流れ去った。先の出版以降，蝸牛にも似た歩みのなかで，少しずつではあるが，過去と現代，そして未来との接点を求めて探求を続けてきた。その歩みの中で，ぼんやりとではあるが会計の姿らしきものが見えてきたように思えた。その思いにまかせてまとめてみたのが本書である。
　旧著『歴史から学ぶ会計』は，主に過去から現在に至る過程を取り上げたが，本書は，旧著に内容的にも編集上でもかなりの修正を加え，さらに現代から未来に視点を据えて，今日の会計が抱える問題を歴史というフィルターを通して明らかにしようと試みた章をつけ加えた。
　現存の最古の勘定記録は，1211年のフィレンツェの1銀行家がボローニアの定期市で記録した2葉4ページの羊皮紙に記録された勘定である。なんと800年も前のことである。「会計にもそんなに古い歴史があるのか？」と思われる人がいるかも知れないが，どっこい多くの近代科学よりも古くて由緒正しい家柄を持っている。経済学の父といわれるアダム・スミス (1723-1790) が『諸国民の富』を出版するのは1776年，アメリカが独立宣言を公表した年であり，かのニュートン (1642-1727) ですら銅から金が精製できるという錬金術をまだ信じていた遥か昔に，複式簿記は，すでに産声をあげていた。
　ドイツの詩人ゲーテ (1749-1823) をして「人智が生んだ最大の発明」と言わしめた複式簿記は，すでに13世紀の初めに，今日の形態とその本質的なところでほとんど変わるところのない完全な科学的体系を備えた姿で歴史の舞台に登場したのである。こんなにも古くて，完璧なまでの美しい体系を備えた会計がどちらかというと敬遠されがちであるのは，なぜなのであろうか。恐らくそれは，一つには，会計ならびにその損益計算構造を支える複式簿記は，極めて特

殊言語によって構成されているため，仕訳という特殊な会計語を理解できない人にとっては，極めて難解な領域の科学であるということである。今一つの要因は，「武士は食わねど高楊枝」などと金銭を取り扱う学問は，なんとなく卑しい科学であるというわが国の一般的な風潮があることにも起因しているのではなかろうか。しかし，近年では，こんな風潮も薄らいで，書店の入り口に会計のコーナーが設けられるようになった。投機マネーが実体経済をも破壊してしまう行き過ぎた金融資本主義が頻繁に雑誌やテレビに登場するようになってからのことである。お金を持っている人が偉くて，成功者である。清貧などという言葉は，もはや死語になってしまった。その結果として，会計学やファナンス論に関心が向けられるようになったのである。喜んでいいのか，それとも，悲しむべきことなのか。

　本書は，会計ならびのその利益計算構造を800年にもわたり延々と支え続けてきた複式簿記が今日の行き過ぎた有用性アプローチのもとで，その本来の姿が大きく変容せしめられてしまった状況を明らかにし，その結果，今日の会計が果たしている役割が本来の役割と乖離してしまったのではないかといった思いを中心に，歴史の視点から投げかけたつもりである。

　いつの頃からであろうか，われわれの生活に還元できる歴史でなければ，歴史を研究する意味がないのではないかと考えてきた。この年になりようやく，過去と現在が繋がって見えてきたように思えた。錯覚なのかも知れない。しかし，本書の上梓によって，少なくともこの道に分け入った時からの思いが多少なりとも果たせたように思えた。社会科学における真理というのは，長い道のりを歩いてきた後になって初めて見えてくるのであろうか。

　難解な会計という素材を悠久の歴史という手法によって分析していくため，最終的に紡がれた産物がどのようなものに仕上がったかは，読者諸賢の判断を待つしかない。本書を通して，いくらかでも，会計のロマンを感じてもらえることができたのであれば，それこそが筆者の望むところである。

　なお，本書の趣旨からすれば，参考文献の多さに多少驚かれた読者もいるのではと思われる。2008年に出版した『歴史から学ぶ会計』の新版ともいえる本書『会計の歴史探訪－過去から未来へのメッセージ－』は，幾分専門的になり

すぎたのではないかと危惧している。しかし，未知の世界へ分け入る行為は，今まで歩いてきた道のりを振り返る作業と比較すれば，かなりの勇気と決断が必要とされる行為かも知れない。本書を手掛かりに，より専門的な道に分け入ってみようと，そんな志しを抱く人のために，あえて多くの参考文献をあげることにした。これらの文献が未来への何らかの道しるべになれば幸いである。もちろん，果てしない深淵に迷い込み，孤立無援に呻吟することもあるかも知れない。それもまた大切なことではあるのだが……。

2014年5月　山法師の咲く頃

渡邉　泉

事項索引

【あ行】

アーティキュレーション ……………………… 56
アーニングス ……………………………………… 262
ICAEW …………………………………………… 192
ICAS ……………………………………… 135, 192
IFRS …………………………………… 72, 198, 278
アカウンタビリティー ……………………… 120
アカデミー ……………………………………… 133
後入先出法 ……………………………………… 224
アムステルダム ………………………………… 111
アメリカ独立戦争 …………………………… 145
アメリカ法 ……………………………………… 114
アラビア数字 ……………………………………… 11
アルテ ………………………………………… 20, 24
アルベルティ商会 ……………………………… 39
アントウェルペン …………………………… 107

行き過ぎた意思決定有用性アプローチ …… 285
行き過ぎた有用性 …………………………… 267
イギリス式貸借対照表 ……………………… 218
イギリス式簿記 ………………………… 117, 177
イギリス荘園会計 ……………………………… 14
イギリス東インド会社 ……………… 48, 107, 208
イギリス法 ……………………………………… 114
意思決定有用性 ………………………………… 66
意思決定有用性アプローチ ………………… 289
イタリア式貸借記帳技法 …………… 116, 143
イタリア式簿記 ………………………………… 172
一般商品勘定 ………………………………… 119
イングランド銀行 …………………………… 208
イングリッシュ・システム ………………… 115

ウエイスト・ブック ………………………… 170
ヴェネツィア式簿記 ……………… 23, 94, 98
ヴェネツィアの商人 ………………… 24, 187
運転資本計算書 ……………………………… 236

エアー・グラマー・スクール ……………… 139
AAA ……………………………………………… 205
ASBC …………………………………………… 242

ASBJ ……………………………………………… 72
APB第19号 …………………………………… 242
英米式決算法 ………………………………… 114
SFAS ……………………………………………… 278
SFAC ……………………………………… 79, 278
絵に描いた餅 ……………………………… 69, 266
FASB ………………………… 60, 72, 188, 243
エンロン ……………………………………… 281

近江商人 ………………………………………… 93
オブリゲーション・システム ……………… 76
オランダ東インド会社 ……………… 107, 207

【か行】

概括商品勘定 ………………………… 119, 136
会計 ……………………………… 185, 193, 287
　　──学 …………………………… 56, 68, 189
　　──構造論 …………………………… 184
会計士会計学 ………………………………… 189
会計士監査制度 ……………………………… 194
回収基準 ………………………………………… 77
改良簿記 ……………………………………… 176
価格計算 ………………………………… 63, 267
隠し十字架仕訳帳 ……………………………… 34
過去価値 ……………………………… 198, 253
貸倒損失 ……………………………………… 122
　　──の計上 …………………………………… 18
貸付金利 ………………………………………… 18
家族組合 …………………………………… 12, 35
価値（損益）計算 ………………… 40, 63, 267
価値移転的減価 ……………………………… 197
かつての市場価値 …………………………… 277
割賦基準 ………………………………………… 77
稼得利益 ………………………………… 243, 262
金儲け至上主義 ……………………………… 290
可能性の会計学 ……………………………… 199
株主至上主義 ………………………………… 274
神に誓う ………………………………………… 17
カレント・アカウント ……………………… 169
簡易簿記 ……………………………………… 165
慣習法 ……………………………………………… 4

勘定間の閉ざされた体系的組織……………40, 57
かんばん方式……………………………………230
管理（財産保全）計算………………………40, 178
管理会計化………………………………………272

期間組合………………………………………12, 36
期間損益計算………………………45, 49, 50, 75, 112
企業価値………………………………………61, 68
企業価値（包括利益）情報………………………69
企業簿記…………………………………………156
貴族社会……………………………………………35
期待利益の喪失……………………………………8
基本的特性………………………………………286
キャッシュ・フロー……………………………240
　　──計算………………………………………79
　　──計算書…………………………………229
キャロン・カンパニー…………………………214
記録………………………………………………185
均衡性……………………………………………159
銀行の誕生…………………………………………7
近代的株式会社…………………………………208
禁断の実……………………………………272, 289
金融破綻…………………………………………290

口別損益計算……………23, 43, 49, 50, 73, 99, 187
組合企業……………………………………………12
グラッドストーン委員会………………………221
グラマー・スクール……………………………133
クリーンサープラス関係………………………251
クリミア戦争……………………………………232
グレート・ウェスタン鉄道……………………214
クレルモン教会会議………………………………3

経済学………………………………………56, 68, 278
経済事象の写像…………………………………251
　計算……………………………………………185
　結果……………………………………………185
　決算……………………………………………100
　結算……………………………………………100
　原因……………………………………………185
減価償却…………………………………………197
現金および現金同等物…………………………246
現金獲得能力……………………………………241
現金収支計算書…………………………………241
現金主義………………………………………72, 77
現金創出能力……………………………………240

現金の収支記録……………………………………78
現在価値……………………………………198, 276
現在の市場価値…………………………………125
検証可能性…………………………………61, 286

交互計算…………………………………………160
　　──帳…………………………………………146
合資会社………………………………………12, 24
公正価値………………………62, 259, 265, 276, 279
　　──会計……………………………………283
公正証書……………………………4, 11, 33, 186,
合名会社………………………………………12, 24
ゴーイングコンサーン…………………………286
「こと」の世界……………………………………5
コボーニ商会………………………………………39
コルビッチ商会……………………………………39
混合測定会計………………………………61, 282
コンティネンタル・システム…………………115
コンプリヘンシブ・インカム…………………262
コンメンダ契約……………………………………19

【さ行】

債権・債務の備忘録………………………………33
在庫管理…………………………………………230
最古の勘定記録………………………………14, 18
財産法……………………………………………260
財政活動計算書…………………………………241
財政状態変動表…………………………………236
再調達原価………………………………………126
雑商品勘定………………………………………119
サブプライムローン……………………………281
左右対称式…………………………………………17
サンセポルクロ……………………………………85
残高帳……………………………………………209
残高の一覧表………………………………………26
産地の偽装事件…………………………………290
3帳簿制…………………………………………116
3分割……………………………………………135
三方よし……………………………………………93

ジェネラル・アカウント…………………119, 136
ジェノヴァ市政庁…………………………………8
時価………………………………………………258
識別…………………………………………………72
資金運用表………………………………………237
資金概念の変遷…………………………………245

索 引　313

資金収支表 244
資金主義 238
資金の運用 237
資金の源泉 238
試算表 95
資産負債観 61, 62, 199, 262
市場価値 257, 276
　──測定会計 283
市場のノイズ 252
実現概念 266, 284
実現利益 61, 288
　──（当期純利益）情報 68
　──計算の欠陥 246
実用簿記 143, 176
資本主関係 159
収益勘定表 220
収益費用観 60, 62, 198, 262
十字架元帳 33
十字軍の遠征 5, 158
収支計算書 219
取得原価 253
　──主義会計 283
荘園会計 161
蒸気機関車 195
状況表 139
上下連続式 17
証拠書類 11
状態表すなわち資本 207
消費貸借 8
情報提供機能 185
所得税法 35, 167
諸向貸借勘定 160, 169
署名入り残高勘定 213
仕訳日記帳 160, 165, 177
シングル・エントリー 160
信用取引 11
信頼性 67, 285, 286, 291

スチュワードシップ 161
ストック 185
　──計算 56
　──重視 148
　──の側面 41
スペキュレーター 61
スンマ 89, 90, 93, 100, 188
　──・スンマリューム 96

精算表 121, 139, 207
成文法 4
責任の受託 14
責任の履行 14
ゼノンのパラドクス 257
先駆的期間損益計算 26, 44, 49, 50, 75, 99, 187
1844年登記法 218
1855年有限責任法 221
1856年会社法 218
1866年法 222
1929年法 223

増減比較計算 58
ソキエタス 12, 21, 24
測定 72, 185
その他の包括利益 272
損益勘定発展の5段階 39
損益計算書 222
損益計算制度の関連図 49
損益表 139, 207, 260

【た行】

貸借対照表 208
大陸式決算法 114
大陸式貸借対照表 218
代理人業務 13
ダウライス製鉄会社 63, 230, 239
多桁式一覧表形式 121
多桁式精算表 140
ダティーニ商会 13, 39
短期活用可能資金 238
単記式簿記 171
単式簿記 134, 142, 160

チャージ・ディスチャージ報告書 14, 161
忠実な表現 275, 287
中世のインク 15
徴利の正当性 8
地理上の発見 9

デイ・ブック 160, 170
デヴィナ 88
鉄道狂時代 195
鉄道法 220
デリバティブ 68, 111

デル・ベーネ商会 …………………… 28, 39
伝達 ……………………………………… 185

等価交換 ………………………………… 155
投機家 ……………………………………… 61
当期純利益 ……………………………… 262
投資活動計算書 ………………………… 241
投資貸借 …………………………………… 8
同職組合 ………………………………… 20
特殊仕訳帳制 …………………………… 116
特殊日記帳制 …………………………… 116
取引価格会計 …………………………… 283

【な行】

ナショナル・アーカイヴス …………… 214
7年戦争 ………………………………… 231
ナポレオン戦争 ……………………… 35, 231
南海泡沫事件 …………………………… 190

二重性 …………………………………… 159
日記帳 ………………………… 93, 116, 137, 171
2分割 …………………………………… 135
認識 ………………………………… 72, 185
　——基準 ………………………………… 77

年次決算 ………………………… 108, 112

ノン・アーティキュレーション ………… 56

【は行】

パース・アカデミー …………………… 138
バーミンガム運河会社 ………………… 216
配当可能利益 …………………………… 288
ハイブリッド会計 ……………………… 200
80年戦争 ……………………………… 107
発生主義 …………………………… 63, 72
　——会計 ……………………………… 238
バランス・ブック ……………………… 209
バルディー商会 ………………………… 13
バルト海貿易 …………………………… 111
半公表貸借対照表 ……………………… 208

比較貸借対照表 ………………………… 233
東インド貿易 …………………………… 111
非定期的な期間損益計算 ……………… 27
備忘録 ……………………………………… 11

秘密主義 ………………………………… 208
費用・収益の認識基準 …………………… 74
評価減 …………………………………… 197
ビランチオ ……………… 5, 13, 25, 38, 261
非連携 ……………………………………… 56

フィオリーノ・ドーロ …………………… 19
フィレンツェ式簿記 …………………… 26, 94
フィレンツェの商人 ………………… 24, 187
フィンレイ商会 ……………………… 209, 223
フェアー ………………………………… 279
　——・バリュー …………………… 68, 276
複式簿記 ………………………………… 155
　——の生成要因 …………………… 10, 158
　——のレーゾンデートル …………… 275
フランス革命 …………………………… 231
不良債権 ………………………………… 122
ブルージュ ……………………………… 106
フロー …………………………………… 185
　——計算 ………………………………… 56
　——重視 ……………………………… 148
　——の側面 ……………………………… 41
文書証拠 ……………………… 33, 36, 186

ベアリング・ブラザーズ商会 ………… 216
併存会計 …………………………………… 61
ヘッジファンド …………………………… 61
ペルッチ商会 ………………………… 13, 39
変動差額計算 …………………………… 58

包括利益 …………………… 62, 243, 262
報告 ……………………………… 72, 185
泡沫会社禁止条例 ……………………… 190
簿記 ……………………………… 185, 193
ボストン茶会事件 ……………………… 145
補正的特性 ……………………………… 286
本式 ……………………………………… 172

【ま行】

マグナ・ソキエタス ……………… 12, 21, 24

未来価値 ………………………… 198, 253

無敵艦隊 ………………………………… 107

メディチ・ロレンチアーノ図書館 ……… 14

元帳の平均……………………………………100
「もの」の世界………………………………5

【や行】

有用性……………………………………286

寄せ集めの勘定………………………………37
予測の誘惑……………………………………273

【ら行】

リーマン・ブラザーズ……………………281
利益処分結合財産目録……………………261
利益の中身……………………………………238
利益の行き先…………………………………238
利益平準化……………………………71, 196
利子禁止令……………………………………7, 9

リバプール・マンチェスター鉄道会社……219
略式………………………………………172
　──簿記……………………………………160
両替商……………………………………109

レールウェイ・マニア……………………195
レベニュー・アカウント…………………220
連携………………………………………56

ローマ数字……………………………………12
ロケット号……………………………………195

【わ行】

ワールドコム……………………………281
割引現在価値……………………………259, 276
　──会計……………………………………283

人名索引

【あ行】

アクィナス, トマス······································8
アッチアイウォーリ····································13
インピン, ヤン・クリストフェルス·46, 108, 112

ヴィクトリア女王·····································183
ウィルコックス, E. B.······························240
ウェディントン, ジョン······························118
宇佐川秀次郎·································134, 144
ウルバヌス2世······································3, 6
ウルビーノ公グイドバルド··························89

エリザベス1世······································131

オールドカースル, ヒュー······················94, 132
オラニエ公マウリッツ·······························113

【か行】

カーライル, ジョン・アルバート···············135

木村和三郎··156
キャンセラリース, トロイロ・デ···············95

グーテンベルグ, ヨハネス····················12, 91
グッデイカー, ロバート·····························173
グリーン, トマス・L.·······························236
グレゴリウス9世······································8
黒澤 清··75
クロムウェル, オリバー····························208

ケリー, パトリック······················119, 141, 174

コーラー, エリック・L.···························243
コール, W. M.·······································236
コールト, コールドウェル··························119
ゴダード, トーマス··································140
コトルリ, ベネット···································90
コリンソン, W.·······································133

【さ行】

サンティニ, ピエトロ································15

シーリー, ジョン·····································173
ジェームス1世·······································131
シャイアーズ, ジョン································119
シャンド, アレグザンダー・アラン···········144
シュマーレンバッハ, オイゲン····················127
ジョージ3世···183
ジョーンズ, エドワード・トーマス·····147, 176
ジョンストン, ケネス・S.···························92

スクリーヴァ, ジョバンニ······················19, 57
スティーヴンソン, ジョージ·····················194
ステフィン, シーマン···········41, 47, 113, 207
ストラットン, ヘンリー・D.······················144
スプラーグ, チャールス・E.······················135

【た行】

ダ・ヴィンチ, レオナルド·····················85, 88
高寺貞男··199
ダフォーン, リチャード·······················97, 118

チャットフィールド·································161

ディクシー, ローレンス····························115
テイト, W.···146
デフォー, ダニエル····························142, 162

ドゥ・マルク, コラール····························107
ドゥ・ルーヴァ, レイモンド·······················10
トレヴィシック, リチャード·······················194
ドン, ベンジャミン··································174

【な行】

中村治兵衛宗岸······································93

西川孝治郎··34

【は行】

パチョーリ, ルカ ……………………………85, 188
パッカード ……………………………………134
ハットン, チャールズ ……………………142, 166
ハドソン, R. …………………………………133
ハミルトン, ロバート ………………125, 137, 141
バルバリ, ヤコポ・デ …………………………88
ハンター, ウィリアム・W. …………………208

ヒース, ロイド・C. …………………………241
ピール, ジェームス …………………………132

フィールドハウス, アーサー …………………115
フィニー, ハリー・アンソン …………………236
フィボナッチ, レオナルド ……………………11
ブース, ベンジャミン …………………117, 146
フェリペ2世 …………………………………107
フォスター, ベンジャミン・F. ………………147
福澤諭吉 …………………………………134, 144
ブライアント, ヘンリー・B. ……………134, 144
ブラウン, R・ジーン …………………………92
ブラウン, ジョン ……………………………133
ブランタン, クリストフ ………………………92
フランチェスカ, ピエロ・デラ ………………85
ブロミッチ, マイケル ………………………281

ヘイズ, リチャード …………………………124
ペイトン, ウィリアム・A. …………………184
ベスタ, ファビオ ……………………………95

ペラガロ, エドワード …………………………97

【ま行】

マギー, アレグザンダー ……………………119, 140
マルコム, アレグザンダー …………119, 124, 136
マン, エヴァレット …………………………240
マンゾーニ, ドメニコ …………………………96

ミッチェル, ウィリアム ……………………147

メイソン, ペリー ……………………………240
メイヤー, ジョン …………………………125, 136
メリス, ジョン ………………………………255

モリソン, ジェームズ ………………………173
モレトゥス, ブランタン ………………………92
モンテージ, スティーヴン …………122, 133, 255

【や行】

山下勝治 ………………………………………76

【ら行】

ランバート, ジョン …………………………119

リセット, A. …………………………………133
リトルトン, A・チャールズ ………105, 155, 183

ルウェール, ウィレム ………………………106

ロドヴィーコ …………………………………88

平成26年7月10日	初 版 発 行		《検印省略》
平成30年3月30日	初版3刷発行		略称：会計探訪

会計の歴史探訪
― 過去から未来へのメッセージ ―

著　者　　渡　邉　　　泉

発行者　　中　島　治　久

発行所　　同文舘出版株式会社

東京都千代田区神田神保町1-41　　〒101-0051
電話　営業(03) 3294-1801　編集(03) 3294-1803
振替 00100-8-42935　　http://www.dobunkan.co.jp

©I. WATANABE　　　　　　　　　　　　　　製版：一企画
Printed in Japan 2014　　　　　　　　　　印刷・製本：萩原印刷

ISBN978-4-495-20081-7

[JCOPY]〈出版者著作権管理機構　委託出版物〉
本書の無断複製は著作権法上での例外を除き禁じられています。複製される場合は，そのつど事前に，出版者著作権管理機構（電話 03-3513-6969，FAX 03-3513-6979，e-mail: info@jcopy.or.jp）の許諾を得てください。

【著者略歴】

渡邉　泉（わたなべ　いずみ）

1943年：神戸市に生まれる
1968年：関西学院大学商学部卒業
1973年：同大学大学院商学研究科博士課程単位取得
1974年：大阪経済大学経営学部専任講師
1986年：イギリスに1年間留学
1994年：日本会計史学会賞受賞
1996年：関西学院大学博士（商学）
1997年：日本会計史学会会長（現在同学会理事）
2001年：大阪経済大学学長
2013年：大阪経済大学名誉教授

【主著】『損益計算史論』森山書店，1983年。『決算会計史論』森山書店，1993年。『損益計算の進化』森山書店，2005年。『歴史から学ぶ会計』同文舘出版，2008年。『会計基礎論（新訂版）』（編著）森山書店，2010年。『歴史から見る公正価値会計』（編著）森山書店，2013年。『帳簿が語る歴史の真実』同文舘出版，2016年。『会計学の誕生』岩波新書，2017年。*Fair Value Accounting in Historical Perspective*, (edited), Moriyama Shoten, 2014. Witzel, M. ed., *Biographical Dictionary of British Economists*, Vol.1, 2, Bristol, 2004. 他。